Qui a tué l’écologie ?

Du Même Auteur

Jours sang, Fleuve Noir, 1987
Le Tour de France d'un écologiste, Le Seuil, 1993
L'Auvergne en ballon, avec Anne Hervé, Au pays du nouveau monde, 1999
La France sauvage racontée aux enfants, Sarbacane, 2005
Pesticides, révélations sur un scandale français, avec François Veillerette, Fayard, 2007
Yancuic le valeureux, Sarbacane, 2007
La Faim, la bagnole, le blé et nous : une dénonciation des biocarburants, Fayard, 2007
Le Vent du boulet, Fayard, 2009
Bidoche, l'industrie de la viande menace le monde, Les Liens qui Libèrent, 2010

Fabrice Nicolino

Qui a tué l'écologie ?

WWF, Greenpeace, Fondation Nicolas Hulot, France Nature Environnement en accusation

LLL LES LIENS QUI LIBÈRENT

ISBN : 978-2-918597-25-4

« Those who cannot remember the past are condemned to repeat it. »

George Santayana,
Reason in Common Sense, 1905

« Ceux qui ne se souviennent pas du passé sont condamnés à le revivre. »

À Pierre Rabhi, François de Beaulieu
et Jean-Claude Pierre,
avec ma profonde affection

Le pourquoi du comment (une introduction nécessaire)

Un spectre hante désormais le monde de l'écologie, et c'est celui de la mignardise. Il faut être gentil, constructif, bienveillant, positif, bien élevé. Ce mal est profond, comme on verra, mais il s'est aggravé juste après l'élection de Nicolas Sarkozy, en 2007. C'était fatal. D'un côté un histrion obsédé par le dernier sondage disponible, aussi bon tacticien que désastreux stratège. De l'autre un mouvement épuisé par quarante années de surplace et de compromis, moqué dans la moindre réunion par le sous-préfet d'Ax-les-Thermes ou le conseiller général de Romorantin. C'est alors que sonnèrent les trois coups d'une pièce bouffonne connue sous le nom de Grenelle de l'environnement.

On a vu dans les mêmes bureaux, derrière les mêmes micros et caméras ceux qu'on croyait des adversaires. L'État et ses services jadis honnis, les grands patrons pollueurs, les paysans industriels, les partisans des OGM et des pesticides d'une part. Et de l'autre, des ONG comme Greenpeace, le WWF, la Fondation Hulot, France Nature Environnement, autoproclamées représentantes de la société tout entière.

Le douteux miracle, c'est que tous ces gens n'ont cessé de se congratuler. Pour le président Sarkozy et son clan, l'occasion était magnifique de prouver que la droite pouvait être aussi écolo, et même davantage, que ses adversaires. Et pour les écologistes officiels, dûment estampillés, le Grenelle marquait la fin d'une époque honnie, faite d'ombre et d'ostracisme, emplie de soirées perdues à tenter de sauver ce qui ne le serait pas.

Mais l'affaire ne s'est pas arrêtée là. Englués dans le piège qu'ils avaient eux-mêmes amorcé, les écologistes de cour ont continué de jouer jusqu'à l'absurde. Peut-on, sans sombrer dans le ridicule, prétendre que le monde court à sa perte tout en œuvrant comme si l'on disposait de cinq siècles pour régler les problèmes entre gens de bonne compagnie ?

La disparition quasi complète de la pensée critique va de pair avec une tendance lourde de la société. Désormais, il faut être écolo, *ma non troppo*. L'heure est au développement durable, forcément durable. Ce qui implique de bien fermer les robinets, de bien éteindre la lumière derrière soi et de trier ses ordures.

Pendant ce temps, la destruction du monde continue. J'écris ces lignes alors que s'achève la piteuse conférence de Nagoya (Japon) sur la biodiversité, et près d'un an après la ridicule grand-messe sur le climat de Copenhague. Oh oui, la destruction continue et s'accélère même. Et dans ces conditions, il faut oser parler d'une mystification. D'une vaste mascarade où l'écologie, la vraie, a disparu dans le trou noir des embrassades et des réceptions avec petits-fours. Ce pamphlet sera dur, car il dénoncera sans état d'âme tous ceux qui acceptent d'échanger la liberté et l'action contre un simple plat de mauvaises lentilles.

Avant de commencer à cogner comme un bûcheron, je juge prudent de me présenter un peu. Je suis un écologiste, de longue date. Mais je n'ai rien à voir, on le constatera d'ailleurs, avec l'écologie politique, qu'elle soit représentée par les Verts ou toute autre écurie. Cette manière de faire de la politique m'indiffère le plus souvent, et me consterne encore quelquefois, car il s'agit évidemment d'un temps perdu à jamais. Cette diversion mériterait à elle seule un ouvrage important, que je n'ai pas le cœur d'écrire.

Je suis un écologiste. Il est à mes yeux certain que la crise de la vie sur terre commande tout. Devrait commander toutes les actions humaines. Et c'est à cette aune que je vais parler d'un mouvement auquel j'appartiens, envers et malgré tout. Je suis membre de l'association Bretagne vivante depuis 1987, et j'en suis bel et bien satisfait. J'écris, j'ai écrit, j'écrirai bénévolement dans des bulletins, de petits journaux, des feuilles naturalistes ou plus généralement écologistes. Ce mouvement est peut-être perdu, mais j'en suis. Je fais partie de ceux qui veulent refonder le monde sur des bases humaines. Un tel programme est devenu extrémiste, mais je n'y suis pour rien.

Le désastre est partout, même si les chaînes de télévision et les propagandes associées parlent encore de vacances à la mer ou à la montagne, du dernier colifichet, des courses automobiles et du tennis, des bisbilles électorales entre machin et truc, entre machine et truque. L'image qui s'impose à moi est celle d'une famille de chez nous, grignotant un joyeux pique-nique sur la plage, le dos au tsunami qui approche. On se dispute. L'un reproche à l'autre d'avoir oublié le sel et les deux finissent par mettre une torgnole au gosse qui vient de laisser tomber le jambon dans le sable.

Tandis qu'ils déplient leur nappe, pendant qu'ils se pourlèchent les babines une dernière fois, la vague s'apprête à déferler. Mon sentiment le plus sincère est que nous allons droit à la dislocation des sociétés humaines, que nous pensions pourtant immortelles. À toutes les menaces globales que chacun d'entre nous connaît – de la mort des océans à la déforestation, de la disparition des sols fertiles à la fracture du cycle de l'eau – s'ajoute désormais l'infernal dérèglement climatique. S'il est infernal, c'est pour la raison que le coup est parti. Il va falloir produire infiniment plus, pour au moins trois milliards d'humains de plus dans quelques années, mais avec bien moins. Moins de surfaces agricoles, moins d'eau, moins de pétrole, et sans le soutien d'un climat jusqu'ici très favorable aux activités humaines.

Chacun le sait ou le pressent, la parenthèse historique ouverte par la victoire sur le fascisme, il y a soixante-cinq ans, se referme brutalement. Brutalement pour les écosystèmes, qui ne savent rien du temps humain. Et bien trop lentement pour les individus que nous sommes, qui peuvent encore se bercer d'illusions et se passionner pour les prochaines élections présidentielles. L'espoir d'échapper au malheur est mince. Rien de sérieux ne pourra plus s'interposer entre nous et le pire sans la création d'un mouvement dont nul n'a pour l'heure la moindre idée. La seule certitude, à mes yeux, est qu'il ne ressemblera en rien à ce mouvement de protection de la nature, né en France à la suite des événements de mai 1968, devenu un appendice de l'appareil d'État et de cette vaste machine industrielle qui détruit le monde à sa racine.

Il est certain que le texte qui suit déplaira fortement à nombre de personnes qui me saluent encore, fût-ce de loin. Je ne l'ai pas écrit pour le plaisir d'être seul. Je l'ai écrit pour l'être moins. Qu'ai-je à perdre ? Je pense davantage à ce que nous pourrions gagner.

CHAPITRE 1

Mise en bouche et plan de table (les officiels)

Attention les yeux ! La revue de détail du Grenelle de l'environnement commence par la présentation méthodique des héros du gouvernement : mesdames Jouanno et Kosciusko-Morizet et monsieur Jean-Louis Borloo. Une grave surprise attend le lecteur : ces personnages ne sont pas ce qu'ils prétendent être. Malheur ! Nous aurait-on menti ? Possible.

Comment tout cela a-t-il pu arriver ? Je veux parler du Grenelle de l'environnement, ce grand rendez-vous français de l'automne 2007. Je vais commencer par pouffer, et ce ne sera pas la dernière fois. On était là, d'emblée, dans l'esprit même de la ligne Maginot. Ils ne passeront pas ! La crise écologique n'atteindra pas les côtes françaises, palsambleu ! Ou peut-être dans un *remake* du nuage de Tchernobyl, stoppé net par nos gabelous du côté des Vosges. Rions de bon cœur, car l'idée qu'on puisse régler quoi que ce soit à l'échelle dérisoire de notre petit pays est simplement ridicule. Ça l'est à propos de la crise financière, ça l'est bien davantage encore quand on aborde la question de l'effondrement des écosystèmes. Lesquels, je ne crois pas m'avancer beaucoup, montrent une belle indifférence au tracé fantaisiste des frontières humaines.

Il n'empêche. La proclamation du Grenelle de l'environnement était on ne peut plus audacieuse, qui annonçait à grands sons de trompe une « révolution écologique » bien de chez nous. Tout est né d'un mot, une expression à tiroirs, que tout le monde peut reprendre à son compte, dont chacun peut s'emparer avant d'y placer, entre deux chemises et trois paires de chaussettes, ses propres idées. Cette expression passe-partout, attrape-tout, fourre-tout de Grenelle mérite deux mots d'histoire, qui ne nous feront pas de mal.

Le revolver de Jacques Chirac

En mai 1968, aussi étrange que cela paraîtra à certains, les propriétaires de ce pays eurent réellement la trouille. De la révolution, n'ayons donc pas peur des mots. On sait les dix millions de grévistes, les nuits barricadières, les grandes manifestations parisiennes emmenées par les syndicats. C'est dans ce climat que les tenants de l'ordre décident de calmer les nouveaux Enragés. De ce côté, le général de Gaulle, Georges Pompidou, Premier ministre, et Jacques Chirac, secrétaire d'État à l'Emploi. Oui, Chirac, ce qui ne nous rajeunit pas, mais nous rapproche tout de même de son horripilant successeur à l'Élysée, Nicolas Sarkozy.

En 1968, Chirac, qui aime les romans de cape et d'épée, décide de prendre un pseudonyme. Ce sera Walter. Walter commence à nouer des contacts si discrets avec le supposé adversaire qu'on ne peut les qualifier que de secrets. Et l'adversaire, en réalité soutien décidé du régime, c'est la CGT. Chirac-Walter a récupéré quelque part un revolver, qu'il glisse dans une poche de son veston quand il rend visite à

Henri Krasucki, alors ponte cégétiste et bras droit de Benoît Frachon.

Il n'y aura pas mort d'homme. Tout au contraire, les deux « ennemis » concoctent un vaste plan de retour au calme social. Les 25 et 26 mai 1968, gouvernement et syndicats signent les fameux accords de Grenelle. Où ? Mais rue de Grenelle bien entendu – d'où le nom –, au siège du ministère du Travail. Le SMIG, qu'on n'appelle pas encore le SMIC, est augmenté de 25 % et le salaire réel d'environ 10 % en moyenne. Malgré cela, et l'affaire devient nettement passionnante, ces accords de bureaucratie à bureaucratie sont rejetés par les grévistes, plongeant les maîtres de la CGT dans la même mélasse que celle du pouvoir gaulliste.

On le sait, mai 1968 fut finalement un triomphe du pouvoir en place, qui ouvrirait en grand les vannes de la consommation d'objets inutiles, l'un des moteurs de la crise écologique. Mais c'est une autre histoire. Gardons en tête, pour revenir à notre propos, que les accords de Grenelle ont été signés sous la pression extrême de la société. Dans un moment de panique des pouvoirs les mieux établis. En somme et en résumé, par la grâce d'un rapport de forces social et politique tel qu'il fallait nécessairement lâcher quelque chose.

Les cyberacteurs font trembler le monde

Faut-il bien insister ? Le Grenelle de l'environnement, dont on va détailler les dessous, n'a rien à voir avec cela. La société française de l'automne 2007 est atone, abonnée aux services d'Internet, de Facebook et de Twitter réunis. Les tenants du

Grenelle entendent la « mettre en mouvement » gentiment, autour de « nouvelles priorités », et en s'appuyant comme de juste sur les « nouvelles technologies ». Les « écocitoyens » sont appelés à devenir des « cyberacteurs », de manière que le verre soit enfin trié et que l'entreprise Éco-Emballages gagne sa vie dignement. Le mauvais esprit seul signalera que cette noble entreprise, agréée par l'État pour « mission d'intérêt général », avait placé dans des paradis fiscaux 70 millions d'euros de fonds destinés aux collectivités locales, avant de se rendre compte fin 2008, sur fond de crise financière, qu'elle avait vraisemblablement perdu dans l'affaire au moins 22 millions d'euros. Un argent pour ainsi dire public, car destiné par la loi aux communes. On s'éloigne ? Pas si sûr.

Le recours à l'expression « Grenelle » pour décrire une simple discussion devrait interroger le dernier quidam de la place. Comme les acteurs du Grenelle, de quelque bord qu'ils soient, ne sont pas si bêtes, il va bien falloir explorer d'autres voies, rechercher d'autres explications que la sottise. Déroulons le fil ensemble. Nous sommes au printemps 2007. Sarkozy n'a pas encore gagné, et il a besoin de toutes ses intuitions pour assurer une victoire qu'il sent à portée de main. Son équipe de campagne, au 18, rue d'Enghien, dans le 10e arrondissement de Paris, se jette sur les sondages, multiplie les rendez-vous avec des « vraies gens », propose chaque matin au candidat une nouvelle brassée d'idées. Dans ce qu'il faut bien appeler, au moins par commodité, l'autre camp, les socialistes de l'équipe Royal tentent de faire mieux. Mais ils ne parviendront même pas à faire aussi bien que la droite, de loin.

On a oublié, car le temps médiatique efface les ardoises chaque soir, que les petites mains de Sarkozy inventent ces semaines-là quantité d'images qui permettront à leur champion de triompher. Les pantins de comédie que sont les Kouchner, Amara, Besson et tous autres, sont approchés. Une Arabe – Rachida Dati –, une Noire – Rama Yade –, une blonde diaphane – Nathalie Kosciusko-Morizet – sont pressenties pour incarner la jeunesse, les femmes, le métissage, *in fine* pour la dernière une écologie de droite.

Une écologie de droite : voilà qui ne manque pas d'intérêt. Car en ce printemps 2007, la droite n'a aucun politicien à sa disposition pour incarner cette tension nouvelle détectée dans de nombreux sondages. Je veux dire cette préoccupation pour « l'environnement », ce mot odieux qui place l'homme au centre de tout et prétend sauver ce qui l'environne et rien d'autre. Quoi qu'il en soit, fût-ce sous une forme abâtardie, l'écologie commence à compter. Nicolas Hulot, Yann Arthus-Bertrand déjà, les marées noires, l'explosion des produits bio, éventuellement « équitables », le sort des baleines et des Patagons, la défense des forêts tropicales, tout cela représente bel et bien un certain nombre de voix que nul politicien ne peut plus ignorer.

Un tour de piste pour Alain Juppé

Alors que commence la dernière ligne droite avant le premier tour des élections présidentielles, il est déjà acquis qu'Alain Juppé, maire de Bordeaux et ancien Premier ministre, sera ministre d'État en cas de victoire. En charge de l'Écologie et du Développement durable. C'est le signal que certains, autour du candidat – peut-être lui, mais c'est loin d'être sûr – ont compris la nécessité de tendre les voiles à ce vent neuf. À la vérité, la droite est alors, en la matière, aussi nulle que la gauche, ce qui n'est pas ce que j'appellerais un compliment. On commencera par les dames, en tout cas l'une d'elles. Chantal Jouanno joue encore un rôle des plus modeste, mais elle sera, au moment du Grenelle qui nous intéresse, l'œil de Moscou de celui qu'il convient d'appeler son maître, Nicolas Sarkozy. À la différence d'un ministre, qui peut éventuellement jouer sa partition, un conseiller sert son employeur. Garder cela dans un coin de la tête.

Qui est Chantal Jouanno en ce printemps 2007 ? Évidemment, elle n'est pas encore sous-ministre à l'Écologie, comme elle le deviendra le 21 janvier 2009. Non, elle travaille depuis 2002 pour Sarkozy, alors ministre de l'Intérieur. La carrière de cette dame, née en 1969, ne peut arracher que des cris d'enthousiasme à qui sait, dans les grandes lignes, ce qu'est la vie sur terre. Car elle a travaillé pour la bagnole, puis pour notre beau champion EDF, puis pour le glorieux ministère de la Police, et de nombreuses fois. Également pour une société, la Soframi, dont l'une des spécialités était la Défense. Elle a pu également, par chance insigne, suivre de près les activités de président du conseil général des Hauts-de-Seine, car elle a été directrice de cabinet de Sarkozy lorsqu'il exerçait cette fonction. En compagnie du si beau couple Balkany et de quelques autres de même acabit. Cela doit laisser de jolis souvenirs.

Claude Guéant militant écologiste

Sur sa page Facebook – comme on aimerait croire à un trait d'humour ! –, Chantal Jouanno note : « Je vous entends déjà vous interroger sur ce qui a pu m'amener vers l'écologie. » Sapristi, en effet, on se demande. Et c'est là que commence le *storytelling*, cet art antique, mais actualisé, d'embellir la réalité. Les transnationales les pires du marché mondial se changent brusquement, sous la fraîche peinture du « créatif », en nobles entreprises au cœur tendre. Il existe un marché du ripolinage, une niche qui permet à des agences de communication de créer, en mode très mineur, des « mythes fondateurs » sur tout et tous. Madame Jouanno, qui a bien moins à cacher que Total ou Shell, se contente d'un petit mensonge. Sans précision de date – pour cause –, elle écrit : « Un jour, Claude Guéant me parle de développement durable et me conseille de m'y intéresser. Je commence à lire sur le sujet et rapidement je m'éprends de ces questions. »

Mer-veil-leux. Guéant, rappelons-le à tout hasard, est l'éminence grise, si grise, du président. L'homme qui serre le moindre boulon. Ainsi donc, le coupable serait lui. Il faut bien considérer deux choses. Un, je l'ai dit, et j'insiste là-dessus, pas de date. Plutôt commode. Un jour, on suggère une révélation à la championne de karaté – madame Jouanno ne sait plus quoi faire des médailles gagnées dans ce sport de combat – et cette révélation se produit. Quand ? Mystère. Ne sommes-nous pas derrière l'un des piliers de Notre-Dame, à la manière de Claudel découvrant Dieu ? Je me permets un rire nerveux à propos du rôle de « révélateur » de Guéant, qui ne sait évidemment rien du sujet. Et je recommence. On ne peut pas dire ou laisser dire que l'on a découvert la question écologique en 2007, et sur ordre du patron. Cela ferait trop tactique. Aussi bien laisse-t-on la question ouverte, permettant à chacun d'imaginer une lente mais irrésistible conversion, étendue sur des années. Je cite derechef madame Jouanno, sur Facebook toujours : « Mon premier combat a été de bousculer les habitudes de ma famille petit à petit, c'était ma toute première victoire, j'étais très fière de pouvoir faire bouger les choses (même à petite échelle). » On remarquera qu'il n'y a toujours pas de date.

Si je m'autorise à parler de bluff, c'est bien entendu que j'ai une preuve, déjà évoquée plus haut : un délicieux petit film de propagande de l'UMP, tourné au bas des escaliers du quartier général de campagne du candidat Sarkozy, rue d'Enghien. Il est daté du 12 février 2007 et j'espère qu'il sera encore visible sur le Net au moment où vous lirez ces lignes (www.dailymotion.com/video/x16x5m_chantal-jouanno). Car il semble juste de parler d'un chef-d'œuvre de loufoquerie involontaire.

Au nom des chasseurs, des rapatriés et des boulangers

Voici tout le début du texte, que je garantis sur l'honneur pour l'avoir recopié mot après mot. Madame Jouanno, veste rouge et pull à col roulé noir, déclare avec fougue : « Je suis Chantal Jouanno, je m'occupe auprès de Nicolas Sarkozy des publics. C'est-à-dire des chasseurs, des rapatriés, des personnes françaises d'origine étrangère, mais aussi des professions particulières, les boulangers, les bouchers, les pharmaciens, tous les publics qui comptent et qui ont des préoccupations spécifiques. » Je dois avouer que j'ai failli pleurer de rire. La suite, sans aucune transition. Ou plutôt si, tout de même. Pour les sourds et malentendants – j'espère que c'est l'explication – une voix off surgie de l'écran demande de nouveau à madame Jouanno : « Quelles sont vos fonctions au QG de campagne, Chantal ? » Là, Chantal rit de bon cœur, car elle connaît la réponse. Et elle enchaîne ainsi : « Bé, je vais m'occuper, auprès de Nicolas Sarkozy, des publics spécifiques. Ce qu'on entend par publics, ce sont les rapatriés, par exemple, les chasseurs, mais aussi toutes les professions particulières comme les boulangers, les bouchers, les pharmaciens, toutes les personnes qui ont des préoccupations spécifiques. »

Bon, il n'est jamais inutile de répéter des choses aussi cruciales. Pour être bien sûr de ne pas avoir loupé un point décisif, n'écoutant que mon enthousiasme, j'ai visionné un autre bout de film (www.dailymotion.com/video/x1skhk_c-jouanno-presente-son-champs-d-act_news), daté du 23 avril 2007, dans lequel Chantal Jouanno « présente son champ d'action ». Et cela donne ceci, texto à nouveau : « Je m'occupe des personnes qui ont des spécificités, comme les personnes en situation de handicap, les anciens combattants, les rapatriés, les harkis, mais aussi les catégories socio-professionnelles, les médecins, il y a beaucoup de demande dans la santé, le juridique. L'essentiel étant de répondre à l'ensemble des sollicitations. De répondre à toutes les demandes de rendez-vous. »

Nul besoin d'être cruel après tant d'autoflagellation. À cette date, Chantal se moque d'autant plus d'écologie qu'elle ne s'y intéresse en aucune façon. Ce qui compte, ce sont les rapatriés, les chasseurs, les boulangers, les « professions spécifiques ». Madonna ! En récompense, peut-être, de ce si vaste dévouement, Sarkozy la nommera donc, aussitôt élu, « conseillère à l'Élysée en charge des négociations du

Grenelle de l'environnement ». Voilà la dame intronisée Écologiste de combat.

Précision : le 26 juillet 2010, Chantal passe par Toulouse pour un enterrement de première classe concernant les ours, dont quelques « exemplaires » ont été transportés de Slovénie jusque dans les Pyrénées à partir de 1996. Après quelques sottises de rigueur, destinées au « public spécifique » de rigueur, elle lâche cette merveille à propos du vautour : « Cette espèce [le vautour] inquiète les éleveurs. Non seulement les vautours sont en bon état de conservation, mais la modification de la réglementation sur l'équarrissage les a incités à passer la frontière. J'ai demandé au parc national des Pyrénées non seulement de suivre ces oiseaux, mais aussi d'expérimenter l'indemnisation des dégâts et des tirs d'effarouchement. Ces oiseaux nécessitent une gestion transfrontalière et peuvent faire l'objet d'un tourisme de vision mais ils ne doivent pas mettre en péril le pastoralisme dont la montagne pyrénéenne a tant besoin. »

En cette année officielle de la biodiversité, les vautours osent passer la frontière ! Mais que fait donc la police ? Rappelons que le vautour fauve est passé tout près de l'extinction chez nous. Sauvé *in extremis*, il va un peu mieux. Mais comme il s'agit de glaner des voix dans la perspective des présidentielles de 2012, notre sous-ministre entend lancer des tirs d'effarouchement. Avant des tirs d'anéantissement ? Pourquoi non ?

Sur une idée de Franck Laval et des décors de Sarkozy

Mais nous n'y sommes pas. Reprenons le calendrier. Le printemps 2007. L'effervescence, les portes qui claquent, les téléphones qui sonnent. Chaque jour de campagne électorale doit permettre au candidat Sarkozy de marquer un point sur sa rivale socialiste, Ségolène Royal. Et un jour, Franck Laval. Ce fondateur de l'association Écologie sans frontière, soutenue entre autres par le blagueur professionnel Marc Jolivet, a l'idée, au printemps 2007, de suggérer aux deux principales équipes de la campagne des présidentielles – Royal et Sarkozy – de reprendre en l'adaptant l'idée du Grenelle de 1968. L'idée était, selon un texte postérieur de Franck Laval, de poser « l'acte fondateur du Dialogue Environnemental qui doit s'instaurer en France entre toutes les parties prenantes, pour une vraie rupture dans les politiques environnementales ». Les majuscules ne sont pas de moi, certes, mais de Laval, bien sûr. Quoi qu'il en soit, ce dernier suggérait donc de réunir autour de la table tous les acteurs français concernés par les problèmes écologiques, ce qui fait du monde. L'État et ses services. Les industriels. Les professionnels et les syndicats qui les représentent, comme la FNSEA chez les paysans. Les associations de protection de la nature enfin. Du monde. Des deux contactés – Royal et Sarkozy –, c'est le deuxième qui a réagi le premier et s'est emparé de l'étendard.

Pour bien saisir la malignité de l'entreprise, il convient de se projeter mentalement, une nouvelle fois, dans ce printemps 2007 de toutes les manipulations. D'abord, et avant tout, les sondages. Dès novembre 2006, Nicolas Hulot a rendu public son Pacte écologique, que les principaux candidats, en pleine surenchère écolo, ont aussitôt signé. Pardi ! Le Pacte a été signé par 700 000 Français, et l'éventualité d'une candidature Hulot aux présidentielles, dûment testée, fait apparaître une vaste opinion sensible enfin aux questions écologiques. Il faut donc trouver un truc, et de ce point de vue, la proposition de Frank Laval tombe à pic.

Seulement, il va bien falloir faire quelque chose. C'est alors qu'entre en piste un personnage pourtant démonétisé, qui va porter l'idée du Grenelle pendant quelques semaines, jusqu'à la rendre crédible. Qui ? Alain Juppé, le maire de Bordeaux. Bien qu'ignorant à peu près tout de ces questions, Juppé a compris, sur un plan strictement intellectuel, que l'écologie devenait un enjeu. Et, ne soyons pas chien, un véritable problème. D'une façon plus personnelle, il a compris que ce thème populaire pouvait lui permettre de relancer une carrière politique nationale en panne sèche depuis de longues années. Dès le début de l'année 2007, il est entendu que Juppé, en cas de victoire de Sarkozy, sera ministre de l'Écologie. Ministre d'État. Haut placé dans la rigide hiérarchie officielle. Presque vice-premier ministre en charge du « développement durable ».

Borloo et Tapie main dans la main

L'opération est presque parfaite, mais va hélas buter sur cet absurde suffrage universel. Aux législatives qui suivent la victoire de Sarkozy aux présidentielles, Juppé prend un gadin. Désavoué par les électeurs de Bordeaux, il ne peut plus être le numéro deux d'un gouvernement qui promet la lune aux Français, pour commencer. Il quitte aussitôt son méga-ministère. Que faire ? La question a été posée dans le passé par bien d'autres. Sarkozy cherche, et ne trouve pas. Il y aurait bien Nathalie Kosciusko-Morizet, la protégée de Chirac, et qui passe pour être l'écologiste – la seule – de l'UMP. On reviendra sur son cas, mais en attendant, deux mots suffiront. Et d'un, Sarkozy se méfie profondément d'elle, précisément parce qu'elle a été propulsée par Chirac. Et de deux, il ne la croit pas capable de manœuvrer comme il l'entend ce si prometteur Grenelle de l'environnement prévu à l'automne 2007.

Tout bien considéré, il ne reste guère que Jean-Louis Borloo. Quoi, ce type mal peigné, mal rasé, qui semble toujours sortir de son lit ? Oui. À cet instant de l'histoire, Borloo est l'archétype du garçon authentique, créatif, imaginatif. Et puis – défense de rire, ce n'est pas le moment –, n'est-il pas l'un des cofondateurs de Génération Écologie en 1990, invention politicienne destinée à empêcher l'émergence des Verts ? Qui oserait voir son autre face, celle du bateleur de foire impénitent ? Qui oserait dire qu'il a fait ses classes avec des pros nommés Michel Coencas et Bernard Tapie ? Il va bien falloir descendre dans les catacombes.

Au tournant des années 1980, Borloo a 30 ans. Jeune avocat, il a la singularité, dans ce milieu, de fort bien connaître le droit des affaires. Nul ne le sait encore, mais la crise économique commence, qui va marquer plusieurs générations. Droite comme gauche cherchent toutes les solutions possibles pour montrer qu'elles agissent. Cela sera la chance de Borloo. Les faillites commencent, et l'avocat aide les patrons à sauver ce qui peut l'être, s'appuyant strictement sur la loi. Rien à dire. Mais en 1982 – les socialistes viennent d'arriver au pouvoir –, Borloo noue un lien décisif avec une banque. Et pas n'importe laquelle. Elle s'appelle SdBO, ou Société de banque occidentale, une filiale du Crédit lyonnais. Créée en 1981 – grâce à la vague rose socialiste –, la SdBO a le magnifique projet de « réindustrialiser » les entreprises en difficulté.

Son directeur général, Pierre Despessailles, a été avant cela président de chambre au tribunal de commerce de Paris. Il a eu à connaître, de très près, la situation d'entreprises en grande difficulté, ce qui va se révéler fort utile. En outre, cet excellent homme est l'excellent copain d'un certain Bernard Tapie. Pas d'anachronisme : en 1982, Tapie n'est guère qu'un chanteur raté, qui s'est reconverti dans le rachat, pour le franc symbolique, de sociétés à bout de souffle.

Récapitulons : Despessailles, dont on ne sait pas encore qu'il sera poursuivi par la justice, copine avec Tapie, et le présente à Borloo, avocat plein de promesses. On peut parler d'un coup de foudre, lequel, aux dernières nouvelles, dure toujours. Près de trente ans d'amitié entre Borloo et Tapie, cela réchauffe le cœur.

La banque banque, Borloo encaisse

Alors commence une période d'euphorie. La banque banque – prêts, facilités de toutes sortes – et le duo Tapie-Borloo rachète à tout-va, devant les tribunaux de commerce que connaît si bien Despessailles, des ruines industrielles dont certaines se révéleront de purs joyaux. Il serait malhonnête d'oublier un autre personnage, Michel Coencas. Ce ferrailleur de haut vol – il dirigera, au sommet de sa gloire, 59 filiales et 13 000 salariés – se mêle au duo, ce qui en fait, sauf erreur, un trio. L'argent rentre à flots, et transforme les philanthropes en hommes riches. Le magazine américain *Forbes* classe Borloo parmi les avocats d'affaires les mieux payés au monde, Tapie et Coencas deviennent milliardaires.

Sautons un ou deux épisodes, pourtant édifiants, et précipitons-nous à Valenciennes pour cinq minutes d'arrêt. À la fin des années 1980, cette ville du Nord, de vieille industrie, est sinistrée. La sidérurgie et le textile ont disparu de concert, entraînant la cité dans un terrible déclin. Borloo, qui semble avoir épuisé les charmes sulfureux d'achats industriels pour le franc symbolique, se lance en politique. Il a vaguement été maoïste dans sa jeunesse, et il est parvenu à saluer le président Mao en personne, au même moment qu'une flopée d'autres maolâtres. En 1989, il n'est plus de gauche, il n'est pas de droite, quoique. Valenciennes est à prendre, et Borloo en devient le maire cette année-là, probablement pour des motifs dont il n'y a pas de raison de douter. Tout indique que sa face lumineuse a trouvé là l'occasion d'exprimer une réelle compassion pour ceux qui souffrent et serrent les dents. On ne peut d'ailleurs exclure une sorte de tentative de rachat moral après tant d'années passées à la barre des tribunaux de commerce.

Valenciennes. Borloo va y retrouver comme par miracle ses deux compagnons de travail, Tapie et Coencas. Peut-être vous souvenez-vous du match truqué qui oppose le club de Valenciennes VA et celui de Marseille, le 20 mai 1993 ? Par sécurité, rappelons les faits. L'OM, le club marseillais, prépare une finale de coupe européenne contre Milan AC, huit jours plus tard, et ne souhaite pas fatiguer inutilement ses joueurs. Marseille, c'est l'Olympe, sans jeu de mots, et VA un pauvre club de province qu'il doit être possible d'acheter avec des cacahuètes. Ce qui se produit bel et bien. Sur ordre, les joueurs de VA laissent gagner l'OM. Le résultat est acquis, mais la funeste moralité du joueur valenciennois Jacques Glassmann conduit droit à une enquête judiciaire qui prouvera l'achat de joueurs par Marseille.

C'est le moment de se souvenir. Qui est le patron de l'OM ? Bernard Tapie, finalement condamné à deux ans de prison, dont un ferme. Mais qui préside le club VA au même moment ? Michel Coencas, que Borloo a fait venir à Valenciennes, probablement en souvenir du bon vieux temps. Attention, et ce n'est pas pure forme : dans cette affaire, seul Tapie a été mis en accusation. Rien ne permet de penser que Coencas ou Borloo étaient au courant de quoi que ce soit. Il reste que ce match d'anthologie, par un curieux hasard, rassemble dans une seule main le maire de la ville et les deux responsables des clubs concernés.

Est-ce bien tout ? Non. Certes, et j'y insiste, Borloo n'a été mis en cause dans aucune affaire judiciaire, ce qui en fait, et il n'y a pas d'arrière-pensée, un innocent.

Coupables, mais pleins aux as

Mais on peut, mais on doit écrire que Tapie et Coencas ont été condamnés pour différents délits graves. Tapie de nombreuses fois, pour tentative de corruption, fraude fiscale, faux, usage et recel de faux, abus de confiance, abus de biens sociaux. Coencas ira trois fois en prison entre 1995 et 2006, poursuivi notamment pour escroquerie et abus de biens sociaux. Quant à Pierre Despessailles, le directeur de la SdBO, il est mort avant de connaître les foudres de la justice. Je cite une dépêche AFP du 15 octobre 2009 : « En première instance, le tribunal correctionnel de Paris avait jugé treize administrateurs et mandataires judiciaires dans cette affaire où le corrupteur présumé, l'ancien directeur général de la SdBO, Pierre Despessailles, est mort et l'action publique à son encontre est éteinte.

Ce banquier était soupçonné d'avoir conçu un “pacte de corruption” afin d'inciter les prévenus à placer à la SdBO les fonds des sociétés en difficulté ou en liquidation dont ils s'occupaient, ainsi que leurs revenus professionnels.

En échange, ces auxiliaires de justice installés en région parisienne auraient obtenu entre 1982 et 1996 des prêts, dont certains de plusieurs millions de francs, à des taux préférentiels pour l'époque (de 0 à 6 %). »

Remarquons ensemble combien la justice peut prendre son temps quand cela lui convient. Une condamnation définitive en 2009, quand les faits remontent, pour les premiers, à 1982, vingt-sept ans avant. Mais quelle prévenance ! Et ajoutons pour faire le compte que la SdBO a commencé ses opérations douteuses dès 1982. L'année où son directeur Despessailles met en contact Tapie et Borloo. Encore une fois, ne rusons pas avec la loi. Rien n'indique, chez Borloo, le moindre délit. Mais tout montre qu'il a fréquenté des gens habitués à toutes les acrobaties et trucages financiers. Sans que cela le gêne plus que cela, puisqu'il fréquente toujours et Tapie et Coencas. Peut-être vaut-il mieux connaître ces menus détails avant de continuer le chemin.

Question : Jean-Louis Borloo n'aura-t-il pas été marqué, bien malgré lui, par une décennie de fréquentations constantes avec des délinquants ? L'hypothèse n'est pas folle, comme on va en juger de suite. Et pour l'occasion, on se contentera d'un exemple presque anodin, celui des maisons magiques à 100 000 euros.

Mais où sont donc passées les maisons à 100 000 euros ?

Commençons par un arrêt qui n'a rien de symbolique, à l'extrême fin de 2001. Borloo est « déçu » par la politique. Il est, confie-t-il aux gazettes (*L'Expansion* du 20 décembre 2001), ruiné par Valenciennes, ville dans laquelle il aurait investi et perdu beaucoup d'argent personnel. Il laissera d'ailleurs tomber son poste de maire en 2002. Dans le même temps, il est tout de même le porte-parole d'un certain François Bayrou, candidat aux élections présidentielles prévues au printemps 2002. On a connu plus ferme appui, car Borloo ne cache pas qu'il soutient Bayrou un peu comme la corde soutient le pendu. Pour parler comme Nanar Tapie, son vieux pote, Borloo taille costard sur costard à Bayrou, qui n'en peut mais. Il a 50 ans, et jure qu'il va recommencer le grand tour des tribunaux de commerce, et enfiler de nouveau la cape noire d'avocat d'affaires. Ne vient-il pas de tourner autour du dossier de reprise de Moulinex, qui a déposé son bilan en septembre 2001 ?

Que penser de tout cela ? Au moins que la fréquentation assidue de Tapie et Coencas, mœurs incluses, ne l'a pas dégoûté des affaires. Et c'est heureux, n'est-ce pas ? Mais le coup de blues ne dure qu'un mois. Après avoir lâché en rase campagne ce pauvre Bayrou, Borloo remonte sur son cheval, et devient ministre de la Ville en 2002, puis de l'Emploi, puis du Logement. Arrêtons-nous une seconde : nous sommes en 2005, et notre bon garçon annonce le 25 octobre vouloir construire 20 000 à 30 000 « maisons à 100 000 euros » par an. Voilà une intention sociale indiscutable. Aidées par l'État, des dizaines, des centaines de milliers de « vraies gens », modestes en diable, vont pouvoir devenir propriétaires.

Comme on respire déjà mieux ! Le dispositif, auquel « tous les maires » doivent donner la main, permettra d'offrir « aux ménages les plus modestes » des maisons « respectant des normes strictes en matière de développement durable », assurant au passage « des économies d'énergie ». Ce n'est pas encore le Grenelle, mais on s'en approche gentiment. Une telle initiative mérite, cela va sans dire, les journaux télévisés du soir, la grande presse, de longs entretiens. S'il est une chose qu'on ne contestera pas à Borloo, c'est son (grand) art de la mise en scène médiatique. Je ne sais combien d'articles cette opération de bluff aura suscités, mais je dirais avec retenue : beaucoup. Le mot *bluff* est-il ici déplacé ? Abritons-nous sous l'ombre vertueuse du *Figaro*, assez peu suspect de nuire aux droites gouvernementales. Édition du 29 janvier 2008, et citation : « Fin 2005, Jean-Louis Borloo lançait à grand renfort de communication la maison à 100 000 euros. Entre 20 000 et 30 000 de ces habitations devaient sortir de terre chaque année en faveur du logement social. De quoi satisfaire les 87 % de Français déclarant que l'accès à la propriété est une priorité. Plus de deux ans après ces déclarations, le bilan est catastrophique. “Actuellement, quatre maisons ont vu le jour”, déclare l'Association française pour l'accession à la propriété (Afap), baptisée un temps “Association des maisons à 100 000 euros”. »

La si belle opération de Génération Écologie

L'on sait depuis Mitterrand qu'il faut savoir « laisser du temps au temps ». Voyons donc le bilan à l'extrême fin de l'année 2010. Y est-on ? Les pauvres sont-ils enfin logés ? Le quotidien *La Croix* du 7 décembre 2010 : « Environ six cents nouveaux propriétaires ont été séduits par le dispositif lancé par Jean-Louis Borloo en 2005 (…) et la plupart des familles modestes qui ont opté pour l'achat d'une des maisons à 100 000 euros le regrettent déjà.

En effet, le programme qui proposait prêt à taux zéro et mensualités ne dépassant pas le prix d'un loyer a fait sortir de terre des logements dont la qualité laisse à désirer, pour des prix au final de 30 à 50 % plus élevés que prévu. Murs lézardés, fenêtres qui ne ferment pas… » Trois cents maisons sur 150 000 prévues en cinq ans. Les gens qui se sont fait piéger par cette noble opération crient tous au scandale et craignent que leur malheureux toit ne leur tombe sur la tête.

Mais qui s'intéresse aujourd'hui à de tels détails ? En décembre 2007, Borloo, devenu ministre de l'Écologie dans les conditions que l'on va découvrir, se baigne à Bali (Indonésie), toujours sous l'objectif des caméras. Il n'est plus question de maisonnettes pour les pauvres, car on considère désormais, d'un vaste regard circulaire, les si lourdes affaires de la planète. Si Jean-Louis Borloo plonge dans l'océan le 13 décembre 2007, en marge de négociations internationales sur la question climatique, c'est pour réimplanter un morceau de corail sur un massif malmené. En tout point charmant. Borloo prétendra que l'opération n'était pas prévue au programme – télés, radios, journaux étaient bien entendu présents – et pour preuve, prétendra ne pas disposer de maillot de bain *ad hoc*. On verra donc le ministre, qui pilote le Grenelle de l'environnement – nous y sommes – depuis septembre, sauter à l'eau en caleçon bleu. Bleu comme la mer.

Au fait, Borloo est-il écologiste ? Il faut bien dire deux mots de la création croquignolette de Génération Écologie, en 1990. L'année précédente, aux élections européennes du 10 juin 1989, les Verts, conduits par Antoine Waechter, ont obtenu 10,59 % des voix. Il est de bon ton, dans les journaux, de moquer Waechter au profit du flamboyant Cohn-Bendit. Le premier serait un nain, le second un grand politique. La réalité est un peu différente, même si la mémoire est totalement absente des « analyses » politiques habituelles. Le fait est, pourtant, que Cohn-Bendit, dix ans plus tard – le 13 juin 1999 – n'aura fait, lui, que 9,72 %. Mais il passe si bien à la télé.

En 1989, l'étonnante percée électorale des Verts fait résonner une vilaine musique aux oreilles du président, qui s'appelle alors François Mitterrand. Ce manœuvrier hors pair est parvenu au pouvoir grâce à l'affaiblissement du parti communiste, dont il aura toute sa vie préparé la disparition. Ses réflexes politiques, jusqu'à la fin de sa vie, l'auront toujours conduit à flairer, à redouter la concurrence. Les Verts étaient-ils un nouveau signal ? Le temps du Parti socialiste, sa chose, approchait-il de son terme ? Mitterrand était trop fin pour croire que l'on pouvait arrêter un mouvement historique par la ruse. Au reste, comment distinguer, à distance, l'écume et la vague ? Dans le doute, on pouvait toujours espérer retarder les échéances. Et c'est ce qu'il fit.

De la même façon qu'il manipula le mouvement des jeunes immigrés au début des années 1980, propulsant le duo Harlem Désir-Julien Dray, « créateurs » de SOS-Racisme, il poussa Brice Lalonde à créer Génération Écologie. Un mot sur Lalonde, membre du PSU – alors parti soixante-huitard – au début des années 1970 : écolo pendant une décennie, il évolua ensuite de plus en plus vite vers la droite, devenant ces dernières années un proche de l'ultralibéral Alain Madelin. On reviendra sur son cas, qui ne manque pas d'un certain intérêt.

En 1990, donc, Génération Écologie. Lalonde a été nommé sous-ministre à l'Environnement en 1988, puis ministre délégué en 1990. Il n'est pas lieu ici de raconter comment ce parti fictionnel fut installé sur la scène médiatique. Le fait est qu'aux régionales de 1992, il fit à peu près jeu égal avec les Verts, les deux mouvements approchant 14 %, quand les socialistes ne dépassaient guère 18 %. Mitterrand avait vu juste : il y avait bien le feu au lac.

Ajoutons un ultime détail, qui ne manque pas de fraîcheur rétrospective : parmi les fondateurs de Génération Écologie, tout proche alors de Lalonde, un certain Jean-Louis Borloo. Ce n'est pas que rigolo, car ce lointain engagement politicien permet encore à ce dernier d'exciper d'une profonde préoccupation pour la planète. Bien entendu – mais qui sera surpris ? –, Borloo ne s'est jamais souvenu, en vingt ans, qu'il avait aidé Lalonde dans un énième « coup », cette fois au service de Mitterrand qui venait d'être réélu pour sept ans, bouchant l'avenir politique à droite.

Je gage donc que Jean-Louis Borloo se moque du sort des écosystèmes. Et il n'est pas besoin de courir bien loin pour le prouver. Lorsque Sarkozy est élu président de la République le 6 mai 2007, Borloo se retrouve au gouvernement. Pour y défendre les rivières, les sols, les forêts, les ours, les baleines, pour y pourfendre les industriels irresponsables qui préfèrent leurs profits au maintien des équilibres essentiels ? Borloo est nommé le 18 mai ministre de l'Économie. Un poste décisif, un marchepied pour parvenir au poste de Premier ministre, qui fascine et obsède le grand écologiste. Tout est bien. La place est belle, elle est superbe, mais elle ne sera octroyée que quelques courtes semaines.

Car, comme je l'ai raconté plus haut, Juppé a été balayé aux législatives par les électeurs de Bordeaux, et doit quitter le gouvernement avant d'avoir pu déballer ses affaires. Quand Sarkozy décide finalement de proposer le poste de ministre de l'Écologie à Borloo, celui-ci se cabre. Il aurait même, dans un premier temps, refusé ! Je ne suis pas, pas encore, une petite souris, et ne peux garantir ce dernier point. Mais une personne proche du dossier, comme disent les gens sérieux, m'en a fait la confidence. Baste ! ce n'est pas essentiel.

Madame joue de la harpe dans le jardin

Le Grenelle approche, nous sommes à l'été 2007, et je vous ai présenté deux acteurs importants de la tragicomédie. Madame Jouanno, petite main élyséenne qui rendra compte au maître. Et monsieur Borloo, qui va finalement se piquer au jeu, comprenant qu'il tient là un tremplin sans égal pour la suite de ses personnelles aventures. Reste le cas Nathalie Kosciusko-Morizet. NKM, pour ses nombreux supporters, dont je ne suis pas exactement. L'engouement dont cette jeune politicienne fait l'objet dans la presse arracherait des éclats de rire à qui conserve le sens de la mesure. On me permettra deux exemples, tirés d'articles de presse.

Le 23 mars 2005, *Paris-Match*, qu'on ne présente plus, offre à madame KM une série de photos où elle pose enceinte en son jardin, couverte d'une robe diaphane, en compagnie

– miracle – d'une harpe. La signataire d'un livre sur Cécilia ex-Sarkozy écrit pour l'occasion, et pour accompagner les photos : « Il fallait un éclair d'audace. Oser, quand on est députée UMP, se prêter, pour Paris-Match, au jeu d'une photo artistique, symboliste, un tantinet New Age, et finalement très glamour. Nathalie Kosciusko-Morizet, benjamine des femmes de l'Assemblée nationale, est alanguie sur le papier glacé et sous un soleil mythique. Le chignon sage dont la belle polytechnicienne ne se départit jamais est, cette fois, défait. Les cheveux blond vénitien cascadent longuement sur une robe nacre de mousseline douce. Un bras lascif à bracelet d'or repose noblement sur un banc de pierre moussu, une main baguée caresse un ventre arrondi par la maternité. Un pied blanc et nu effleure les feuilles d'automne qui tapissent le jardin de sa maison de Longpont-sur-Orge. Une harpe, la sienne, luit en arrière-plan ; deux bibles précieuses du XVIIe trônent à ses côtés. »

Ne pas croire que ce chef-d'œuvre ait si peu que ce soit gêné madame KM. Au moment où j'écris ces lignes, en septembre 2010, il figure encore sur le site officiel de la polytechnicienne aux « cheveux blond vénitien ». Quant au deuxième article, il figure dans le prestigieux quotidien appelé *Le Monde*, à la date du 8 janvier 2009. Il s'agit d'un vaste portrait, dont j'extrais sans malice particulière deux morceaux. Le premier : « Une femme n'est jamais plus belle que dans le regard de son amant. Le moins que l'on puisse dire est que Jean-Pierre Philippe, ex-militant et élu socialiste, aujourd'hui dirigeant d'une société de conseil, est amoureux de sa femme, Nathalie Kosciusko-Morizet. “Vous ne trouvez pas, demande-t-il, qu'elle est l'incarnation de la femme contemporaine ?” » Oui, c'est cela.

Le second est de la même eau de rose : « Il est indéniable que Nathalie Kosciusko-Morizet, dite “NKM” dans son entourage comme sur la scène publique, est d'une réelle beauté – une peau claire qui capte le moindre grain de lumière, le cheveu blond ramassé en chignon savamment indiscipliné, une panoplie de tenues destructurées à l'élégance recherchée, jusqu'à ces mitaines qui allongent encore sa main de harpiste intermittente. Ce visage intemporel serait-il le secret de son inexorable ascension politique ? Ce serait faire injure à une femme convertie au féminisme par la lecture des deux Simone, Beauvoir et Weil, entrée très tôt en écologie, l'une des premières sur les bancs de la droite française. »

Bien, madame KM est-elle, en plus de toutes ces éminentes qualités, une écologiste de combat, comme ses services de presse en ont si aisément convaincu la place parisienne ? Oui, sans aucun doute, en tout cas si l'on croit cette citation de la si belle, toujours dans *Le Monde* de janvier 2009 : « Je me suis très tôt intéressée aux questions de l'environnement, bien avant Polytechnique. Je pourrais vous montrer des photos de moi à deux ans en train de cueillir des pâquerettes avec ma sœur… » N'en fait-elle pas un poil trop ? Visiblement, elle considère tout cela comme normal. Si l'on cueille des fleurs à deux ans, c'est qu'on est une écologiste précoce. Madame KM, admirable dès la prime jeunesse.

Inaugurer les chrysanthèmes électroniques

Je pourrais aisément continuer à me gausser, ce ne serait guère difficile. Bien que jugeant la crise écologique angoissante, notre idole à tous acceptera sans broncher d'aller s'enterrer dans un secrétariat à l'Économie numérique, en 2009, pour laisser sa place à madame Jouanno, préférée par Sarkozy. Intéressant, non ? On proclame dans le moindre entretien que la crise écologique planétaire est gravissime, et puis l'on va s'occuper d'ADSL et de Twitter, parce que, selon le mot de Sarkozy, « l'environnement, ça commence à bien faire ». Si madame Kosciusko-Morizet était écologiste, au sens que je donne à ce noble mot, elle aurait évidemment refusé avec hauteur ce poste de troisième zone. Voyons ! Si elle pensait ne serait-ce qu'un peu que la planète est à feu et à sang, aurait-elle accepté d'aller inaugurer les chrysanthèmes électroniques ? Voyons.

Si elle était écologiste, elle aurait alors démissionné avec fracas, déclarant avec une flamme pour une fois sincère que la droite au pouvoir n'a rien compris à la crise écologique. Mais elle s'est inclinée devant Sarkozy, comme le font tous les autres depuis toujours. Au fait, le savez-vous ? Elle est, depuis mars 2008, secrétaire général adjoint de l'UMP. Vous rendez-vous compte du temps passé dans les innombrables chicayas d'un parti de cette nature ? Croyez-le, cette dame ira loin. Au reste, ce n'est pas moi qui le dis, c'est elle. Dans son livre titré *Tu viens ?* (Gallimard), elle n'hésite pas à proclamer : « Je veux être présidente de la République. » En voilà un beau métier.

Plus sérieusement, ceux qui la vantent de façon si obscène ont fini par croire qu'elle était compétente. Mais en quoi, et pour quoi ? Sa carrière est vite résumée. Née en 1973 dans une famille bourgeoise, elle entre à Polytechnique, puis devient ingénieur du Génie rural et des eaux et des forêts (Igref). Quelle pépinière d'écologistes ! Ce corps d'ingénieurs d'État est responsable au premier rang des politiques menées depuis la guerre en France contre les ruisseaux et rivières, les talus boisés, les forêts, et pour le remembrement, les nitrates, les pesticides. Elle n'en est pas coupable ? Non, mais quand on choisit un corps comme celui-là sans ruer dans les brancards, n'est-ce pas une manière d'accepter le bilan global, positif comme il se doit ?

Entre 1997 et 1999, madame KM travaille à la direction de la Prévision du ministère de l'Économie, assurément l'antre de la *deep ecology*. Elle poursuit sa route comme conseillère commerciale à la direction des relations économiques extérieures du même ministère. Au passage, je serais ravi qu'elle publie la liste des dossiers sur lesquels elle a alors travaillé. Après 2001, elle devient conseillère auprès du directeur de la stratégie d'Alstom. Alstom ! Le bâtisseur d'une grande partie des turbines du barrage chinois des Trois-Gorges, désastre social, humain, écologique de dimension planétaire ! Elle, conseillère, en stratégie, auprès d'Alstom ! Derechef, je ne serais pas mécontent que madame nous parle des conseils stratégiques qu'elle a pu donner à un tel ami de la nature écocertifié.

Où c kon va com ça (humour) ?

Vient la rencontre avec Chirac, et la mise sur orbite de la Charte de l'environnement. Elle prépare pour lui le Sommet de la Terre de Johannesbourg, qui a lieu à l'été 2002. Mais avant toute chose, elle devient la suppléante du député Pierre-André Wiltzer, dans l'Essonne, aux législatives de 2002. À 29 ans. Je pense que le coup était préparé par ce vieux renard de Chirac. Car dès le gouvernement Raffarin II désigné, un certain Pierre-André Wiltzer se retrouve comme par hasard ministre. Et Mme Kosciusko-Morizet devient aussitôt députée, poste qu'elle occupera jusqu'à sa nomination ministérielle de 2007.

And so what ? Encore quelques mots, nécessaires. Nous sommes un peu avant l'été 2008, et Mme Kosciusko-Morizet est toujours secrétaire d'État à l'Écologie, poste qui permet de passer dans les journaux presque chaque jour. Le Grenelle de l'environnement a été un beau succès médiatique, on parle de taxe carbone, la réunion de Copenhague sur le climat se profile à l'horizon. En bref, la place est bonne. Oui, mais madame KM n'est pas tranquille, car Sarkozy, qui sait tout des bonnes relations qu'elle a entretenues avec Chirac, ne lui passe rien. Elle veille donc au grain, redoutant une fausse manœuvre qui la ferait chuter bêtement, au moment où sa carrière semble si prometteuse.

Elle a raison de se méfier, car son mari – rappelez-vous : cet ancien socialiste est un amoureux transi – s'apprête à publier un livre intitulé : *Où c kon va com ça ? Le besoin de discours politique.* Déjà mis en page, cette merveille doit sortir en septembre 2008. Pour autant qu'on peut le savoir, ce livre était barbant comme tout, mais il faisait quelques allusions au maître de l'Élysée, Sarkozy soi-même. Et cela n'était simplement pas concevable compte tenu des ambitions brûlantes de madame KM.

Selon *Rue89*, elle aurait fait preuve d'un certain ridicule au cours d'un repas d'anthologie avec l'éditeur de son mari, Marc Grinsztajn. Ce dernier raconte à *Rue89* : « On a convenu d'un dîner à mon retour de vacances. Au départ ça devait être un dîner pour discuter (...) mais ça s'est transformé en dîner officiel avec sa femme au ministère. » Diable ! Au ministère de madame KM ? Pour un livre écrit par son mari ? Certes. Et voici la suite : « Elle feuilletait le livre tout au long du dîner en disant : “Ça c’est subversif, ça c’est subversif…” » Guilleret, hein ? Et pour la bonne bouche, ces propos attribués à la si subversive madame par Marc Grinsztajn : « Normalement, je ne lis pas les livres de mon mari, pour qu’on ne m’accuse pas de les censurer. Mais quand Libé a appelé pour faire un portrait de mon mari sur le thème “Jean-Pierre Philippe, premier opposant de Nicolas Sarkozy”, ça m’a mis la puce à l’oreille. J’ai demandé à un conseiller de le lire, qui m’a dit : “Madame, le livre ne peut pas sortir en l’état. Si le livre sort, vous sautez.” »

Et le livre est ainsi parti à la poubelle. Voilà. Voilà celle que tant d’écologistes, voire d’altermondialistes, considèrent comme l’une des leurs. La prochaine fois que vous la verrez aux actualités, ce qui ne saurait tarder, rappelez-vous cette phrase étendard : « Ça, c’est subversif, ça, c’est subversif… » Et riez de bon cœur.

Cette fois, nous y sommes. Le spectacle, côté pouvoir, est prêt à débuter. Nous sommes en septembre 2007. Il ne manque plus un bouton de guêtre aux trois maîtres de la cérémonie officielle. Chantal Jouanno vient d’abandonner ses « publics spécifiques », ses boulangers et ses rapatriés, pour se tourner vers le destin du monde entier. On l’applaudit. Madame KM, encore en charge du secrétariat à l’Écologie, claque la bise à José Bové avant de s’esclaffer en compagnie de ses chers amis, Xavier Bertrand, Frédéric Lefebvre, Nadine Morano, et tous autres artistes de la politique. On l'applaudit. Jean-Louis Borloo a rouvert ses anciens carnets de bal, et rameuté quelques anciens du temps où il créait Génération Écologie après avoir désossé devant le tribunal de commerce une énième entreprise faillie. On l'applaudit. Fin du premier acte.

CHAPITRE 2

(La liste des invités)
Du côté des ancêtres et des vieilles barbes

Comme ils sont bien élevés ! Nobles le plus souvent, dotés de vieilles barbes qui n'ont rien de postiches, les premiers protecteurs de la nature, dès 1854, respectent déjà l'ordre et se soumettent volontiers au pouvoir. Saurez-vous reconnaître les écoguerriers cachés dans les fourrés ?

Ce qui suit nous plonge dans les limbes du mouvement de protection de la nature en France. En 1854. En janvier 1854. Le 20 janvier 1854, à Paris. Dans le rôle du fondateur, Isidore Geoffroy Saint-Hilaire, qui s'est fait un nom dans l'étude des monstres, la tératologie. Isidore, né en 1805, ne collectionne pas seulement les crânes anencéphaliques – dépourvus d'au moins une partie du cerveau –, mais aussi les oiseaux, la passion de son père. Devenu naturaliste, il enseigne au Muséum national d'histoire naturelle, et devient une sommité. Je ne crois pas le calomnier en écrivant qu'il appréciait le climat politique au temps de l'empereur Napoléon III, et bien moins l'atmosphère tumultueuse des journées de juin 1848. En l'occurrence, cette question est seconde.

Le 20 janvier 1854, Isidore prononce une allocution à l'occasion de la fondation de la Société impériale zoologique d'acclimatation. Voici pour commencer un extrait : « Nous voulons fonder, Messieurs, une association, jusqu'à ce jour sans exemple, d'agriculteurs, de naturalistes, de propriétaires, d'hommes éclairés, non seulement en France, mais dans tous les pays civilisés (…) Il ne s'agit de rien moins que de peupler nos champs, nos forêts, nos rivières, d'hôtes nouveaux ; d'augmenter le nombre de nos animaux domestiques, cette richesse première du cultivateur (…) de créer d'autres produits économiques et industriels ; et par là même de doter notre agriculture si longtemps languissante, notre industrie, notre commerce et la société tout entière de biens jusqu'à présent inconnus ou négligés. »

Un peu plus loin, après un panégyrique des ancêtres : « Tout ce qu'ont fait pour les hommes de tous les temps et de tous les pays civilisés ces antiques bienfaiteurs auxquels nous devons tous nos animaux les plus précieux, le chien, le cheval, l'âne, le bœuf, le mouton, la chèvre, le porc, la poule, le pigeon, le ver à soie, ils l'ont fait alors que les sciences n'existaient pas encore. » Plus loin encore : « L'ensemble des espèces animales est évalué par les naturalistes modernes à *cent quarante mille.* Assurément, la grande majorité de ces espèces est destinée à rester toujours inutile à l'homme. Mais est-ce assez pour lui d'en avoir réduit en domesticité *quarante-trois ?* »

Le comte d'Éprémesnil et madame

L'italique est scrupuleusement respecté. Ce n'est pas encore le moment de commenter. Regardons plutôt du côté du bureau de cette association sans précédent : on y trouve, entre autres, le prince de Beauvau, le baron de Pontalba, le comte d'Éprémesnil, le docteur Hollard, le comte de Couessin. Les aristos, pour reprendre une expression qui eût horrifié Isidore, y sont nettement majoritaires.

Quant à la lecture du premier bulletin de la Société impériale zoologique d'acclimatation, on se contentera d'un survol et d'une courte citation. Les têtes de chapitre concernent la chèvre angora, « l'introduction en France des yaks de la Chine et analyse du lait de ces animaux », le ver à soie, le tapir. Sur ce dernier, les quelques mots d'entrée dans l'étude : « Le tapir brésilien se rencontre assez fréquemment à l'état de domesticité, particulièrement dans quelques districts de Minas-Novas de Goyaz, où il est employé comme bête de somme. »

Rire serait certes un anachronisme, mais il arrive que cela fasse du bien. Commençons donc par rire, d'autant plus que l'anachronisme n'est pas aussi total qu'on pourrait le croire. Un, le mouvement de protection de la nature vient bien de là, ainsi que l'ont écrit à de nombreuses reprises certains de ses membres actuels les plus en vue. Comme il s'agit de la toute première pierre, il semble intéressant, avec le regard du maçon, d'en juger la taille et la solidité.

Voilà donc ce que pensait le XIXe siècle positiviste. On reviendra sur les origines, car le mouvement de protection de la nature est bel et bien né chez de vieilles barbes, soutenues par l'aristocratie en place et le pouvoir de l'État. On y reviendra, car il y a des traces, ô combien. Des liens souterrains qui ont résisté à l'épreuve du temps. Mais au même moment que les emphatiques envolées d'Isidore, une autre voie se dessinait déjà, ce qui ne manque pas de fasciner. Pas totalement différente de la première, certes, mais bel et bien autre. L'affaire concerne Fontainebleau, la célèbre forêt.

Denecourt, Napoléon et la grande forêt

Claude-François Denecourt, sergent de l'armée napoléonienne, né en 1788, est blessé au cours de la funeste invasion de l'Espagne, en 1812. Autodidacte – il apprend « les livres » à vingt ans, lui qui sait à peine écrire –, Denecourt s'éprend de la grande forêt comme on peut s'éprendre d'une femme. La déroute du Petit Caporal lui ayant laissé à lui, l'ancien combattant, un poste vacillant de concierge dans une caserne de Fontainebleau, il commence à marcher dans la forêt. De plus en plus, de plus en plus souvent, de plus en plus loin, jusqu'à tracer une première carte des sentiers, qu'on n'appelait évidemment pas de randonnée. « On est heureux, écrit-il, au milieu de ces paisibles déserts, de ces arbres géants et ces rochers aussi vieux que le monde. On y trouve la paix, le bonheur et la santé » (cité par Olivier Nougarède au colloque Un parc national à Fontainebleau, 7 avril 2010). Cela ne vaut peut-être pas le grand classique de Thoreau, *Walden ou la Vie dans les bois,* mais cela y fait songer. L'écrivain Henry David est considéré outre-Atlantique comme un des inspirateurs spirituel et moral de la conscience écologique du monde. Au fait, *Walden,* quelle date ? 1854. L'année même de la fondation de la société d'Isidore. La vie d'un côté, sans apprêt, libre et sauvage. Les accommodements, les toasts officiels avec Légion d'honneur, la gentille coopération avec les pouvoirs en place, de l'autre. Oui, décidément, deux cultures différentes.

J'avoue ne pas savoir quand, ni comment Denecourt fit la rencontre des écrivains. J'aurais voulu être là. En 1855, quarante-trois d'entre eux participent à un extraordinaire hommage à Denecourt, publié sous la forme d'un livre par Louis Christophe François Hachette. À côté de plumes oubliées depuis longtemps, on y trouve des textes de George Sand, Victor Hugo, Charles Baudelaire, Gérard de Nerval, Théophile Gautier. Denecourt est fêté comme un héros. Gautier lui donne volontiers le nom du dieu ancien de la forêt : « Sylvain, que l'on croit mort depuis deux mille ans, existe, et nous l'avons rencontré : il s'appelle Denecourt. » Et il ajoute, prophétique : « Hélas ! se disent-ils, la verte chevelure de la mère Cybèle tombe boucle à boucle, et bientôt apparaîtra tout nu le crâne chauve de la terre. Tâchons au moins de sauver la forêt de Fontainebleau. » Cybèle, rappelons-le, est la déesse de la nature sauvage, dont il est déjà évident qu'elle souffre et pleure, menacée de tous côtés. Jules Janin y va de son soupir, avec ces mots faussement drolatiques : « Attendez au moins, s'il le faut absolument, et si ces beaux arbres sont destinés à la mort violente, attendez que nous soyons morts ! »

Mais le plus beau, pour moi, appartient à Georges Sand : « Il faut de tout cela : des arbres bien portants et des livres malades, des choses luxuriantes et des esprits désolés. Il faut que ce qui ne pense pas demeure éternellement beau et jeune, pour prouver que la prospérité a ses lois absolues en dehors de nos lois relatives et factices, qui nous font vieux et laids avant l'heure. Il faut que ce qui pense souffre, pour prouver que nous vivons dans des conditions fausses, en désaccord avec nos vrais besoins et nos vrais instincts. Aussi, toutes ces choses magnifiques qui ne pensent pas donnent beaucoup à penser. »

Les écoguerriers de l'auberge Ganne

Mais les écrivains ne sont pas seuls à admirer Fontainebleau. Parallèlement, de jeunes peintres commencent à fréquenter la forêt, que le chemin de fer a singulièrement rapprochée de Paris après 1850. Théodore Rousseau, Jean-François Millet et tant d'autres s'installent pour des durées plus ou moins longues à Barbizon, qui deviendra le nom de leur école de peinture. Le quartier général de la troupe est l'auberge Ganne, où l'on boit sec, où l'on paie parfois avec les toiles peintes l'avant-veille. On s'émerveille, aussi, de découvrir une forêt déjà maltraitée par des coupes rases et des enrésinements massifs qui ne tiennent aucun compte des paysages. Ces jeunes gens, dûment guidés par Denecourt, prennent feu pour les grands chênes de Fontainebleau, et certains d'entre eux, véritables « écoguerriers » avant l'heure, s'attaquent aux plants de résineux à coups de canne. Pendant des années, la tension est fort vive, mais les peintres ont une protectrice, en la personne d'Eugénie, la femme de Napoléon III. En 1861, et sur son intervention, l'État crée la première réserve naturelle de l'histoire. 1 631 hectares échappent à l'exploitation forestière, dont 1 097 deviennent des « séries artistiques » pour complaire aux godelureaux de l'école de Barbizon. Lesquelles réserves sont aujourd'hui, cent cinquante ans plus tard, de merveilleuses réserves biologiques où les arbres vivent et meurent sans intervention humaine.

Est-ce bien la première de toutes les réserves naturelles ? Il semble que oui, car le parc national de Yellowstone, dont les Américains sont, à juste titre, si fiers, date lui de 1872.

Neuf ans après. Mais grâce à Denecourt, alias Sylvain. Mais grâce à Théophile Gautier et George Sand. Mais grâce à Millet et Rousseau. Pas grâce à Isidore, le patriarche officiel de la protection de la nature en France.

La suite ? On pourrait presque écrire : rien. Ce qui ne rendrait pas justice à la Ligue pour la protection des oiseaux (LPO), qui doit fêter en 2012 le centième anniversaire de sa naissance. Dans les premières années du siècle passé, il était un sport très couru dans les salons, jusqu'à Paris : la chasse au macareux. Des pingouins avec fusil embarquaient gare de l'Ouest, qui ne s'appelait pas encore Montparnasse, descendaient à Perros-Guirec avant de se faire déposer par bateau sur l'archipel tout proche des Sept-Îles. Avec provisions et caisses de munitions. Et le carnage commençait.

La LPO sauve les macareux

Les chasseurs aimaient plus que tout abattre les macareux, ces « perroquets de mer » dont la colonie comptait plusieurs dizaines de milliers de couples. Vers 1910, il ne restait plus qu'environ deux mille oiseaux, et leur fin était proche. Tout de même frappé par le désastre, le préfet des Côtes-du-Nord ordonna l'interdiction de la chasse aux Sept-Îles, avant que l'archipel, devenu réserve, ne soit confié à la LPO naissante, qui le gère toujours.

Lecteurs, pas de panique, je ne vais pas tout détailler, même si cela aurait un intérêt bien réel. En 1915, le bulletin de la Société nationale d'acclimatation, qui a pris la suite de la Société impériale d'Isidore, parle longuement de pisciculture en Alaska. Dans les petites annonces du numéro, je lis : « À vendre chevreaux et chevrettes nubio-alpins, sans cornes, grosses oreilles tombantes, superbes animaux sélectionnés en vue énorme production laitière. »

On notera ce que l'actuelle Société nationale de protection de la nature (SNPN), qui se veut l'héritière en ligne directe de la Société d'acclimatation, écrit en 2011 sur l'action passée : « Dès les premières années de ce siècle, Edmond Perrier, directeur du Muséum, membre de l'Institut et président de la Société d'acclimatation de 1901 à 1921, exprimait dans ses discours la plus vive inquiétude devant les dangers que ce qu'il est convenu d'appeler le développement faisait courir à la planète. Il dressait des tableaux documentés et étendus des destructions subies par la faune, la flore et les écosystèmes dans le monde entier, il évoquait déjà les problèmes de la surexploitation et de la surpopulation. Sous sa présidence, la Société d'acclimatation orienta résolument ses activités vers la protection de la nature et de ses ressources. » Où l'on voit que l'art de raconter des histoires n'est pas près de se perdre.

En 1923, un premier congrès international de protection de la nature a lieu à Paris. On continue d'y parler, pour l'essentiel, des espèces utiles à l'homme, dans le droit fil des envolées d'Isidore, soixante-dix ans plus tôt (*The role of herpetology at the First International Congress for the Protection of Nature*, Piotr Daszkiewicz ; Aaron M. Bauer). En 1925, le très respectueux professeur Abel Gruvel soumettait au gouvernement français un projet global pour la protection de la faune « coloniale », sitôt oublié.

En 1938, la Société nationale d'acclimatation est toujours, et toujours plus, du côté du manche. Du sceptre. Du sabre. Et du goupillon. Le président de la République Albert Lebrun copréside le comité d'honneur avec le roi des Belges et le roi d'Angleterre. Le comité d'honneur réunit, de son côté, le prince Murat, le général Tilho, le cardinal Verdier, le marquis de Vogüé, le duc de Bedford, le général Gouraud, le duc de la Force, le comte Xavier de la Rochefoucauld, la marquise de Ganay, le marquis de Chambrun, et le maréchal Pétain. Lui, ici.

Espagne en feu et promenades à Ceylan

Dans la table des matières, on trouve notamment ces titres : « Protection des laines contre les mites », « Les plus beaux oiseaux du monde dans leur milieu », « Promenades à Ceylan et dans l'Himalaya », « La restauration forestière dans le parc de Saint-Cloud et ses premiers résultats », « Discours prononcé au Déjeuner amical ». Cela, l'année de Munich et de la bataille de l'Èbre dans l'Espagne en feu. On se croirait dans le grandiose poème en prose de Prévert – il date d'ailleurs de la même époque –, *Tentative de description d'un dîner de têtes à Paris-France.* J'en extrais ces trois mots qui me font encore rire : « Ceux qui courent, volent et nous vengent, tous ceux-là, et beaucoup d'autres, entraient fièrement à l'Élysée en faisant craquer les graviers, tous ceux-là se bousculaient, se dépêchaient, car il y avait un grand dîner de têtes et chacun s'était fait celle qu'il voulait.

L'un une tête de pipe en terre, l'autre une tête d'amiral anglais ; il y en avait avec des têtes de boule puante, des têtes de Galliffet, des têtes d'animaux malades de la tête, des têtes d'Auguste Comte, des têtes de Rouget de Lisle, des têtes de sainte Thérèse, des têtes de fromage de tête, des têtes de pied, des têtes de monseigneur et des têtes de crémier. »

UICN, la mère de tous les compromis

Après la guerre, la France accueille à Fontainebleau, en 1948, la conférence de fondation de l'Union internationale pour la conservation de la nature (UICN), qui demeure la principale autorité mondiale en ce domaine. Présentée à tort comme une gigantesque ONG, l'UICN est dès l'origine un conglomérat où se mêlent États, organisations officielles, associations. Où se mêlent et se mélangent donc des intérêts souvent opposés, mais où règne, comme par enchantement, le consensus. Autour de quoi ? L'UICN regroupe aujourd'hui 83 États, 114 agences gouvernementales, plus de 1 000 ONG et plus de 11 000 experts et scientifiques de plus de 160 pays. On ne sache pas que cette bonne dame ait jamais rué dans les brancards même si certains de ses membres montraient déjà une belle lucidité sur les événements.

Ouvrons ensemble le livre très remarquable que Roger Heim, alors âme de l'UICN et directeur du Muséum national d'histoire naturelle, consacre en 1952 à la question sous le titre limpide : *Destruction et protection de la nature*. Heim, qui fut pourtant l'un des plus nobles cœurs de son temps, y déploie à la fois une lucidité exemplaire et une naïveté confondante. Il voit bien que la nature subit d'effroyables coups de boutoir, mais il rêve, sans s'autoriser la moindre analyse, d'une sorte d'alliance miraculeuse entre elle, la science, l'économie et l'art, jugés audacieusement compatibles.

Au fait, encore Fontainebleau ? C'est bien là, en effet, qu'est fondée l'UICN. Et c'est là, dix ans plus tard, que l'absence de mouvement écologiste en France provoque une défaite totale, aussi totale que symbolique. Dès 1934, nos beaux ingénieurs des Ponts et Chaussées ont tracé le plan de ce qui deviendra l'autoroute A6. Au milieu des années 1950, ils piaffent d'impatience. Du béton, de la vitesse, des autos à perte de vue : le bonheur. Mais il y a un obstacle de trois fois rien : la forêt de Fontainebleau. Ses 25 000 hectares d'un seul tenant en font un joyau. Un trésor biologique. Une immense forêt de plaine, à peu près sans égale en France, qui sert de réservoir à des milliers d'espèces animales et végétales. Mais qui oserait entraver le progrès en marche forcée ?

Les ingénieurs proposent un parcours qui coupe le massif et sépare Fontainebleau proprement dit de la forêt des Trois-Pignons. Une zone unique et silencieuse, qui abrite par exemple le splendide chaos gréseux de Villiers-sous-Grez, sera sacrifiée. De chaque côté, sur un kilomètre, on n'entendra plus que le flot des bagnoles.

Va-t-on voir apparaître une révolte ? L'époque ne s'y prête pas, il faut l'avouer. Qui s'intéresse, dix ans après la guerre atroce qui a failli tout détruire, à la nature ? Il demeure intéressant de voir ce que disent et font les protecteurs officiels des milieux naturels. Pour l'essentiel, et avec ce qu'il faut, soixante ans plus tard du moins, appeler de la niaiserie, ils saisissent les autorités « légitimes ». Les Académies des sciences, de la médecine, de l'agriculture. Le Muséum, la Sorbonne. Les vieilles barbes sont de retour, qui deviennent la risée des journaux et des promoteurs. Ne sont-ils pas de ridicules « amoureux des papillons » ? Allons !

La France aura donc l'autoroute, et pour le même prix une autre saignée : le raccordement de la nationale 7 à l'A6. *End of story*, comme on dit maintenant dans les feuilletons américains. En cette fin des années 1950, le mouvement de protection de la nature, incapable de penser le monde où il habite, incapable de seulement concevoir ce qu'est un rapport de forces, mise tout sur les relations avec les puissants. Déjà, si l'on me permet cette pique.

Ce qui est manifeste à distance, c'est son retard sur le mouvement souterrain, mais bien réel, de la société française. Alors que bouillonne déjà, dans les années suivantes, la critique concrète des objets et de la consommation, de l'aliénation, de la vitesse, de la bagnole, le mouvement officiel continue de pontifier et de fréquenter les salons du pouvoir. Il se montre incapable de comprendre et encore moins d'anticiper quoi que ce soit. Disons-le sans détour : c'est un mouvement de vieux. Il l'est d'ailleurs resté.

CHAPITRE 3

(Les invités)
Le WWF, l'apartheid et M. Anton Rupert

Ce chapitre est déconseillé aux amis du WWF. Car il raconte des vérités dissimulées sous des couches de beaux rapports sur papier glacé. Au début étaient de drôles d'écologistes. Dont un fervent soutien de l'apartheid en Afrique du Sud et un ancien militant nazi par ailleurs corrompu. Drôle de monde.

Je n'ai pas le temps, je n'aurais d'ailleurs pas le désir d'écrire une histoire du WWF, ce Fonds mondial pour la nature créé en 1961 par quatre Britanniques bien nés, sir Julian Huxley, sir Peter Markham Scott, Guy Mountfort et Max Nicholson. Dès le point de départ, le ver était dans le fruit. Ces excellentes personnes, biologistes ou ornithologues, et parfois les deux, reproduisaient sans le savoir le schéma imaginé en 1854 par Isidore Geoffroy Saint-Hilaire (voir chapitre 2). Des savants propres sur eux, s'alliant avec l'aristocratie et le monde des affaires pour financer des opérations de conservation de la nature partout dans le monde.

Drôle d'idée, certes, au moment même où l'industrie ravageait le monde comme jamais. Mais ce n'est pas tout. Le premier président du WWF ne fut autre que le prince Bernhard, allemand à l'origine, devenu prince consort des Pays-Bas après son mariage avec la future reine, Juliana. Bernhard fut président du WWF de 1962 à 1976, date à laquelle il fut contraint à une honteuse démission, après sa mise en cause dans le scandale Lockheed. Ce groupe d'aviation américain avait payé quantité de pots de vin, dans quantité de pays, des années 1950 aux années 1970, pour mieux vendre ses appareils. Et le prince avait touché. On ne sut qu'en 1999, cinq ans avant sa mort, que Bernhard avait en outre été membre du parti nazi avant-guerre. Ce qui faisait certes beaucoup pour un seul homme. Mais il aimait tant la nature, pourquoi se serait-on méfié ?

Le grand patriarche de la Shell

En 1976, le WWF est bien obligé de trouver un remplaçant. Et il choisit John H. Loudon, mieux connu comme « *the Grand Old Man* » de la transnationale du pétrole Shell, c'est-à-dire son patriarche. Pourquoi ? C'est bien simple : après avoir rejoint Shell en 1930, il a dirigé l'entreprise de 1951 à 1965. Mort en 1996, il conserva des liens étroits avec les transnationales, notamment au travers de personnalités comme David Rockefeller, haute figure de la banque, et Henry Ford II, l'héritier que l'on sait (*New York Times*, 9 octobre 2008).

Ma foi, cela semble un peu baroque, mais poursuivons. De 1981 à 1996, le président du WWF n'est autre que le prince Philip, duc d'Édimbourg. Lié par sa mère Alice de Battenberg à la noblesse allemande, bien que de nationalité grecque, Philip, né en 1921, a passé son adolescence dans l'Allemagne nazie. Il aura fallu le livre retentissant de Jonathan Petropoulos (*Royals and the Reich*, 2006) pour apprendre la profonde sympathie du jeune Philip pour le régime nazi. Après avoir reconnu auprès de Petropoulos ses « inhibitions » à l'encontre des Juifs, Philip raconte : « Il y avait un grand enthousiasme pour les nazis à l'époque, l'économie se portait bien, nous étions anticommunistes, et qui pouvait savoir ce qu'allait donner ce régime ? » Pas Philip, en tout cas.

Certes, on n'est jeune qu'une fois. Il reste néanmoins un profond malaise, que l'on retrouve intact à la lecture d'une préface écrite par Philip en 1987 pour un livre de Fleur Cowles (*If I Were an Animal*, William Morrow, publisher). Citons : « Dans le cas où je me réincarnerais, je voudrais revenir sous la forme d'un virus mortel, pour aider à régler le problème de la surpopulation. »

Anton Rupert, l'humaniste raciste

Il faut ajouter au tableau déjà surchargé un autre personnage de la plus haute importance, l'homme d'affaires sud-africain Anton Rupert. Voudrait-on croire au hasard que cela deviendrait mission impossible. En 1968, le prince Bernhard, qui n'a pas encore sombré dans le scandale Lockheed, demande à Rupert de créer une section sud-africaine du WWF. Rupert, qui est un ami du Prince, accepte. Et il deviendra également la cheville ouvrière – et financière – du développement du WWF International. Oui, mais qui est-il ? Les choses deviennent passionnantes, car cet homme, né en 1916 et mort en 2006 – à 89 ans –, aura été pendant la partie centrale de sa vie un fervent soutien du système d'apartheid – ce mot afrikaans signifie « vivre séparément » –, désigné comme crime par les Nations unies dès 1973. Rupert fut en effet membre d'une société secrète afrikaner appelée « Broederbond », ou « Ligue des frères ». Ce point n'est pas discuté, et il est essentiel, car l'association dite « Broederbond » a rassemblé pendant des décennies la plupart des ministres, policiers importants, militaires de haut rang du régime raciste. Nombre de décisions essentielles du gouvernement afrikaner de Pretoria, entre 1948 et 1994, auraient au préalable été discutées « entre frères » de race. Le « Broederbond », cela n'étonnera guère, a été étroitement lié au régime nazi, ainsi que l'attestent une infinité de sources.

Rupert, donc. Il a certes quitté ce mouvement répugnant, avant de devenir, à la fin de sa vie, un partisan de l'Afrique du Sud multiraciale et un partisan de Nelson Mandela, quelles qu'aient pu être ses raisons. Mais avant ? Il est temps de vous présenter le professeur Stephen Ellis, historien de réputation mondiale et chercheur à l'Afrika Studie Centrum de Leiden (Pays-Bas). Il consacre sa vie au continent africain et à ses conflits, et a publié plus d'une centaine d'articles rigoureux dans des revues le plus souvent scientifiques, ainsi que nombre de livres.

En somme, c'est un universitaire qui ne se hasarde pas aux approximations. Compte tenu de la gravité de ce que je vais écrire, ces précisions s'imposent. Pour en revenir à Ellis, celui-ci a publié en 1994 un article dans *The Journal of Southern African Studies,* dont le titre anglais est : « *Of elephants and men : politics and nature conservation in South Africa.* »

Extrêmement documenté, et passionnant, cet article aborde des thèmes qui dépassent le cas Rupert. Mais qui l'incluent. Rupert, note Ellis, a été membre dès sa prime jeunesse du

« Broederbond », et soutenu au début de sa carrière de businessman par de braves gens tels que Nico Diederichs, homme clé du « Broederbond », qui deviendra par la suite président de l'Afrique du Sud raciste. On admettra que ce n'est pas anecdotique : Rupert aurait reçu l'aide dans ses premières affaires – ce qui est confirmé par d'autres auteurs – d'un mouvement extrémiste de droite. Or Rupert a fini sa vie milliardaire, essentiellement grâce au tabac, s'emparant en 1954 du groupe Rothmans International. Plus tard, diversifiant ses investissements, il sera le propriétaire de Lancel, Cartier, Mont-Blanc, puis en 1996, le principal actionnaire de Canal +, par l'intermédiaire de l'entreprise Richemont. Avis aux Guignols. Sauf que ce n'est pas drôle.

Quand Rupert a-t-il quitté le « Broederbond » ? Il n'y a pas de réponse certaine. Selon Ellis, qui m'a envoyé un courrier électronique le 18 janvier 2011, vers la fin des années 1970. Je rappelle à toutes fins utiles que la révolte noire de Soweto a eu lieu en juin 1976, et que les tueurs racistes de Pretoria ont abattu le 16 de ce mois tragique des centaines de jeunes manifestants pacifiques, le plus souvent d'une balle dans le dos. Non, ce n'est pas anecdotique. Mais poursuivons, car il le faut.

Or donc, en 1968, le prince Bernhard, soutien déclaré de l'Afrique du Sud afrikaner, convainc Rupert, qui aime les animaux, de créer une section sud-africaine du WWF. Rupert en sera bien entendu le premier président, mais il jouera également un rôle majeur dans la véritable création de la structure internationale du WWF, restée dans les limbes depuis la naissance de l'association en 1961. On ne saurait contester les capacités financières et capitalistiques de Rupert, qui va « prêter » l'un de ses hommes, Charles de Haes, au WWF

International. Ce dernier continuera à être payé pendant des années par Rupert et Rothmans – la bonne cigarette qui fait tant de bien aux poumons – tout en exerçant la lourde responsabilité de directeur général du WWF International, fonction qu'il honorera de 1975 à 1993, soit dix-huit ans.

Reste à trouver de l'argent. Le WWF dit international n'entend pas dépendre des structures nationales, et souhaite se doter d'un budget propre. Rupert et De Haes vont alors imaginer une stupéfiante structure : le Club des 1 001. En résumé simple, il s'agissait de trouver 1 001 donateurs riches, dans le monde entier, qui accepteraient de verser 10 000 dollars au WWF. En 1970, date du début des opérations, la somme n'était pas négligeable. 1 001 fois 10 000 représentent la bagatelle de 10 millions de dollars, plus 10 000. De l'époque !

Jusqu'à ce point, rien à dire, ou presque. Mais qui sont donc les membres de ce club sélect, dont la liste, quarante ans après sa création, demeure secrète ? On s'approche d'une vérité hallucinante. Précisons qu'outre le travail de Stephen Ellis, je m'appuie également sur celui d'un journaliste américain, Raymond Bonner. Bonner a travaillé pour les meilleurs journaux des États-Unis, dont le *New York Times*, qui l'a présenté au prix Pulitzer en 2001. Autant dire que sa réputation professionnelle est grande. Au cours de ses interminables pérégrinations planétaires, il s'est également intéressé à la protection de la nature en Afrique et il en a tiré, en 1993, un livre retentissant : *At the Hand of Man : Peril and Hope for Africa's Wildlife*. En plus d'Ellis et de Bonner, je dispose de mes propres sources grâce auxquelles j'ai pu obtenir la liste du Club des 1 001 pour les années 1978 et 1987.

C'est atterrant. Premier constat : il existe une surreprésentation de donateurs sud-africains. Environ une soixantaine.

Et parmi eux, plusieurs grands industriels dont la singularité est d'avoir été des membres actifs du « Broederbond ». Ce qui montre au passage que Rupert, quelle que soit la date de sa sortie de l'organisation raciste, y avait conservé de solides liens. Parmi les autres donateurs, dont je rappelle que leur nom ne devait pas être publié, je trouve d'abord le dictateur de l'ancien Zaïre, Mobutu Sese Seko, qui aura régné sur son malheureux pays entre 1965 et 1997, date de sa mort, après l'avoir pillé comme peu de satrapes l'ont fait. Combien aura-t-il volé ? Des milliards de dollars.

Autre personnage terrible : l'Américain Robert McNamara, né le 9 juin 1916 et mort le 6 juillet 2009 à l'âge de 93 ans. Il est possible que le WWF n'ait pas su, en 1987, que McNamara avait été au côté du général Curtis LeMay dans la préparation du bombardement atomique de Nagasaki et Hiroshima. Mais tout le monde connaissait son rôle essentiel – il sera secrétaire à la Défense entre 1961 et 1968 – dans la guerre du Vietnam. L'agent Orange, c'est lui. Les massacres de civils, c'est lui. L'opération Rolling Thunder – bombardements massifs, y compris sur les villes du Nord Vietnam –, aussi. Après ces glorieux événements, il sera président de la Banque mondiale entre 1968 et 1981. La Banque mondiale, quartier général de la destruction du monde.

La BCCI et le député Front National

Il est encore quantité de noms insupportables dans les listes dont je dispose, mais la place manque. Je signalerai encore un nom étranger, puis quelques français. L'étranger en question est Pakistanais et s'appelle Agha Hasan Abedi. Il figure dans la liste de 1978 et dans celle de 1987, et peut-être y sera-t-il resté jusqu'à sa mort en 1995 ? Or Agha Hasan Abedi est le fondateur en 1972 d'une banque invraisemblable, la BCCI (Bank of Credit and Commerce International) ou comme l'écrit le *Time* le 29 juillet 1991, « la plus sale banque de toutes ». Je ne peux détailler une histoire qui reste, d'ailleurs, largement opaque. La BCCI a sombré corps et biens en 1991, après un coup de filet lancé en 1988 par l'agence fédérale américaine en charge de la lutte contre la drogue, la DEA. Neuf milliards d'euros disparaîtront en même temps que la banque, pas pour tout le monde peut-on espérer. La BCCI finançait aussi bien les réseaux terroristes que les opérations secrètes de la CIA, dans un admirable mélange des genres. Téléguidé, qui sait ? Elle entretenait un « cabinet noir » de 1 500 employés – 1 500, oui –, chargés à l'échelle mondiale d'extorsion de fonds, de chantages, voire de meurtres. Nul n'est obligé de me croire, mais ces faits sont largement documentés. Ils sont vrais.

Détendons-nous. Côté français, le Club des 1 001 comptait entre 1978 et 1987 Mme André Bettencourt, au cœur d'un bien fameux scandale public en 2010. Mais aussi Robert de Balkany, promoteur du centre commercial appelé Parly 2. Nul ne se souvient que cet homme d'affaires, sur fond de gaullisme immobilier, a changé, à partir de 1964, d'immenses vergers du Chesnay et de Rocquencourt (Yvelines) en admirable temple de la consommation de masse. Quel brave écologiste !

Un dernier pour cette route si pénible à parcourir : Charles de Chambrun. Ce charmant personnage, né en 1930, a joué un rôle considérable dans l'implantation de Disneyland à Marne-la-Vallée. Une bonne action écologiste qui a consisté à tuer d'un coup sec des milliers d'hectares de terres agricoles parmi les plus fertiles de la planète en autant de saynètes à la gloire de Donald, Pluto, Mickey et Picsou. Mais Chambrun était aussi un politique, qui avait rejoint le Front National dès les années 1980, quand les sidéens étaient, dans la bouche de Le Pen, des « sidaïques », évident rapprochement avec le mot *judaïque* tant utilisé sous le régime fasciste de Vichy. Les dates comptent. Chambrun a été député du Front National entre 1986 et 1988, ce qui signifie une chose simple : en 1987, le WWF International jugeait possible de se faire financer par un responsable du parti d'extrême droite français.

La messe est-elle dite ? Elle l'est. Le 19 janvier 2001, j'ai eu un long échange téléphonique avec le professeur Stephen Ellis, qui se trouvait alors en Afrique du Sud. Il m'a raconté l'étrange silence du WWF d'Afrique du Sud au moment où le trafic d'ivoire d'éléphant remplissait les caisses du régime d'apartheid, entre le début des années 1980 et le sacre de Nelson Mandela, en 1994. Il a pleinement confirmé la teneur de son fameux article, cité plus haut, et même précisé ceci : « Charles de Haes [directeur général du WWF International jusqu'en 1993] m'a appelé pour me féliciter de l'exactitude de mon texte. Et bien sûr, je n'ai reçu aucun démenti, sans même parler de procès. Mais je ne voudrais pas apparaître comme un de ces tenants des théories conspirationistes qui fleurissent sur le Net. Le Club des 1 001 existe, mais il n'a pas pour but de dominer le monde. Il existe, mais il n'est pas au cœur d'un complot. »

Je lui ai simplement répondu à quel point j'étais d'accord avec lui. Je suis aux antipodes d'une vision complotiste de l'histoire. Rien de ce que j'écris sur le WWF ou toute autre structure n'était hors de portée. Simplement, il fallait lier et relier ce qu'on pouvait savoir – ce que j'ai fait, et compter sur des lecteurs attentifs, dont tout dépend en dernier ressort.

Bien entendu, j'ai essayé de joindre le WWF pour obtenir confirmation ou dénégation de ces informations. Le 14 janvier 2011, j'ai ainsi envoyé à Carolyn Cramer, responsable du service de presse du WWF en Afrique du Sud le courriel suivant :

> « Dear Carolyn,
>
> I am a journalist in Paris currently seeking information about the creation of the WWF in South Africa. Do you have any digitized articles that you could send me, please? Also, I would like to know what the WWF thinks of the article "Of Elephants and Men" by Professor Stephen Ellis published in 1994 in the Journal of Southern African Studies. Is it true that the WWF in South Africa did not intervene in the matter of ivory trafficking at the time of the conflict between the ANC and the SWAPO?
>
> Many thanks in advance for all the information you can provide.
>
> Yours. »

Le message a été réitéré le 20 janvier et adressé à d'autres responsables. Aucune réponse. Je précise que les services de presse du WWF répondent le plus souvent en moins de 24 heures . J'ai aussi essayé de poser quelques questions au WWF International, basé à Gland (Suisse). Voici mon courriel du 14 janvier à Natalia Reiter :

> « Dear Natalia,
>
> I am a journalist in Paris and I would like to verify some information. Professor Stephen Ellis published an article entitled « Of Elephants and Men » in 1994 in the Journal of Southern African Studies. He claims to have a list dated from 1987 of the registered

members of the Club of 1001, which enabled the development of the WWF International. Included in the list, according to Professor Ellis, are the following names :

Etienne Rousseau
Johannes Hurter
Pepler Scholtz
Mrs Daniel M. Hoogenhout
Mobutu Sese Seko
Agha Hasan Abedi

Please could you either confirm this information or clearly state that it is wrong ? »

Le 17 janvier, soit trois jours plus tard, Mme Reiter m'a répondu :

« Hello Fabrice,

Thank you for your email. I am copying my colleague Phil Dickie, Head of News at WWf International who will be able to help you.

Please contact him directly. His phone number is XXXX

Best wishes,
Natalia ».

Ainsi donc, ma demande sur la composition du Club des 1 001 dépassait les pouvoirs de Mme Reiter. Soit. J'ai attendu le 19 janvier pour appeler le grand chef du service de presse, qui a pris note d'une demande dont il avait reçu copie le 17 janvier. Il cherche. Au moment où j'écris ces lignes, il n'a pas trouvé de réponse. Pourquoi demanderait-on des comptes à tant d'institutions sur leur histoire ? Pourquoi ferait-on grâce au WWF, qui a tant à cacher ? Pour reprendre une expression désuète : que les bouches s'ouvrent ! À quand une opération Vérité et Justice ? À quand l'ouverture des archives ?

Les vilains trublions de Gland (Suisse)

Sautons audacieusement quelques années, et transportons-nous directement au 4 décembre 2009. La conférence mondiale sur le climat va bientôt commencer à Copenhague, et tous les écologistes de la planète sont sur le pied de guerre. Y compris un petit réseau sud-américain appelé Iniciativa Mercosur, qui regroupe des mouvements de femmes, des communautés indiennes, des associations paysannes ou de pêcheurs. Après avoir cassé leur tirelire, ces gens ont décidé d'envoyer en Europe une petite caravane itinérante qui les représente tous. Allez savoir pourquoi, ils relient dans leurs textes la crise climatique et le commerce mondial. Parler de l'une sans évoquer au premier chef l'autre serait stupide. Je les soupçonne de critiquer la marche du monde. Et j'ajoute que, connaissant l'un des responsables de ce groupe, et suivant ses travaux depuis des années, j'ai quelques bonnes raisons de garantir leur sérieux.

Que se passe-t-il le 4 décembre 2009 ? Une manif. Une de plus, mais celle-ci devant le siège mondial du WWF, à Gland (Suisse). Les Latinos hurlent sous les fenêtres de la douillette bureaucratie. D'après le récit que l'on m'en a fait, les responsables du WWF présents auraient fait mine de ne pas comprendre que ce rassemblement était une protestation *contre* leurs activités, et seraient venus féliciter les énervés. Je dois avouer que cela ne m'étonne pas plus que cela, car les raisons du rassemblement de Gland sont assez époustouflantes.

Les voici résumées dans un texte de la biologiste argentine Javiera Rulli, membre du remarquable Grupo de Reflexión Rural (www.grr.org.ar). Accrochez vos ceintures : « Le Fonds mondial pour la nature (WWF) est devenu le secrétariat environnemental de la production globale de matières premières. Les tables rondes pour la production durable des pires monocultures de l'agriculture mondialisée sont dirigées par le WWF. La table ronde du soja responsable (RTRS), à laquelle participent des firmes comme Monsanto, Syngenta, Cargill, Bunge et ADM, est le cas le plus flagrant. Une gigantesque opération de *greenwashing* pour cacher la destruction sociale et environnementale causée par le soja en Amérique du Sud : déforestation, pollution des milieux naturels et des personnes. Des listes sans fin de violations des droits de l'homme perpétrées par l'agrobusiness sont ignorées par le WWF afin de "préserver des zones de forte biodiversité". »

Ce soja soutenu à bout de bras

Une accusation aussi grave que celle-là doit se prouver. Est-ce possible ? Oui. On commencera par quelques mots sur le soja, cette plante que nous, Français, importons par millions de tonnes chaque année pour nourrir notre bétail industriel. En Amérique latine, son irruption a été foudroyante. Pratiquement inconnu il y a quarante ans, il couvre désormais environ 43 millions d'hectares. Pour l'essentiel transgénique. Des producteurs locaux se sont fait de colossales fortunes en l'espace de quelques années, comme par exemple l'ancien gouverneur de l'État brésilien du Mato Grosso, Blairo Maggi, propriétaire de l'usine Amaggi. Le Brésil à lui seul compterait 23 millions d'hectares de soja. Le Paraguay voisin a connu une révolution de ses paysages comme il en existe peu d'exemples en si peu de temps. Petit pays si on le compare au Brésil, il approche les 3 millions d'hectares de soja transgénique. En Argentine, c'est pire. L'extraordinaire puissance de feu de la transnationale Monsanto, décrite par la journaliste Marie-Monique Robin (*Le Monde selon Monsanto*, La Découverte) a ouvert une voie royale au soja RR, ou Roundup Ready, un herbicide Monsanto. Au début des années 1970, le soja couvre moins de 40 000 hectares. En 2000, plus de 10 millions d'hectares. En 2007, 16 millions. Ce n'est évidemment pas fini.

Ce que je ne peux décrire ici, c'est la dévastation générale que représente le soja. On me pardonnera de signaler que je l'ai fait dans un livre précédent, *Bidoche, l'industrie de la viande menace le monde* (LLL). Des milieux naturels uniques – savanes, comme le *cerrado*, forêts tropicales – lui ont été sacrifiés. Des multitudes d'atteintes aux droits de l'homme – expulsions, violences, meurtres – ont accompagné sa marche en avant triomphale. Le soja est un crime global. Or, le WWF fait partie de l'aventure, et au premier rang.

En mars 2005 se tient à Foz de Iguazú (Brésil) la première conférence internationale sur le « soja soutenable ». Une deuxième a lieu au Paraguay en 2006 avant que ne soit créée en novembre de la même année, à Rolle, en Suisse, la splendide Round Table on Responsible Soy Association (RTRS). Que l'on traduit en français par « Table ronde sur le soja responsable ». Trois grands raouts internationaux suivront jusqu'en 2010, qui n'ont qu'un seul but : créer un label international. Obtenir une certification, garantie par les écologistes, qui garantisse sur les marchés du monde entier la « durabilité » du soja transgénique. En bref, pouvoir continuer à en planter et à en vendre massivement. Au détriment certain, évident, des écosystèmes et des peuples. On ne s'étonnera guère, dans ces conditions, de retrouver derrière le sigle aguicheur la fine fleur de l'industrie transnationale. Bayer CropScience, Bunge, Cargill, BP, Shell, Syngenta, et bien entendu Monsanto en sont. Au moment où j'écris ces lignes (septembre 2010), l'industrie du soja a gagné davantage que la première manche, et s'apprête à lancer un label indiscuté, sinon indiscutable.

Le WWF à la table des transnationales

Et en grande partie grâce au WWF, qui sert ainsi de caution. Ce serait déjà une énormité, mais le modèle du soja a servi et sert à d'autres tables rondes en tout point semblables, qui concernent l'huile de palme, les biocarburants, le sucre. Trois mots suffiront. L'huile de palme – il faut pour en obtenir créer des plantations industrielles de palmiers à huile – détruit massivement certaines des plus belles forêts pluviales du monde, notamment en Indonésie. Les biocarburants sont, dans leur principe même, criminels. Car il s'agit de transformer en carburant automobile des plantes alimentaires, dans un monde qui compte un milliard d'affamés chroniques. Et la monoculture du sucre a détruit, détruit et détruira des milieux naturels ou vivriers gigantesques, pour le seul profit de l'exportation vers les pays « solvables ». Il existe en effet, calquées sur la table ronde consacrée au soja, l'Initiative pour une meilleure canne à sucre (BSI), la table ronde sur les biocarburants soutenables (RSB), la table ronde pour l'huile de palme soutenable (RSPO). Dans tous ces cas, on retrouve donc des structures dominées par l'industrie transnationale.

Mais le WWF y siège aussi ès qualités, sans éprouver le moindre état d'âme à utiliser la novlangue du « développement durable ». Le maître d'œuvre de cette vaste opération s'appelle Jason Clay, un Américain. Bien que sa biographie officielle reste bien vague – impossible par exemple de connaître sa date de naissance –, il semble avoir obtenu de l'université Cornell, en 1979, un doctorat en anthropologie. Il a ensuite créé et dirigé – mais j'y reviendrai – la revue *Cultural Survival*, consacrée aux peuples indigènes et à leurs droits.

Mais il aura beaucoup changé, ce qui arrive à bien d'autres. Il a notamment travaillé pour le ministère américain de l'Agriculture (United States Departement of Agriculture, USDA), aussi attaché à l'agriculture industrielle que peut l'être le nôtre. Ce qui ne l'empêche pas de rejoindre en 1999 le WWF, où il occupe aujourd'hui une place stratégique, mondiale, incomparable. Car il est en charge d'un secteur-clé appelé « *Market Transformation* ». La transformation du marché. Traduit de la langue bureaucratique, cela signifie que Clay traite avec les plus puissantes entreprises agro-industrielles de la planète.

Mais il faut préciser : Clay est l'âme des tables rondes décrites plus haut. Il est un acteur de premier plan, celui auquel tous se réfèrent comme un *inspirateur*. Il siège d'ailleurs dans un organe consultatif du chimiste DuPont et dans une discrète structure de lobbying en faveur de l'agriculture industrielle mondialisée, IPC (International Food and Agricultural Trade Policy Council).

Jason Clay, Cargill et Monsanto

Les financiers de ce groupe de bons camarades s'appellent sans surprise Cargill, Bunge, Unilever, Nestlé et, comme il se doit, Monsanto. L'affaire a été rondement menée, et le commerce de soja, de biocarburants, de sucre, d'huile de palme est entre de bonnes mains.

J'ai eu la curiosité de lire certains numéros de la revue dont je parlais plus haut, *Cultural Survival*, que Clay a créée. C'est instructif. Il faut prendre le mot au premier degré, car même à l'époque où Clay la dirigeait, elle contenait nombre d'articles décrivant avec précision et vigueur les actions d'entreprises comme Monsanto contre l'existence des peuples indigènes, par exemple en Amérique tropicale. Clay y a lui-même écrit de nombreux textes, il est vrai anciens, sur les ravages que provoque le « développement » sous la forme de barrages hydroélectriques ou d'activités minières. Lesquels sont le plus souvent le fait d'entreprises transnationales devenues chères au cœur de Clay. Mais je ne peux l'abandonner sans citer Laura R. Graham, professeur d'anthropologie à l'université de l'Iowa. À l'été 2009, elle publie dans *Cultural Survival* un article sur le Brésil, titré : « L'invasion du tracteur » (*The Tractor Invasion*, www.culturalsurvival.org/publications/cultural-survival-quarterly/brazil/tractor-invasion). J'en extrais ceci : « *Our journey took us past miles and miles of deforested Cerrado fields, much of it owned by large and powerful farming and ranching corporations. We passed huge grain elevators, silos, and storage facilities and billboards with transnational names : Cargill, Bunge, ADM, Maggi, Monsanto. Towns that I previously knew as small hamlets had mushroomed into sizeable cities ; municipalities in this region are some of the fastest-growing cities in the nation. The galloping, massive growth in the agroindustry is putting enormous pressure on the Xavante and other Indigenous groups. The prevailing attitude in the region is pro-development, pro-agribusiness. Anyone who takes an alternative position meets strong resentment and antagonism. This is especially true for Indigenous Peoples who, in defending their constitutionally granted rights to territory, clean environment, and the ability to live according to their traditional ways, are perceived as presenting obstacles to progress. »*

Inutile de traduire mot à mot. L'anthropologue ne reconnaît plus les hameaux qu'elle a connus dans le passé. Ils deviennent des villes, au service de l'agro-industrie. Au service de Cargill, Maggi et Monsanto. La déforestation dévaste le territoire des peuples indiens de la région. Ceux qui osent s'opposer se heurtent à l'opposition et à « l'antagonisme » des partisans du « progrès ». La messe est dite, et Jason Clay peut être fier. Le WWF International aussi.

Et du côté de la France ?

Mais la France, dans tout cela ? Me serais-je égaré ? Je ne le crois pas. Le WWF, en France, est à la fois différent et semblable. Je n'oublie pas qu'il a soutenu d'authentiques combats écologistes, contre les barrages sur la Loire, par exemple. Il aide encore ceux qui luttent en faveur de l'ours, pour des rivières vivantes, contre les pesticides. Mais il applique aussi, à sa manière certes, les procédés mis en œuvre depuis cinquante ans. Voyons de plus près. Le 20 septembre 2010, je demande à la responsable de presse du WWF France, sa *press manager*, dans la langue locale, la liste des directeurs et présidents du WWF chez nous depuis la création de l'association. Après envoi d'un courriel, je parle au téléphone avec la *press manager*, qui insiste pour connaître mes raisons, puis répond qu'une telle liste n'a *jamais* été faite. Qu'il lui faut la constituer. Qu'elle le fera. Je la remercie donc.

Je la remercie, mais je dois ajouter, en mon for intérieur, ma stupéfaction. Le WWF France n'est pas l'épicerie du coin. Doté d'un budget annuel de près de 14 millions d'euros, employant plus de soixante personnes à plein temps, souvent venues de l'industrie, le WWF ne cesse de publier des rapports en couleur et de pratiquer une communication tous azimuts qui fait pâlir d'envie de nombreux publicitaires de la place. Il n'aurait pas eu le temps de dresser la liste de ses grands responsables du passé ? Difficile à croire. À moins qu'il n'y ait quelques cadavres dans le placard. Et tel est bien le cas.

Je précise à nouveau que je n'ai pas fait une histoire complète du WWF, qui sortirait ici du cadre. Mais il faut bien donner quelques points de repère. Au début des années 1960, le prince Bernhard des Pays-Bas – le premier président du WWF cité plus haut – souhaitait créer une section française du WWF. Mais il se heurta à un veto du général de Gaulle, au nom de… l'indépendance nationale. Le général, alors en pleine bagarre contre la puissance américaine dans le monde, se méfiait de « l'influence anglo-saxonne » comme de la peste. Le WWF, c'était un peu l'image de l'ennemi chez soi ! Un compromis fut trouvé, qui ne manque pas d'intérêt rétrospectif : le WWF aurait sa structure en France, mais sous un nom… français, en l'occurrence le Fonds français pour la nature et l'environnement (FFNE). Rien à voir, à l'oreille du moins, avec le World Wildlife Fund.

Restait à trouver un responsable pour ce FFNE. Ce fut Jean Sainteny, gaulliste de toujours, résistant courageux, mais aussi député de l'UNR, ancêtre de l'UMP, et ministre jusqu'en 1966, sous l'autorité de Georges Pompidou. Autrement dit, le premier président du WWF francisé fut un ministre gaulliste ! Il faudra attendre 1973, et le départ du général du pouvoir, pour le voir enfin apparaître sous son sigle anglais de WWF.

Le bel argent d'Hoffmann-Laroche

Passons encore quelques années. Évoquons quelques personnalités dont je reconnais sans détour les mérites, qui sont grands. Ainsi ne m'accusera-t-on pas d'être un opposant en bloc du WWF. On peut toujours rêver un peu. Commençons par Pierre Pfeffer, grand zoologiste, très fin connaisseur des éléphants, ami sincère de l'Afrique et des Africains. Je me dois de le préciser, je connais cet homme, et je l'admire. Sa vie est un grand roman d'aventures, qui débute, comme il me l'a raconté dans un entretien, de la sorte : « Après un passage dans la Résistance, je suis resté quelque temps dans l'armée, et puis je l'ai quittée. Parmi mes copains de l'époque, il y avait un Ivoirien, et un jour, il m'a dit : "Viens donc en Afrique !" Depuis tout gosse, j'avais la passion de la nature et des animaux, et j'ai décidé de m'embarquer. J'ai travaillé sur un bateau pour payer mon voyage. J'étais en quatrième classe et je servais au bar des troisièmes. Nous étions en 1950, et je me suis retrouvé dans un village de l'ouest de la Côte d'Ivoire, en pleine forêt. J'ai vécu comme cela environ dix-huit mois, en passant de village en village. Je chassais… »

Pfeffer a été le président du WWF France de 1976 à 1983, et je ne saurais émettre la moindre critique à son encontre. Ce qu'il a vu du fonctionnement du WWF en Afrique, et dont il me parla un jour, il le garde pour lui. Disons sans insister que je le regrette beaucoup.

Intéressons-nous à Luc Hoffmann. Ce Suisse, né en 1923, est lui aussi un amoureux fou de la nature. En 1947, alors que le monde panse ses plaies, il achète un immense domaine en pleine Camargue, la Tour du Valat, dont il fera un centre d'études biologiques et ornithologiques connu dans le monde entier. Considéré à juste titre comme un héros de la nature, Hoffmann a réussi d'autres coups magnifiques. Dans le delta espagnol du Guadalquivir, en Hongrie, au large des côtes mauritaniennes, sur le banc d'Arguin. Mais son engagement admirable n'a pourtant pas sauvé la Camargue, gravement menacée par l'industrie, le tourisme, la chasse, ni le delta du Guadalquivir, dévasté par la pollution, la chasse et l'agriculture intensive.

Parallèlement, il participe à la création du WWF International et deviendra président du WWF France entre 1996 et 2000. Rien à dire ? Si, tout de même un peu. Car Hoffmann est l'héritier de la transnationale suisse Hoffmann-Laroche, créée par son grand-père, dont les bénéfices auront donc servi, en partie, à protéger les écosystèmes. Il serait facile de rappeler la responsabilité directe de l'entreprise dans la catastrophe écologique de Seveso. Facile, car la pollution et la destruction sont consubstantielles à l'industrie chimique tout entière. Non, le problème est que Luc Hoffmann n'a cédé ses parts dans ce géant de la chimie qu'en 2004, avalisant pendant des décennies une politique opposée à la protection des espaces et des espèces. Le problème est que Luc Hoffmann, resté toute sa vie très conservateur, expliquait tout récemment son credo le plus profond : « Personnellement, je préfère la négociation, la diplomatie et la persuasion à l'affrontement » (*Le Monde*, 7 juin 2010). On ne saurait mieux dire. Pas d'affrontement avec les maîtres du monde.

Daniel Richard au pays des Bisounours

Celui qui prend sa suite en 2000, Daniel Richard, est un capitaine d'industrie. Il a dirigé les Trois Suisses et l'entreprise de cosmétiques et parfums Sephora (Groupe Louis Vuitton-Moët Hennessy), puis rejoint les Galeries Lafayette, entre autres. Un portrait pourtant plaisant du journal *Libération* (21 septembre 1995) le décrit comme un patron à poigne, qui n'hésite ni à virer, ni à restructurer. Après son départ en 2008 de la présidence du WWF, Richard devient patron de Novapress, propriétaire de Radio Nova, et créé un nouveau parti politique, Résistances, dont on ne dira, charitablement, que quelques mots. Il ne fait aucun doute que Richard est sincère, mais que penser d'un mouvement dont la charte prévoit de « respecter le vivant, respecter l'homme, respecter la démocratie, créer une économie responsable, etc. » ? N'est-on pas dans l'univers idéal des Bisounours, ces adorables peluches que Richard a dû vendre par milliers quand il conduisait le sort des Trois Suisses ? Que penser du fondateur de Résistances lorsqu'il lance : « Aujourd'hui, le citoyen est oublié, sinon méprisé, par le monde politique. Il est aussi déresponsabilisé. La démocratie est bloquée. Nous n'en vivons qu'un faux-semblant, subtil, mais néanmoins un faux-semblant. Une fois son bulletin dans l'urne, le citoyen n'est plus contacté, ni considéré » ? Oui, que penser ?

En 2008, le successeur de Richard, qui ne restera que deux ans, s'appelle Claude Dumont. Une fois encore, la sincérité de ce vieux compagnon de route du WWF n'est pas en cause, mais on notera qu'il est, lui aussi, un homme d'entreprise. La Spas, sa société, organise en France neuf salons parmi les plus importants, comme le célèbre Marjolaine ou Vivre autrement.

Côté directeurs généraux, on se concentrera sur les deux derniers. Petite précision : les présidents représentent le WWF, mais les directeurs gèrent les équipes, les programmes, les budgets. Le vrai pouvoir est donc chez eux. Commençons par Cédric du Monceau, qui fut le directeur du WWF France de 2000 à 2006. Pour qui connaît tant soit peu l'état du monde et son fonctionnement, l'itinéraire de Du Monceau est non seulement instructif, mais fascinant. En élaguant, retenons qu'il a obtenu un *Master in Public and Private Management* à l'Université Yale (États-Unis), qu'il a travaillé pour le FMI, qu'il a aidé à privatiser une entreprise au Zaïre, qu'il a été cadre très supérieur de la banque BERD, menant dans les pays anciennement communistes la politique libérale que l'on sait, etc. Est-il besoin d'en ajouter ? Non.

En 2006, le WWF se dote d'un nouveau directeur en la personne de Serge Orru, fondateur du Festival du vent de Calvi (Corse). Disons de suite que j'ai une forte sympathie pour l'homme, que je sais sincère. Il n'est certes pas né écologiste, et l'essentiel de sa carrière se sera fait dans un autre monde, celui du tourisme. Il est possible qu'Orru ait songé au sort de la planète avant ces dix dernières années. Je n'en sais rien, et je m'en moque un peu. Le fait est qu'un concours de circonstances favorable l'a conduit à la direction du WWF. Il est indiscutable qu'un tel homme incarne une rupture avec l'ère Du Monceau, lequel reste membre du conseil d'administration de la fondation WWF. Orru a en outre fait en sorte qu'Isabelle Autissier, la navigatrice, devienne la présidente en titre de l'association, à la place de Claude Dumont. Un joli coup, nul ne songerait à le nier. Au moins médiatique.

Seulement, quoi ? Les structures, la hiérarchie internationale, le pouvoir, le financement, les réseaux anciens pèsent tout de même plus lourd que la personnalité de tel ou tel.

Silence sur les biocarburants

J'ai en tête une anecdote qui n'a rien de secret, et la voici donc. En octobre 2007, j'ai publié un livre *contre* les biocarburants, dont l'objet est de transformer des plantes alimentaires en carburant automobile. Je croyais alors, naïvement, que tous les écologistes de ce pays, dûment alertés, allaient se lever en masse contre cette infamie. Il n'en a rien été.

J'ai vu Orru dans un café proche de la Bastille. Il avait salué avec beaucoup d'enthousiasme un livre précédent sur les pesticides, que j'avais écrit avec François Veillerette. Je dois dire qu'il a été parfait. Non seulement il m'a écouté, mais il a même organisé au siège du WWF, dans un beau parc à l'intérieur du bois de Boulogne, une sorte de conférence. La plupart des salariés de l'association avaient été réunis pour m'écouter. Et l'ont fait, n'hésitant pas à applaudir un propos très radical, qui était un appel à se mobiliser.

J'y ai cru. J'ai pensé qu'enfin, le soutien était là. Il ne l'était pas. Le WWF France n'a pas bougé un orteil pour faire de ce dossier essentiel un sujet de discussion avec ses partenaires du pouvoir, Jean-Louis Borloo en tête. Sur le moment, je dois reconnaître que je n'ai pas compris toutes les dimensions de cette fin de non-recevoir. Maintenant, j'estime y voir bien plus clair. La table ronde sur les biocarburants durables, à laquelle participe le WWF, pourrait bien expliquer ce faux mystère.

Toute l'histoire du WWF montre qu'il a partie liée avec les intérêts industriels les plus contestables. Le WWF France, certes, emploie des militants valeureux, et j'en connais plus d'un. Et fait avancer des combats écologistes vrais, cela ne se peut discuter. Je le répète. Mais même à Paris, l'industrie règne en maîtresse. Il suffit de parcourir la ligne des partenariats noués avec les entreprises pour en être convaincu : en 2009, 46 entreprises ont apporté 4,2 millions d'euros, sous la forme de « partenariats stratégiques » ou de « partenariats produits ». Je ne détaille pas ici. Certaines entreprises sont « acceptables » bien entendu, comme par exemple La Poste. Mais à bien y regarder, le WWF apporte son logo, sa marque, sa caution en échange de mesurettes qui ne touchent évidemment pas à l'essentiel. Comment pourrait-il en être autrement, par exemple, avec Pierre et Vacances, numéro 1 de la location (France, Antilles, Italie, Espagne), dont le métier est de vendre du voyage, du béton, de l'avion ? Et qui s'est allié à Disneyland Paris pour investir 1,8 milliard d'euros dans 5 000 appartements touristiques ?

Mais il est pire. Je ne prendrai que deux exemples, Lafarge et Bouygues. Le WWF France a signé en juin 2010 un « partenariat stratégique » avec le premier, leader mondial du ciment. C'est audacieux, c'est même scandaleux. Les différents usages du ciment font appel essentiellement à l'extraction de calcaire, mais aussi de schistes, de sable, d'argile, entre autres. Or le calcaire est un prodigieux puits de carbone : pendant des millions d'années, des micro-organismes, des algues, des récifs coralliens ont stocké dans ce qui allait devenir cette roche des quantités incommensurables de carbonate de calcium. Lequel, après extraction et combustion dans les fours de cimenterie, relâche environ 0,9 tonne de gaz carbonique par tonne produite. Le ciment est l'un des grands responsables du dérèglement climatique. Le reste est facile à comprendre. Le marché mondial du ciment explose, notamment grâce à des pays émergents comme la Chine et l'Inde. En 2008, la production a atteint dans le monde environ 3 milliards de tonnes. Avec une augmentation de 19 % en une seule année pour la Chine (2006), et de 11 % pour l'Inde (idem).

Quel heureux hasard ! Lafarge possède vingt et une cimenteries en Chine et il entend y doubler encore sa production. En Inde, Lafarge tient le quart de ce marché prodigieux, même s'il tombe parfois sur un os. En septembre 2010, l'Autorité d'appel indienne sur l'environnement a empêché l'ouverture d'une usine Lafarge dans l'État de Himachal Pradesh. Au Bangladesh voisin, Lafarge a gagné la partie avec sa cimenterie de Chatak, dont l'exploitation coupe en deux une forêt primaire. En France même, un remarquable réseau d'associations, le Peuple des dunes (http://le-peuple-des-dunes.org), a infligé une déculottée au bel ami du WWF, qui projetait d'extraire la bagatelle de 600 000 tonnes de sable au large de la Bretagne, entre Gâvres et Quiberon.

Faut-il ajouter autre chose ? L'argument du WWF pour soutenir l'un des plus grands pollueurs de la planète est qu'il l'aide ainsi à améliorer ses process et à diminuer du même coup ses émissions de gaz à effet de serre. Il est certain que Lafarge diminue ses émissions par unité de ciment produite. Pour gagner plus. Mais il est aussi certain qu'il les augmente massivement en se jetant sur toutes les cimenteries qui poussent dans les pays du Sud. On appelle cela, en français courant, une supercherie, et je ne crois pas que quiconque puisse prouver le contraire. Or donc, il faut officiellement diviser par quatre nos émissions « françaises » de gaz à effet de serre. Mais pour commencer, on les aide à se multiplier.

Quant au partenariat avec Bouygues, que dire qui ne soit trop dur ? Le WWF France se déshonore, voilà tout. Bouygues, c'est le BTP, l'immobilier, la construction de routes, les télécoms, TF1, l'eau il y a quelques années (Saur). Un groupe mondial dont l'histoire se confond avec la destruction accélérée des écosystèmes. Qui veut le savoir le sait. Et qui souhaite l'ignorer doit avoir de solides raisons pour cela. Dernier point, qui remet fort heureusement les pendules à l'heure : un sondage. Je n'y attache qu'une importance mesurée, mais celui-là m'aura au moins fait rire. Le 16 septembre 2010, on apprenait le résultat d'une enquête d'opinion IFOP, selon laquelle 81 % des Français pensent que les entreprises ont un impact négatif ou même très négatif sur la biodiversité. 67 % des personnes sondées estimaient que les actions menées par l'industrie pour réduire son empreinte écologique sont avant toute chose de la com'.

Nom du commanditaire du sondage : le WWF France. Le 30 juin 2008, Serge Orru recevait les insignes de chevalier de l'ordre de la Légion d'honneur des mains de Daniel Richard, son ancien président, lui-même décoré de la Légion d'honneur par Corinne Lepage, lorsqu'elle était ministre d'Alain Juppé.

P.-S. : Pour ceux qui douteraient encore, les adresses sur le Net des tables rondes patronnées par le WWF :

– le soja : www.responsiblesoy.org
– le sucre : www.bonsucro.com
– les biocarburants : http://rsb.epfl.ch
– l'huile de palme : www.rspo.org

CHAPITRE 4

(Les invités) Greenpeace et le mensonge du *Clemenceau*

Nous nous sommes tant aimés ! Quoi de plus beau que ces commandos pacifiques surfant sur la vague à bord de leurs Zodiac ? Mais Greenpeace de 2011 ne ressemble en rien à Greenpeace de 1971. Il faut faire du chiffre. Et s'il faut au passage réécrire l'histoire, est-ce bien important ? Voici venue l'heure de la finance. Comme ailleurs.

C'est une histoire chaotique, marrante, et belle. Celle de Greenpeace. Au point de départ – il en est bien entendu d'autres –, un homme inconnu en France, Albert Bigelow, né en 1906. Allons à l'essentiel : c'est un héros. Pendant la Seconde Guerre mondiale, il commande un sous-marin dans le Pacifique, traquant les bâtiments japonais du côté des îles Salomon. Il est ensuite capitaine d'un *destroyer* – un « destructeur », un contre-torpilleur –, à bord duquel il finira la guerre. Mais quand Bigelow entend qu'une première bombe nucléaire a été larguée sur Hiroshima, à l'opposé de tous, il refuse. Net. Il démissionne de la Marine juste avant de pouvoir toucher une pension qu'il a pourtant méritée, et se lance dans une croisade pacifiste. Seul avec sa femme Sylvia.

Résumons l'extrême et splendide engagement du couple. Après diverses actions terrestres, Albert et Sylvia affrètent un ketch de 9 mètres et tentent de rejoindre, depuis Hawaï, un centre d'essais nucléaires atmosphériques situé dans les îles Marshall. Pour protester. Pour être présents. Pour être témoins de l'infamie. Nous sommes en 1958, encore en pleine guerre froide, et il est donc inutile de dire que les Bigelow et leur tout petit groupe d'amis n'atteindront pas les Marshall. Diverses décisions de justice leur interdisent toute tentative. Mais les Bigelow passent outre, et seront interceptés en mer par la Navy, puis condamnés à deux mois de taule.

Les cinglés du Phyllis Cormack

L'exemple ne sera pas oublié. Une dizaine d'années plus tard, sur fond de mobilisation de la jeunesse américaine, des activistes commencent à gronder contre le nucléaire militaire américain. Épicentre : la ville canadienne de Vancouver, où sont repliés de nombreux déserteurs de la guerre du Vietnam. En 1969, ils organisent une manifestation de 7 000 personnes contre des essais nucléaires souterrains menés sur Amchitka, une des îles Aléoutiennes au large de l'Alaska. Or l'Alaska a connu en 1964 un tremblement de terre qui fait craindre que des explosions nucléaires à répétition sur l'île ne provoquent un désastre, peut-être sous la forme d'un tsunami. Le premier comité contre les essais, en 1969, s'appelle précisément : « Don't Make a Wave ! » Ne faites pas de vague. C'est de là que naîtra Greenpeace.

Je vous recommande les tronches de Jim Bohlen et Irving Stowe. Notamment, car les fondateurs sont environ une dizaine. Mais ceux-là, réunis sur une photo de 1971, quelle allure ! Bohlen a déjà 45 ans, et c'est – tiens donc – un ancien de la Marine américaine, lui aussi. Cela servira. Il a une barbe poivre et sel, de grosses lunettes carrées, une casquette blanche. Il a combattu pendant la guerre, mais il en est revenu. Sa femme et lui sont quakers, et le fils de son épouse, en âge d'aller se faire tuer dans les rizières, a préféré prendre la poudre d'escampette, direction Vancouver.

Irving Stowe, quant à lui, a une barbe noire de patriarche et une tête digne des plus beaux Hobbits chers à Tolkien. Il a appris le droit à l'université Yale, puis le chinois (mandarin). Il a 55 ans, il est jeune comme le jour.

Le premier va faire partie de la grande aventure du *Phyllis Cormack*, tandis que le second restera à terre, mais les deux sont parmi les tout premiers fondateurs. À l'automne 1971, treize cinglés, dont nombre portent des chemises à carreaux, façon bûcherons, montent à bord du *Phyllis*, un vieux chalutier, et partent la fleur au fusil vers Amchitka. Ils n'y arriveront pas, à cause d'une mer déchaînée, qui les oblige à retourner au Canada. Mais la mythologie est déjà là. Et ce nom, Greenpeace, qui fera le tour du monde. Le reste appartient à l'histoire.

Des menottes pour le sénateur italien

Ce préambule est nécessaire pour comprendre la suite. Et avant de me lancer dans une critique qui paraîtra injuste à beaucoup, je prendrai la précaution de m'abriter derrière le grand sociologue Max Weber. Je précise toutefois qu'il ne s'agit que d'une interprétation personnelle d'une analyse bien connue de Weber concernant l'autorité charismatique. Au sens large, selon moi, les associations humaines connaissent une phase charismatique, celle des fondateurs. Dans l'exemple de Greenpeace, ce n'est pas tant un individu qu'un petit groupe qui a pu incarner cette tension essentielle de l'esprit humain. Et puis, le temps. La dissolution du temps et des énergies, la fatigue, le renoncement entraînent fatalement une institutionnalisation. Les pionniers sont morts, ont renoncé, changé de voie. Viennent les héritiers, qui s'installent dans les fauteuils de leurs aînés. Dans le meilleur des cas, un certain esprit demeure. Mais à long terme, quoi qu'on fasse, il disparaît. Triste ? Non, fatal.

En France, Greenpeace apparaît en 1977. Katia Kanas n'a pas seize ans, un âge où l'on est tout feu tout flamme. Surtout elle, à la vérité. Avec Rémi Parmentier, qui deviendra un cadre de Greenpeace International, et une poignée d'hurluberlus dignes du *Phyllis Cormack*, elle se lance à l'assaut du ciel. Pour les baleines, pour les océans, contre les déchets, contre le nucléaire. Un exemple suffira à décrire le personnage. Au printemps 1983 – elle a 21 ans –, Katia part acheter une paire de menottes. Bon. Le soir, elle est invitée dans l'émission « Droit de réponse », imaginée par le journaliste Michel Polac. Au programme, les déchets de Seveso, cette ville italienne où une usine a explosé, libérant dans l'atmosphère une quantité inconnue de dioxine. Or on vient d'apprendre que des déchets toxiques venus de Seveso ont franchi la frontière française avant de s'évaporer dans la nature. Mais où sont-ils ? Polac a aussi invité un sénateur italien, *l'onorevole* Luigi Noe, dont tout le monde pense qu'il connaît la planque française des déchets.

Comme l'émission est en direct, la scène ne peut être coupée, et l'on voit donc Katia se lever, se diriger vers Noe et tenter de lui passer les menottes ! Car le délinquant, sénateur ou pas, c'est lui. Succès qu'on peut qualifier de garanti.

Jacky Bonnemains dans sa baignoire

Entre-temps – en 1982 –, Jacky Bonnemains a rejoint Greenpeace, et pendant quelques années, il va former avec Katia une *magic team* d'une grande efficacité. Jacky a l'art du beau, de la démonstration, de ce qui plaît à l'œil. Et il est d'une rigueur rare dans l'étude des dossiers. La petite entreprise s'emballe. On occupe des grues dans le port de Cherbourg, ce qui ne s'était jamais fait, on poursuit en Zodiac des bateaux pollueurs dans le golfe de Gascogne, on mobilise les scientifiques contre une piste d'atterrissage sur la base française Dumont d'Urville, en Antarctique. Mais un jour de 1984, tout va basculer sans que personne ne s'en doute.

Jacky est dans sa baignoire, le 25 août 1984, quand il entend parler d'un naufrage à la radio, celui du cargo *Mont-Louis*, devant les côtes belges. Appelons cela pressentiment : il ouvre l'un de ses journaux favoris, *Le Marin*, qui signale les mouvements de tous les navires. Jacky reste, aujourd'hui encore, l'un des meilleurs connaisseurs français du transport maritime. En quelques heures de recoupements et de vérification, il a compris l'essentiel. Le *Mont-Louis* a pris le relais d'un cargo (alors) soviétique, immobilisé au Havre pour arrêt technique, le *Borodine*. Très probablement, il convoie en secret une cargaison d'uranium appauvri utilisé dans les centrales nucléaires françaises, à destination de centres de stockage complaisants, de l'autre côté du rideau de fer. Un premier communiqué, interrogatif, de Greenpeace, met le feu aux poudres. Le gouvernement socialiste dirigé par Laurent Fabius est mis en accusation, car très vite, il y a confirmation. Le *Mont-Louis* transportait bien 400 tonnes d'uranium appauvri exporté vers l'URSS. Et le navire est sous l'eau. Le scandale est énorme.

Tel est, en majesté, le premier Greenpeace France. Une bande de jeunes fous, enthousiastes et déchaînés, qui passent leur vie à défier l'État. Mais l'État n'aime pas. D'autant qu'il y a derrière tout cela la bombe, la seule, la vraie. Les « services », comme disent les initiés, c'est-à-dire entre autres la DGSE, savent que Greenpeace prépare une vaste campagne de protestation contre les essais nucléaires conduits sur l'atoll polynésien de Mururoa. Le président Mitterrand, très vigilant dans ce domaine, rejoint les chefs militaires, qui entendent bien donner une leçon majeure aux activistes de Greenpeace. Dès l'automne 1984, à Paris, il se passe de drôles de choses.

Un sabotage de l'intérieur ?

On me pardonnera ma prudence, mais rien n'est établi, ni ne le sera probablement jamais. J'ai eu la chance de recueillir des témoignages directs, précieux, voici près de vingt ans. Ils dormaient, ils dorment, ils dormiront. Mais voici en tout cas ce que je peux écrire.

Après une embauche qui a toutes les apparences du hasard, la situation commence à se tendre à l'intérieur de la toute petite équipe parisienne de Greenpeace. Les rumeurs enflent.

Des paroles insultantes sont prononcées contre tel ou telle. Des tromperies amoureuses avivent d'anciennes oppositions. Des coups bas dissimulés se multiplient. Le climat devient peu à peu pourri. Sur un plan disons plus politique, Katia et Jacky sont accusés de l'intérieur de consacrer trop de temps à la question de l'atome. C'est étrange, c'est même stupéfiant, car la France est la championne du monde du nucléaire civil et fort bien placée dans celui du nucléaire militaire. En somme, s'il est un pays où combattre cette industrie de la mort, c'est bien chez nous.

Mais pas chez Greenpeace, ce qui ne manque pas d'être curieux. Ce qui l'est encore plus, c'est que le plus acharné de tous, que je ne nommerai pas, est ce nouvel embauché, qui n'a, en principe, aucune raison de jouer un rôle central dans cette histoire éminemment politique.

En cet instant, Greenpeace France gagne plus d'argent que l'association n'en dépense, et aide logiquement à financer la structure mondiale, dont l'entretien des bateaux, si utiles. Après l'épisode du *Mont-Louis*, qui avait donné un vilain coup de projecteur sur les liaisons secrètes entre nucléaires français et soviétique, Jacky est soumis à des tirs de barrage qui n'ont sans doute rien de fortuit. De mois en mois, la situation devient plus difficile pour le vrai pilier de l'association, c'est-à-dire le couple Katia-Jacky. Le nucléaire ne serait pas assez « rentable ». Savoureux, du moins d'un lointain point de vue.

Excédés, exténués, révoltés, les deux militants décident de faire la grève du zèle contre ce que personne ne voit alors comme un sabotage possible. Ils sont purement et simplement licenciés. Et ils décident finalement une grève de la faim dans leurs propres locaux, rue de la Bûcherie, à Paris, attendant une assemblée générale de l'association qui, croient-ils, remettra les pendules à l'heure. La suite se trouve dans un article remarquablement informé du journaliste François Bannelier (*L'Événement du jeudi*, 7/13 septembre 1995).

Et ce n'est pas triste. Car le 29 mai 1985, les grévistes de la faim sont chassés du local de Greenpeace par des gros bras armés de barres de fer et d'extincteurs. Il y a des blessés, légers, mais la voie est désormais libre. Libre pour quoi ? Vingt-cinq ans plus tard, le mystère n'est pas levé. Comment une association pacifiste, écologiste, faite jusque-là d'amis a-t-elle pu produire une telle violence ? Retenons la date : au 29 mai 1985, la section française de Greenpeace, virtuellement détruite, est « libérée » de ses fondateurs et de tout engagement antinucléaire. Le 10 juillet, soit quarante jours plus tard, des nageurs de combat français posent deux bombes contre la coque du *Rainbow Warrior*, bateau de Greenpeace à quai dans le port d'Auckland (Nouvelle-Zélande). Il y aura un mort, ne l'oublions jamais : le photographe Fernando Pereira.

Mais qui est donc Zoulou ?

Évidemment, cet énorme événement provoque des réactions dans le monde entier. Mais Greenpeace restera pour l'essentiel silencieux en France, où le scandale était né. Plus tard, le journaliste Jean Guisnel, excellemment introduit dans les milieux militaires, écrira (*Libération*, 10 juillet 1995) : « Le service entame des infiltrations au sein même de l'organisation : "Zoulou" à Paris, "Edgar" et "Bob" à Amsterdam, "Frédérique" (Christine Cabon) à Auckland. » Si Guisnel dit vrai, les services secrets français auraient bel et bien infiltré le petit groupe parisien de Greenpeace. Parce qu'ils anticipaient la suite et ne voulaient pas affronter des militants déchaînés sur le sol français après l'opération prévue contre le *Rainbow Warrior*.

De ce point de vue, succès complet. Jacky et Katia, exclus comme des lépreux, iront fonder une autre association, Robin des Bois. Et Greenpeace ? La suite est dans le même ton. Une assemblée générale est convoquée, qui donnera le poste de président à l'avocat François Breteau.

Les temps ayant changé, le nouveau Greenpeace français se désolidarise des campagnes antinucléaires du groupe mère. Les adhésions fondent, les dettes se creusent – on parle d'un trou de 2 millions de francs de l'époque – et finalement, la section française est purement et simplement dissoute le 12 décembre 1987. Pendant deux ans, Greenpeace n'existera plus en France. La maison rouvre en 1989, avec à sa tête l'océanographe – de formation – et militant associatif Philippe Lequenne. Son engagement n'est pas en cause, mais est-il bien l'homme de la situation ? En 1991, il est en tout cas remercié, et remplacé par Pénélope Komitès, laquelle marque, sans en avoir probablement conscience, une rupture. Car d'évidence, quand elle prend les rênes de Greenpeace en 1992, elle n'est pas écologiste, et son passé militant est voisin de zéro.

Elle est en fait organisatrice de salons, ce qui n'a rien d'une tare. Mais voici venue l'heure des mailings, du *fundraising*, des adhérents-donateurs, ou plutôt des donateurs qui se trouvent, de fait, adhérents. Ce qui naît est un monstre inconnu de la culture politique française. Certes, le schéma était là dès le départ, et il ne faut donc accabler personne. Mais l'architecture de Greenpeace se pétrifie au cours de ces années-là. Dans une répartition des rôles bien peu répandue chez nous, des professionnels de l'action se montrent sous les caméras, tandis que des spectateurs, dûment sollicités par listes de courrier, paient les images. Pénélope Komitès inaugure également un genre appelé à un grand succès : le passage à la politique. Elle quittera Greenpeace, avant de faire carrière chez les Verts et de devenir adjointe à Paris du maire socialiste Bertrand Delanoé.

Et le nucléaire dans tout cela ? Je ne m'étendrai pas. L'efficacité de Greenpeace dans ce domaine, en France du moins, n'a pas semblé toujours à la hauteur des événements. Je songe à la reprise des essais nucléaires sur l'atoll de Mururoa, en 1995. Je songe au fait surprenant qu'aucune campagne n'a jamais visé les trois ports nucléaires militaires français, à savoir Toulon, Cherbourg et Brest. Qui sait seulement que l'on répare des cœurs nucléaires en plein milieu de vastes agglomérations humaines ? Le moins que l'on puisse écrire est que Greenpeace n'aura pas aidé à comprendre les enjeux concrets de cette question écologique et politique essentielle. Au-delà, il faut bien dire que la France, pays champion du nucléaire, s'en sort bien.

Ma petite entreprise transnationale

La suite s'appelle professionnalisation continue. Ou, si l'on préfère, bureaucratisation. Après Pénélope, et de plus en plus, Greenpeace ressemblera à une entreprise. Avec directeur, employés, horaires, efficacité contrôlée, mais avant toute chose recherche d'argent. Car une structure importante de salariés suppose des frais fixes colossaux. Le marketing direct, le ciblage de donateurs potentiels, la gestion de fichiers d'adresses, la nécessité absolue d'offrir constamment des images reprises par les médias, tout cela finit par transformer en profondeur l'association.

Mais prenons quelques exemples, qui sont parlants. Quand, en 1997, Greenpeace recherche un nouveau directeur, elle fait appel à un cabinet de recrutement. Est-ce bien raisonnable ? Le candidat retenu, Bruno Rebelle, n'a rien d'un écologiste. Pour avoir parlé avec lui quelques fois, je puis en témoigner personnellement. Sous son autorité – de 1997 à 2003 –, le nombre de salariés passe de 7 à 47, et le nombre de donateurs de 18 000 à 65 000. Triomphe ? Chacun jugera. Rebelle, après un détour par Greenpeace International, montera sa petite entreprise de conseil, rejoindra l'équipe de Ségolène Royal en 2007, se fera élire sur la liste de l'ancien ponte communiste Brard à Montreuil – contre la Verte Dominique Voynet – avant de rejoindre en catimini… Europe Écologie, et donc les Verts. Ce qu'on est en droit d'appeler une bien belle sinuosité.

Avant de passer aux derniers événements courants, je laisse volontiers la parole à Katia Kanas, retournée à Greenpeace, où elle fut jusqu'à ces dernières années présidente de la branche française. Elle explique sans fard, dans un entretien toujours en ligne sur le site de Greenpeace (www.greenpeace.org/france/connaitre-greenpeace/katia-kanas-presidente-du-comite-d-administration) : « Greenpeace n'a jamais été une institution démocratique, dont les décisions seraient prises par la base ou les adhérents. Greenpeace est une organisation internationale dont les décisions sont prises au niveau international pour être relayées à l'échelon national. Les choix stratégiques sont faits en fonction de problématiques globales, telles que les changements climatiques, la déforestation ou la désertification des océans... et ne sont donc pas l'addition de problématiques nationales. »

Je crois que je ne serai jamais aussi cruel. Ainsi donc, un système pyramidal, où le pouvoir, invisible mais constant, procède d'un lointain ailleurs. Mazette, ce n'est pas très engageant. Mais c'est en tout cas instructif. Car de quoi diable Greenpeace s'occupe-t-elle en France ? Simplement et seulement de ce qu'exige le siège international. Greenpeace, pour utiliser une expression que n'emploie pas Katia, mais qu'elle exprime à la perfection, c'est le « centralisme démocratique », cette invention stalinienne grâce à laquelle le pouvoir, centralisé, contrôlé, bureaucratisé, vertical, descend des Olympes jusque dans les plaines ordinaires des humains.

Une section nationale n'a pas le « droit » de sentir ce que la société où elle est insérée réclame à tel ou tel moment. Elle est ainsi réduite à l'état d'instrument d'une autorité lointaine. N'oublions pas, ce sera plus drôle, que Bruno Rebelle, inconnu au bataillon de l'écologie jusqu'à l'âge de 45 ans, recruté par un cabinet professionnel, a fait partie du saint des saints pour avoir mis de l'ordre dans les fichiers et recruté quelques milliers de donateurs supplémentaires. Telle est la réalité, qu'il vaut mieux ne pas regarder de près.

L'insupportable mensonge du Clemenceau

Après tout, si ! Regardons. J'ai eu l'occasion de voir en direct la façon dont une vérité fallacieuse se formait. J'ai la chance insigne de connaître les responsables de l'association Ban Asbestos, autrement dit, en français : Interdisez l'amiante ! Je citerai Patrick Herman, son président. Henri Pézerat, formidable scientifique *et* lutteur, mort hélas en 2009 ; Annie Thébaud-Mony, évidemment ; et les époux Voide, bien sûr. Ce petit groupe valeureux, pilier historique de la bagarre contre l'amiante, a mis au jour la stupéfiante affaire du *Clemenceau*, ce porte-avions français farci à l'amiante.

Nous sommes à la fin de l'année 2004, et la microscopique Ban Asbestos adresse une lettre au ministère de la Défense sur les conditions de désamiantage du *Clemenceau*, qui doit être démantelé, mis au rancart, et finalement désossé dans un chantier naval d'Inde, à Alang. Mais que contient réellement le *Clemenceau* ? Quelle quantité d'amiante ? Quelles garanties pour les travailleurs pauvres indiens, obligés de découper les tôles contaminées sans les mesures de protection que nous exigeons dans nos ateliers ? Dès cette date, comme en atteste le communiqué numéro 1 de Ban Asbestos, tout est dit : « Dans l'état actuel du dossier, il nous apparaît que l'envoi du *Clemenceau* en Inde pour démolition avec 22 tonnes de déchets d'amiante à bord est illégal, et qu'en conséquence, la totalité du désamiantage doit être réalisée en France. »

On apprendra ensuite bien d'autres choses sur les habillages militaires de la vérité. En particulier, la quantité d'amiante présente à bord du *Clemenceau* est bien supérieure à cette première estimation. Et après un bras de fer médiatique où Greenpeace jouera son rôle, le *Clemenceau*, parti vers l'Inde pour y remplir les poumons indiens d'amiante, sera contraint de revenir en France. Une honte nationale. C'est dans ce nid douillet que Greenpeace, tel un coucou de l'écologie, va s'installer. Il est triste de devoir l'écrire, mais dans cette affaire, l'association écologiste s'est livrée à un pur *storytelling*, cette construction d'un récit imaginaire très en vogue chez les industriels pour magnifier leur passé.

Je ne peux tout raconter en détail, mais Greenpeace a menti. Le 11 mai 2006, l'association publie un résumé de l'affaire qui vise à montrer son rôle glorieux (www.greenpeace.org/france/presse/dossiers-documents/peripeties-clemenceau). Pourquoi pas, après tout ? Mais le texte est largement controuvé. Je cite le document : « Décembre 2004, en France, une coalition d'organisations, Ban Asbestos, Andeva, la CGT de la DCN (Direction des constructions navales) à Toulon et Greenpeace écrivent à la ministre de la Défense Michèle Alliot-Marie pour lui signaler les problèmes de protection des salariés français et indiens qui manipulent l'amiante. » Cette lettre de Ban Asbestos n'a jamais été signée par Greenpeace France, qui se fichait alors comme d'une guigne du *Clemenceau*. Il fallut de longs mois d'efforts à cette petite association, dont de coûteux recours en justice, pour lancer la mobilisation et entraîner, *derrière* elle, Greenpeace. Au reste, le héros de l'association n'est pas un Français, mais le Belge Martin Bésieux, qui a disparu du tableau, probablement parce qu'il gênait. Mais qui ?

Yannick Jadot, directeur des campagnes de Greenpeace à partir de 2001, apparaît sur le devant de la scène en janvier 2006, et, comme il prend bien la lumière des caméras, ne la quittera plus. Devenu député européen, pilier d'Europe Écologie, il sera avant cela l'un des hommes clés du Grenelle de l'environnement, et porte-parole de l'Alliance pour la planète, fédération *ad hoc* de groupes écologistes. On le retrouvera donc plus loin dans ce livre. Mais en attendant, remontons sur le pont du *Clemenceau*. Dans un portrait de Jadot qu'on qualifiera de peu distancié, le journal *Libération* du 23 mai 2009 écrit ceci : « Les 35 tonnes d'amiante égarées du *Clemenceau*, les fuites dans la presse et la France obligée de rapatrier le porte-avions ? C'était lui. » Tu parles, Charles !

J'ai un souvenir personnel que je joins au dossier. Au cours d'une réunion de l'assemblée statutaire de Greenpeace, que je situe vers le début de 2007, j'ai pu écouter un compte-rendu des activités de Greenpeace en France, rapporté par Yannick Jadot, qui était encore directeur des campagnes de Greenpeace. Une fable, qui ignorait totalement le rôle premier, le rôle moteur des petites mains de Ban Asbestos. Je suis intervenu, et je l'ai longuement contredit. Et ? Et rien, car il n'y avait rien à dire. Je connaissais l'histoire, on ne pouvait pas me la bailler belle.

Ne voulant pas me montrer plus méchant que je ne suis, j'ai adressé à Adélaïde Colin, responsable de la communication à Greenpeace France, le 22 décembre 2010, un courriel demandant des précisions sur le statut du texte mensonger de Greenpeace évoqué plus haut. Mme Colin a été on ne peut plus aimable et m'a confirmé que « cette rétrospective, qui récapitule les différentes étapes de la campagne menée sur le *Clemenceau*, a bien été écrite par Greenpeace France début 2006. » Elle ajoutait dans cette réponse du 5 janvier 2011 : « Si vous avez besoin de plus d'informations, Pascal Husting et moi-même sommes à votre disposition. » Pascal Husting est le directeur de Greenpeace en France, et malgré ce que j'écrirai plus loin, j'ai une bonne opinion de lui. Le 14 janvier 2011, il m'écrivait : « Adélaïde m'a dit que tu es à la recherche d'infos sur l'affaire *Clemenceau*, et plus précisément une lettre qui aurait été envoyée en décembre 2004 tel que mentionné dans un mémo de Greenpeace. Après avoir fouillé mes archives, je n'ai pris mon poste qu'en mars 2005, je pense pouvoir dire que le passage du mémo de Greenpeace n'est pas tout à fait correct. »

Il est tout à l'honneur de Pascal Husting de reconnaître, fût-ce grâce au secours d'un euphémisme, un mensonge qui vise à transformer en triomphe de Greenpeace une opération qu'elle n'avait pas lancée. Pour ce qui me concerne, et sur son conseil d'ailleurs, j'ai jugé utile de joindre Martin Bésieux, un Belge néerlandophone, cadre depuis vingt-cinq ans chez Greenpeace. Grâce à l'entretien téléphonique qu'il m'a accordé depuis Bruxelles le 18 janvier 2011, Martin m'aura presque réconcilié avec le Greenpeace que j'ai aimé. Cet activiste ne cherche nullement à biaiser. Oui, Greenpeace n'aurait rien pu faire sans le minuscule Ban Asbestos de mes amis. Mais ces derniers – et j'en suis d'accord – n'auraient jamais, à eux seuls, obtenu le rapatriement à Brest du *Clemenceau* surchargé d'amiante et de produits toxiques. Bésieux refuse obstinément que Greenpeace soit pour autant critiquée, estimant que les différents acteurs – lui, Greenpeace Inde, Greenpeace Turquie et même Jadot – ont bien joué leur rôle. Commentant la manière dont Greenpeace France et Jadot se sont emparés d'une affaire juteuse au plan médiatique, Martin Bésieux, vaillant écologiste pourtant, me déclare ce 18 janvier : « Ça, c'est la machine du *fundraising*. C'est la marque Greenpeace. » Et sur ce point aussi, je suis d'accord. La recherche d'argent est devenue la marque de Greenpeace.

La remarquable métamorphose de Robert Lion

Ne faisant pas une thèse sur Greenpeace, on me pardonnera de ne pas m'attarder. Je me propulse, je vous propulse avec moi vers deux nouveaux personnages. Le premier s'appelle Pascal Husting, et le second Robert Lion. Jusqu'en 1995, Husting a travaillé pour la société financière luxembourgeoise Grant Thornton, spécialiste du conseil aux entreprises, y compris dans le délicat domaine de la restructuration, mot de la novlangue qui veut dire licenciement. Je n'accuse pas Husting, malgré les apparences. Il est bon, il est heureux que les gens changent, faute de quoi rien ne sera jamais possible. Encore faut-il savoir. Encore doit-on s'interroger sur le sens de certaines promotions. C'est parce qu'il était « dans la finance » que Pascal Husting est devenu directeur financier de Greenpeace Luxembourg, dont il a considérablement augmenté les ressources. Et c'est bien pourquoi il est devenu, en 2005, le directeur de Greenpeace France. Encore un mot sur sa proximité avec Jean-Louis Borloo. En décembre 2007, à Bali (Indonésie), le monde se réunit, comme chaque année, autour de la question décisive du climat. Comme à l'habitude, il ne se passe rien. Mais Husting se croit obligé d'en faire des tonnes, déclarant : « Nous félicitons Jean-Louis Borloo de mettre ainsi les Américains au pied du mur et de rejeter fermement le processus parallèle qu'ils tentent d'instaurer et qui n'a qu'un seul objectif : torpiller Kyoto. » Dieu du ciel, y croit-il réellement ? Je le crains. Car le même a cosigné, toujours à Bali, un communiqué qui entend « saluer le tournant pris depuis hier soir par la conférence de Bali, suite au discours tenu par Jean-Louis

Borloo devant les Nations unies». Une si belle indépendance d'esprit.

Le second personnage est Robert Lion, nommé président de Greenpeace en 2008, en remplacement de Katia Kanas. Total respect. Nous sommes face à un géant de la politique et de la technostructure réunies. Je vous le présente : cet énarque de 76 ans a été conseiller technique au cabinet du ministre de l'Équipement d'alors, Edgard Pisani, dès 1966. Ce ministère et ses ingénieurs des Ponts et Chaussées sont au cœur, précisément au cœur du désastre où nous sommes. Ces gens ont pensé une France ravagée par la bagnole, les autoroutes, les zones industrielles, les panneaux publicitaires. Et ils l'ont faite. En 1968, quand d'autres de son âge se colletaient avec les policiers, Lion était chargé de mission à la direction de la Politique industrielle du ministère de l'Industrie. En 1969, il faisait la même chose, cette fois au ministère de l'Équipement et du Logement. Il fut même directeur de la Construction de 1969 à 1974. Il aura tout fait, et tout couvert. Bien sûr, et il est important de le dire clairement, Robert Lion n'est en rien comptable de ce que d'autres que lui ont pu faire. Je pense notamment aux pures arnaques de ce qu'on appela le gaullisme immobilier. N'a-t-il pas, pour autant, servi la politique de ces années-là ?

Et puis vint 1981. Et puis le monde admiratif a découvert que Robert Lion, le bâtisseur de restoroutes, était de gauche. En 1981, il dirige le cabinet de Pierre Mauroy, Premier ministre socialiste. Nationalisations et violons. En 1982, le voilà bombardé à la tête de la Caisse des dépôts et consignations, où il reste jusqu'en 1992, qui fait de lui le financier le plus puissant de France. Quand il quitte la direction de cette caisse publique, celle-ci gère la bagatelle de 1 600 milliards de francs (valeur 1992) d'actifs. A-t-il orienté si peu que ce soit les choix du pays en faveur de la nature et des écosystèmes ?

Interrogé au moment de son départ sur son bilan par le journal *L'Expansion*, Lion ne dit pas un mot sur l'écologie, pour cause. Citation : « La France a mûri : elle comprend mieux l'économie et s'intéresse à ses entreprises. Elle s'est un peu décentralisée. Elle a, à portée de main, le plus beau projet du siècle : construire l'Europe. » Or donc, alors qu'il approche des 60 ans, ce qui n'est pas le jeune âge, Robert Lion n'a aucune conscience de la crise écologique qui ravage la planète. Ce n'est pas un précoce.

Ensuite, changement de décor. Lion crée une ONG, Energy 21, et c'est sous cette noble bannière qu'il se rend en 1997 à la conférence de Kyoto sur le climat. Est-il enfin devenu écologiste, alors qu'il dépasse les 63 ans ? Dans un article écrit à ce moment, il commente d'une curieuse manière la situation de la planète : « Des entreprises anticipent l'inéluctable succès des défenseurs du climat – à Kyoto et au long des décennies qui viennent. Ce succès leur ouvrira des marchés : nouvelles générations d'automobiles et d'appareils domestiques, nouvelles technologies énergétiques, produits et process industriels moins énergivores. Le champion mondial de ces attitudes intelligentes pourrait bien être... Shell, ou Toyota, ou DuPont de Nemours. »

Comment dire ? Shell, Toyota, DuPont de Nemours présentés comme des modèles ? Les peuples du delta du Niger, soumis depuis des décennies à la philanthropie des puits de pétrole et des pendaisons, auraient certainement apprécié le compliment. Sans doute aura-t-on mal renseigné notre héros. Le reste n'a que peu d'intérêt : Lion préside depuis cette date quantité de machins, dont Agrisud International, et donne des conseils à tous ceux qui le souhaitent. C'est donc cet homme que Greenpeace nomme à sa présidence fin 2008. Est-ce une bonne nouvelle ? Cela pourrait l'être. Notre monde a en effet besoin de mouvement, de changement, de ruptures mentales. Mais Lion a-t-il opéré le moindre retour sur lui-même ? Soyez certains que je ne lui demande aucun acte de contrition. Nous n'en sommes pas là. Nul n'a dans ce domaine beaucoup de droits. Mais comment agir pour la sauvegarde avec la pensée qui a conduit les sociétés humaines au bord de l'abîme ?

Au moment de l'élection de Lion, accueillant avec une joie débordante son nouveau président, le directeur de Greenpeace en France, Pascal Husting, déclare sans état d'âme : « Face à l'ampleur et à l'urgence des défis environnementaux auxquels nous faisons face, l'expérience de Robert Lion, sa grande connaissance des institutions et des entreprises et son choix de servir une cause militante seront d'une grande valeur ajoutée dans le combat de Greenpeace pour trouver des réponses à la crise écologique. » Quel ton ! *Une grande valeur ajoutée.* On croirait un communiqué de Toyota. Ou de Shell. (La partie de ce texte qui précède, celle qui concerne Robert Lion, a été en partie publiée une première fois sur mon blog (*fabrice-nicolino.com*) le 1er décembre 2008. Et elle a été abondamment lue et commentée dans ce qu'il faut bien appeler les milieux concernés.

L'épilogue de cette histoire, on ne peut plus provisoire, aura été le jet d'éponge de Robert Lion. Greenpeace était son Graal. Il allait mettre son si vaste carnet d'adresses au service de la cause écologiste, dans une grande association de combat, et puis patatras. En octobre 2009, on apprend que Robert Lion quitte Greenpeace. Et pour quelle noble raison ? Mais pour se présenter aux élections régionales du printemps 2010, à Paris, sur une liste Europe Écologie. Il faut tenter un commentaire, car le message est quand même ahurissant. Il serait plus intéressant – pour qui, pour quoi ? – de siéger au conseil régional d'Île-de-France, parmi des palanquées d'autres élus, plutôt que de présider une association écologiste de la taille de Greenpeace ? De deux choses l'une. Ou bien, comme Lion le clamait avec des trémolos dans la voix en 2008, Greenpeace est un lieu exceptionnel pour faire avancer la cause écologiste, et en ce cas, son travail ne fait que commencer. Ou non. Examinons le second terme de l'alternative. Greenpeace n'est pas ce qu'il en avait cru. Son devoir premier ne serait-il pas alors de nous en informer ? Mais s'il n'explique rien, et se contente de tourner les talons, n'est-ce pas pour la raison que l'explication réelle passerait mal ?

J'en fais ici l'hypothèse. Robert Lion, en ce point *moderne* en diable, est déçu par son nouveau jouet. Où est le *fun* ? Où est la lumière ? Où se cachent l'adrénaline, la tension, l'attention, y compris celle des médias ? Robert Lion ne voit rien venir du tout. Dans le même temps, les élections européennes du printemps 2009 ont fait apparaître sur le devant de la scène des personnages qui ont bien moins apporté que lui au produit intérieur brut, de même qu'au cours moyen du béton armé. Une Eva Joly et un Yannick Jadot – ancien de Greenpeace – chez Cohn-Bendit. Un Robert Rochefort – directeur du Credoc – sur les listes de Bayrou. Et les élections régionales à venir annoncent déjà la juge Laurence Vichnievsky comme tête de liste dans la région PACA.

Alors, alors le sang de Robert Lion ne fait qu'un (petit) tour. Pourquoi pas lui ? Pourquoi croupir sur un siège fantôme ? Pourquoi répéter après tant d'autres qu'une fois les bornes franchies, il n'y a plus de limites ? Pourquoi se morfondre, quand tant de passages télévisés se profilent à l'horizon pour ce *« grand commis de l'État passé à l'écologie »* ? Je vois dans le départ de Robert Lion un signe minuscule, mais réel, de la confusion où nous sommes si profondément plongés. Oui, l'époque est à la confusion des genres et des valeurs. *Mutatis mutandis,* je m'autorise un rapprochement qui me fera passer pour plus funambule que je ne suis vraiment. Disons que nous sommes en 1905. Il existe alors en France des mouvements, associations, syndicats qui ne jouent pas le jeu. Qui se méfient de l'État. Qui défient les politiciens déjà bien en cour du parti socialiste de l'époque. Qui misent sur l'action. Et qui la pratiquent. Eux ne veulent pas la guerre, que l'on sent venir, et qui va broyer l'Europe, puis l'idée démocratique. Ces divers mouvements, au premier rang desquels la CGT – une CGT qui n'a rien à voir avec la nôtre –, feront leur possible pour empêcher le fracas des armes. La mission était impossible, mais ils l'accomplirent jusqu'au bout. Parce qu'il le fallait bien. Eux, certains d'entre eux – anarchistes, syndicalistes révolutionnaires –, refusèrent la grande boucherie et les tranchées. Gloire éternelle à Pierre Monatte, Boris Souvarine, Fernand Loriot !

Dans le même temps, les fripons de toujours, drapés dans les plis du drapeau socialiste, s'approchaient à petits pas gracieux du pouvoir d'État. Leurs noms ? Qu'importe ! Presque tous les socialistes en vue de l'époque acceptèrent d'oublier le cri majestueux *À bas la guerre !,* le remplaçant en un clin d'œil par des appels à l'union sacrée contre les Germains. Et ne parlons pas de ce traître de (mauvaise) comédie, l'ancien socialiste Millerand. Oublions, passons, car tout passe, on le sait. Soit, mes rapprochements sont absurdes. Tant pis. Lion n'est rien d'autre qu'un petit symptôme de plus sur une liste qui grossit d'heure en heure. Mais je crois que la crise écologique nous commande l'esprit de résistance contre le déferlement des machines et des objets. Contre un monstre dont nous ne faisons, pour l'heure, que deviner les contours dans la brume. Ce monstre avance, et nous le rencontrerons tôt ou tard. Ce jour-là, s'il me faut compter sur quelqu'un, je préférerais qu'il s'agisse d'hommes de la trempe de Monatte ou Souvarine.

Post-scriptum : Je dois ici quelques précisions. Je connais Katia Kanas depuis de nombreuses années et j'ai pour elle une grande affection. Après avoir créé Robin des Bois avec Jacky Bonnemains, en 1985, elle a fini, quelques années plus tard, par retourner chez Greenpeace. À sa demande, j'ai fait partie, pendant quelques années, disons entre 2002 et 2007 – je ne garantis pas les dates –, de l'assemblée statutaire de Greenpeace. Ce qui a consisté pour moi, en tout et pour tout, à participer, au plus, à une réunion par an.

Je l'ai fait certes pour la raison indiquée plus haut, mais aussi parce que j'aimais bien Greenpeace, dans la version première de l'organisation. Ce qu'est une assemblée statutaire ? Je dois avouer que cela m'a semblé être une chambre d'enregistrement, même si elle votait budgets et rapports moraux. Moi, j'y allais pour discuter, bien entendu, mais je n'ai connu que deux débats sérieux. Le premier a porté sur l'Afrique, et j'ai alors tenté de pousser Greenpeace

France à en faire un axe majeur d'action, pour des raisons évidentes d'histoire et de liens profonds. Mais cela n'a débouché sur rien de concret. Le deuxième débat m'a conduit à quitter cette structure sans importance. C'était au début de l'automne 2007, et je venais de publier chez Fayard un pamphlet contre les biocarburants (*La Faim, la Bagnole, le blé et nous*). Devant l'assemblée de Greenpeace, j'ai alors tenté de défendre l'absolue nécessité de se lever contre ce crime planétaire. Sans aucun succès. Je suis alors parti.

CHAPITRE 5

(Les invités) Les boy-scouts de Nicolas Hulot sautent sur le Grenelle

Ce que c'est que la confiance. Des dizaines de tête-à-tête entre Nicolas Hulot et le président de la République Jacques Chirac ont conduit au néant. Quant à l'argent de l'industrie et de la télé, il aura surtout servi à crier dans le désert qu'il faut agir. Très vite, c'est-à-dire demain, après-demain, après-après-demain. Retenez-le ou il va faire un malheur. C'est tout le malheur.

J'aime bien Nicolas Hulot. Il ne me viendrait peut-être pas l'envie de partir en vacances avec lui, mais je l'aime bien. Et pour une raison centrale, essentielle entre toutes : notre époque a le besoin crucial d'hommes en mouvement. Ce n'est pas très difficile à expliquer. Si, comme je le crois, nous avons bien peu de temps pour tenter de limiter les effets de la crise écologique planétaire, il faut nécessairement prendre les êtres tels qu'ils sont. Les adultes en tout cas ne changeront plus guère dans les années décisives que nous vivons.

Cela ne signifie pas – ce serait étonnant de ma part – accepter tout et tous. La plupart des contemporains vivent les derniers jours de Pompéi avec leur indifférence coutumière.

Mais il y a les autres. Ceux qui ont bougé. Ceux qui font bouger. Ceux qui sont sincères. Ceux qui s'inquiètent, souvent pour ceux qui viendront après nous. Ceux qui alertent de bonne foi. Ceux qui se trompent de bonne foi. En bref, il existe par chance de nombreux Hulot. Mais aucun qui ait autant fait pour la diffusion d'idées réalistes sur l'état écologique du monde. Après tout, il aurait pu demeurer l'homme-sandwich de l'industrie et de TF1 réunis qu'il a longtemps été. Il a préféré larguer les amarres. Pas toutes les amarres, de loin. Il a toujours, quoi qu'il en dise, de nombreux fils à la patte, qui lui assurent un niveau de vie – et donc de gaspillage – que très peu de Français atteindront jamais. Je n'ai pas le cœur de jouer les policiers, et de fouiller dans les contrats qui le lient à l'univers de la destruction. Mais ils existent, et seuls les naïfs ou les inconditionnels veulent encore l'ignorer. Moi, je préfère regarder ce que cet homme nous a apporté à tous. Et ses limites. Il faut, pour bien comprendre, regarder dans le rétroviseur.

Homme-sandwich de Rhône-Poulenc

Tout a déjà été dit, ou presque. Ayant connu le drame familial très jeune, Hulot a visiblement décidé de jouer les trompe-la-mort. Chevauchant des motos, participant à l'infâme rallye Paris-Dakar, sautant d'un ULM palmes au pied, pour mieux plonger au milieu des requins, ouvrant son parachute au-dessus des chutes Victoria avant de se poser en douceur sur le dos d'un éléphant. Le tout sous les applaudissements et les encouragements financiers de la défunte entreprise Rhône-Poulenc, sponsor officiel de la première grande émission de Nicolas Hulot, *Ushuaïa, le magazine de l'extrême.* Rien ne me fera jamais oublier les épouvantables responsabilités de Rhône-Poulenc dans tant de drames écologiques et humains. Je n'en citerai que deux : Cubatão, au Brésil, et Adisseo, à Commentry (Allier).

Revenons-en à Hulot. Vers la fin des années 1980, bien davantage encore au mitan des années 1990, il a commencé un vrai basculement. J'en ai été le témoin éloigné, et je dois ajouter que je l'ai soutenu rapidement, à une époque où il demeurait la risée générale dans les milieux écologistes – et de gauche – que je fréquentais alors. Je l'ai écrit dans des journaux comme *Terre sauvage* et même dans l'hebdomadaire très marqué à gauche *Politis*. Est-il besoin de dire que je ne le regrette pas ? Or donc, Hulot a commencé à se poser de nouvelles questions, et à s'entourer de personnalités jugées par lui légitimes, ce qui ne manquera pas d'avoir des conséquences sur la suite de l'histoire. Hulot est à la fois sûr de lui et tourmenté. Très tourmenté. Il a besoin d'être rassuré par des gens au savoir mieux assuré que le sien. Des scientifiques. Des ingénieurs. Des techniciens. Ils seront rassemblés en 2000 dans un Comité de veille écologique (CVE) rempli de valeureux spécialistes, sur lequel je reviendrai.

En tout cas, voici Hulot devenu écologiste. Mais aussi ami avec Jacques Chirac, enfin élu président de la République en mai 1995. C'est aussi le début d'un gigantesque désordre de la pensée. Car dès juin de cette même année, Chirac rompt le moratoire sur les essais nucléaires français, relançant des explosions souterraines au-dessous de l'atoll polynésien de Mururoa. Le scandale est presque aussitôt planétaire, et l'image de la France profondément abîmée.

Chirac, la Corona et le bluff perpétuel

Il faut croire que Chirac s'en moque. Ou bien, il faut croire que cet ancien lieutenant a une conception arrêtée de l'intérêt des essais nucléaires. Je ne résiste pas à l'envie de rappeler un épisode oublié. Lorsque Giscard l'ennemi est élu président en mai 1974, il nomme – bien obligé – Chirac au poste de Premier ministre. Un certain JJSS – Jean-Jacques Servan-Schreiber – est choisi directement par Giscard pour devenir ministre des Réformes. On va voir ce que l'on va voir. Installé à son poste le 27 mai, JJSS en est viré par Chirac, qui s'oppose ainsi à Giscard, le 9 juin. Ce qu'on appelle un ministère express. Chirac se permet même, avant l'inoubliable « abracadabrantesque » de 2000, une première fantaisie langagière, traitant publiquement JJSS de « turlupin ». Qu'a fait ce dernier ? Il s'est prononcé, déjà ministre, contre les essais nucléaires français, faute impardonnable aux yeux de Chirac.

Retour en 1995. Hulot pourrait être dans la rue, avec les milliers de manifestants qui conspuent – déjà – le président nouvellement élu. Nul besoin d'être radical pour critiquer le nucléaire militaire, qui irradie, quoi qu'on en dise, nos lointaines colonies du Pacifique Sud. Mais pas du tout. Commence un épisode parmi les plus significatifs de ce qu'il faut bien nommer l'indécrottable naïveté de Nicolas Hulot. Il noue avec Chirac une relation personnelle qui ne se démentira plus. Et quelle ! Dès octobre 1995, il lui adresse une respectueuse « Lettre ouverte au président », dans laquelle il suggère au Prince de faire entrer l'éducation à l'environnement dans les écoles. Hum. Le pire est sans doute que les deux hommes nouent une vraie relation amicale, teintée de filialisme. Chirac aime Hulot, qui le lui rend bien. Le premier ne rate aucune émission du second, au point d'intervenir ès qualités auprès de Patrick Le Lay, alors patron de TF1, quand le programme Ushuaïa est menacé de disparaître (*Sain Nicolas*, Bérengère Bonte, éditions du Moment). Et le fait est qu'il adore recevoir sans façon Hulot, pour l'entendre parler des grands équilibres écologiques, du sort de la planète, de l'Afrique, de la nature. Hulot m'a confié un jour – et à bien d'autres – qu'il avait eu des dizaines d'échanges en tête à tête avec Jacques Chirac. Et pourquoi pas ?

Mais par quelle stupéfiante opération en est-il arrivé à croire que cela pouvait changer quoi que ce soit à la politique française ? Tel est bien le mystère des profondeurs. Certes, Chirac a annoncé dès 2001 son souhait de doter la France d'une Charte de l'environnement, adossée à la Constitution. Certes, il l'a fait voter à coups de trique par un Parlement rétif, en 2005. Certes, il a fait « monter » dans les sphères Nathalie Kosciusko-Morizet dont j'ai déjà dit le bien que j'en pensais. Certes, il a déclaré que la planète entière était en perdition.

Nous sommes le 2 septembre 2002, et Chirac prononce le discours d'ouverture du Sommet de la Terre, qui se tient cette fois en Afrique du Sud. Tout le monde se souvient de la première phrase : « Notre maison brûle et nous regardons ailleurs. » Mais il faut lire la suite, inspirée par un tout petit groupe dont fait naturellement partie Hulot : « La nature, mutilée, surexploitée, ne parvient plus à se reconstituer et nous refusons de l'admettre. L'humanité souffre. Elle souffre de mal-développement, au Nord comme au Sud, et nous sommes indifférents. La terre et l'humanité sont en péril et nous en sommes tous responsables (...) Nous ne pourrons pas dire que nous ne savions pas ! »

Et en effet, qui songerait à dire, aujourd'hui ou demain, qu'il n'a pas été prévenu ? Pour preuve de sa sincérité, Chirac n'hésitera pas à batailler pour... créer une taxe sur les déplacements en avion. Cet homme a de l'humour, n'en disconvenons pas. Le monde descend les marches qui le conduisent en enfer, mais l'escalier sera éclairé, et l'orchestre jouera sa partition jusqu'à la dernière seconde.

Au fait, ne doit-on pas rappeler le rôle clé que Chirac aura joué dans l'industrialisation des campagnes en France ? Ministre de l'Agriculture dès 1972, élu de Corrèze, visiteur permanent et triomphal du Salon de l'agriculture, tâteur en chef du cul des vaches aux hormones, défenseur des primes, soutien indéfectible du remembrement et de l'intensification, il aura tout couvert de sa haute autorité, accompagnant la mort des dernières formes vivantes de la civilisation paysanne.

Terminons sur une prouesse admirable. Le 20 septembre 2003, Jacques Chirac signe avec l'Allemand Gerhard Schröder et l'Anglais Tony Blair une lettre adressée au président de la Commission européenne Romano Prodi. Tony Blair est déjà, à cette époque, l'homme qui a inventé les « armes de destruction massive » pour entraîner la Grande-Bretagne dans cette si funeste guerre en Irak. Schröder n'est pas encore vendu au gaz russe, et attendra d'être chassé du pouvoir, en 2005, pour devenir président du consortium germano-russe chargé de la construction d'un gazoduc entre l'Allemagne et la Russie. Ces trois grands personnages publics s'adressent donc à Prodi pour dénoncer la directive Reach, jugée par eux « bureaucratique et inutilement compliquée », réclamant des « modifications substantielles du projet », pour surtout « ne pas porter atteinte à la compétitivité internationale de la chimie européenne ». Reach, sans entrer dans les détails, est une tentative – sans espoir – de supprimer du marché les molécules chimiques les plus dangereuses pour les organismes vivants. La lettre des trois n'est qu'une manœuvre réussie du lobby de la chimie, qui ne s'y trompe pas. Le 29 septembre 2003, l'Union des industries chimiques déclare apprécier « la réponse des autorités françaises sur le projet Reach et accueille favorablement l'initiative de messieurs Chirac, Blair et Schröder ». On s'en serait peut-être douté. Mais à part cela, Chirac est un excellent homme, qui aime la bière. Et Nicolas Hulot.

La planète ne brûle pas, elle se marre

Sautons allègrement les années, et retrouvons-nous à l'été 2006. Chirac achève son deuxième et dernier mandat, et cela ne fait guère que quinze ans qu'il copine avec Hulot. Avec quel résultat ? Citons ce dernier, car on ne fera jamais mieux que lui. Le 30 juillet 2006, Hulot écrit sur le site de sa fondation : « Il me semble que j'ai bien fait d'aller sensibiliser un homme qui, de par sa culture, était très éloigné des enjeux écologiques. Ma démarche a obligé la droite traditionnelle à s'interroger sur les engagements du Président et la gauche à se positionner. (...) Il fallait "déghettoïser" l'écologie. » Quant à Chirac lui-même, Hulot continue à le dorloter : « Je veux d'abord saluer son engagement écologique à l'extérieur. Si les Russes ont ratifié Kyoto, c'est sans doute parce que l'Élysée a œuvré en coulisses. Autre mesure phare, la taxe sur les billets d'avion. C'est un bon début et il faudrait maintenant envisager de taxer l'ensemble des produits de luxe. Mais il est vrai qu'après l'adoption de la Charte sur l'environnement, j'ai pris quelques distances. J'avais l'impression qu'on m'invitait à Matignon plus pour me calmer les nerfs que pour avancer ! Bref, que les actes ne suivaient pas les discours. Reste que, depuis huit mois, le gouvernement a pris quelques louables mesures comme la taxation sur les vignettes pour les voitures les plus polluantes ou la signature du décret sur l'interdiction des sacs plastique aux caisses. »

Osons un commentaire sarcastique. Douze années de présidence de la République et des dizaines d'heures de discussions privées avec Hulot ont mené Chirac à l'interdiction des sacs plastique aux caisses. La planète ne brûle plus, elle se marre. Mais continuons. Nous sommes alors dans les prodromes de l'élection présidentielle du printemps 2007, et Hulot va faire monter les enchères, en s'appuyant sur une exceptionnelle popularité. A-t-il pensé se présenter à l'élection ? D'après ce que je sais, oui. Mais est-ce bien là la question ? Agitant la menace de sa candidature, il réussit un beau tour de force, obligeant les principaux candidats à multiplier les promesses creuses.

L'automne 2006 lui permet de lancer son fameux Pacte écologique et de publier un livre du même titre. Le pacte sera finalement signé par près de 900 000 personnes, le livre se vendra à plus de 250 000 exemplaires. Un triomphe. La totalité des candidats « importants », de droite comme de gauche, contresignent tout ce qu'on leur demande. Plusieurs annoncent leur intention de nommer Hulot vice-Premier ministre en cas de victoire.

Le 7 novembre 2006, Hulot adresse une « Lettre ouverte au futur président », dont j'extrais ceci : « Les bouleversements liés au changement climatique ou aux pénuries de ressources sont déjà là. L'ensemble des observations scientifiques le confirme. L'humanité tout entière est menacée. » On croirait du Chirac. La suite est assez largement sans intérêt. En janvier 2007, Hulot annonce qu'il ne se présentera pas aux présidentielles, et le soufflé, médiatique, forcément médiatique, retombe. On notera tout de même, pour analyse, les cinq mesures « techniquement et juridiquement applicables dès le début du mandat du nouveau président de la République », telles que présentées dans le Pacte écologique si populaire. Dans l'ordre des priorités : Création d'un poste de vice-Premier ministre chargé du développement durable. Instauration d'une taxe carbone en croissance régulière. Réorientation des subventions agricoles vers une agriculture de qualité. Systématisation des procédures de démocratie participative. Mise en place d'une politique éducative et sensibilisatrice à l'écologie et au développement durable.

Le retour éternel des sociétés savantes

Je ne crois calomnier personne en soulignant qu'aucune de ces mesures n'a été appliquée si peu que ce soit. Et je recommande de garder dans un coin de la tête l'exigence exprimée d'une taxe carbone « en croissance régulière ». Car elle sera au centre de la pantalonnade du Grenelle de l'environnement, ce qui m'obligera à en reparler longuement. Pour le reste, il faut évoquer avec cette fois quelques détails le Comité de veille écologique (CVE) créé en 2000 par Nicolas

Hulot. De quoi s'agit-il ? Prenons la définition officielle au pied de la lettre : « Le Comité de veille écologique est un parlement d'idées regroupant des experts scientifiques ou techniques de différentes disciplines. Il a pour objet de conseiller la Fondation Nicolas Hulot et son président et de faire émerger des idées nouvelles. C'est notamment de cette confrontation entre des positions et des disciplines diverses que sont nées les propositions du Pacte écologique. » Il n'est pas exagéré de dire que le CVE est tout à la fois l'inspirateur et le garde-fou de Hulot. Lequel, je l'ai déjà dit, souffre d'un manque de confiance et de légitimité qui renvoie à coup certain à des blessures archaïques.

Voyons donc qui fait partie du CVE à la fin de 2010. Je ne vais pas citer la petite trentaine de ses membres, on se lasserait. J'en connais une partie, de près ou de loin, et ceux-là me semblent d'excellentes personnes. Parmi elles, Jean-Pierre Raffin, Philippe Desbrosses, Jean-Marc Jancovici, Lylian Le Goff, François Moutou. Et je n'ai aucune raison de douter des autres. Seulement, voilà : Hulot n'a-t-il pas au passage réinventé la société savante ?

Je rappelle le principe, tel que décrit dans le chapitre 2 de ce livre : on rassemble des autorités, on les fait parler entre elles, et l'on publie doctes textes et (bons) documents censés dire ce qui se passe et ce qui devrait se passer. Bien sûr, il y a une grande injustice à comparer le CVE de Hulot à la Société impériale zoologique d'acclimatation lancée en 1854 par Isidore Geoffroy Saint-Hilaire. En un siècle et demi, les choses ont tout de même considérablement changé, et le CVE est incomparablement plus en phase avec la société réelle. Néanmoins, *mutatis mutandis*, je maintiens mon propos. Car la ressemblance l'emporte sur la différence. Il s'agit, encore et toujours, de proclamer le primat de la connaissance légitime, et son efficacité ultime. Il s'agit, encore et toujours, de tenir le discours scientifique et technique pour l'alpha et l'oméga du changement. Il s'agit, encore et toujours, de se maintenir dans un rapport – vil à mes yeux – de sujétion à l'autorité politique du moment. Il s'agit, encore et toujours, de discourir, de transmettre la bonne parole, de l'administrer, de montrer qu'on dispose de la pensée la plus cohérente. Parler, parler, parler, quand (presque) rien d'autre n'a été fait, et ne surtout pas agir. Encore moins affronter.

Il m'est triste – qu'on le croie ou non – d'avoir à moquer des gens pour qui j'ai au fond de l'estime. Mais il ne s'agit pas de faire plaisir, ou d'entretenir de bonnes relations avec tel ou tel. Il s'agit de parler librement. Ce qui suit n'a aucune prétention à l'exhaustivité, et l'arbitraire dans les choix y règne sans conteste. Mais l'honnêteté aussi. J'eus pu prendre d'autres exemples, qui existent, ce qui n'aurait rien changé quant au fond. Les experts du CVE expertisent, ce qui est après tout leur rôle. Voyons davantage qui, et comment.

Ces experts qui expertisent

Roger Barbault est directeur du département Écologie et gestion de la biodiversité du Muséum national d'histoire naturelle. Une sommité, auteur de livres savants sur la vie, l'écologie dite des peuplements, et bien entendu la biodiversité. Son dernier opus, *Comme un éléphant dans un jeu de quilles* (Le Seuil), a reçu le « Prix du livre sur l'environnement », décerné par la transnationale de l'eau Veolia. Est-ce étonnant ? Son livre est sérieux, informé, inattaquable et parfaitement inutile, car arrivant après des dizaines d'autres alertes du même genre, sinon de même qualité. Extrait de la présentation : « L'homme bouscule et menace la biodiversité. Par ses interventions multiples et désordonnées, il déplace de précieux équilibres écologiques, précipitant ainsi la disparition de beaucoup d'espèces et sapant le potentiel de ressources biologiques dont il dépend pour son propre devenir. Le monde vivant, né il y a plus de 3 milliards d'années, est cependant un remarquable succès dont une des clés majeures est la coopération entre les espèces : on s'associe pour mieux se multiplier, pour inventer de nouveaux modes de vie, pour conquérir de nouveaux espaces. Si l'on veut en finir avec la crise écologique actuelle, une nouvelle stratégie – fondée sur la coopération avec les autres espèces – est indispensable. » On remarquera au passage la volonté, si obsédante parmi les savants du CVE, de « positiver », comme on dit désormais par malheur. La vie disparaît à une allure vertigineuse, mais il y a une issue de secours. C'est un refrain, un leitmotiv.

Du même, cet autre livre sorti en septembre 2010, écrit en collaboration avec l'économiste Jacques Weber, lui aussi membre du CVE. Dans *La Vie, quelle entreprise !* (Le Seuil), les deux hommes s'attellent à une grande révélation : « Dans le contexte actuel de crise économique et sociale, parler de Nature peut passer pour de l'inconscience ou de la provocation. Pourtant, l'édifice humain tout entier repose sur la Nature, dont la biodiversité est l'un des visages. Et la Vie sur notre planète nous offre l'exemple même d'un développement durable dont nos entreprises pourraient bien s'inspirer. »

Inspirons, expirons. Le même Jacques Weber donne un entretien au magazine *Terra Economica*, publié le 21 mai

2010. L'amoralité intrinsèque de l'industrie transnationale, son rôle si flagrant dans la destruction du monde, la stupéfiante rapacité de ses dirigeants, l'opacité des paradis fiscaux, le dérèglement total lié à la financiarisation des activités humaines n'y figurent pas. En revanche, on y trouve une idée simple comme bonjour, et « positive » comme l'est le bonheur : il « faut taxer toutes les consommations de nature ». Une telle vision, venant de gens qui, bien qu'ayant l'oreille du Prince, n'ont pas même réussi à obtenir une taxe carbone sur le petit territoire français, arrache un petit sourire en coin. Tout de même !

Quand Jacques Weber croit au Père Noël

Mais Weber va plus loin, affirmant : « Nous serons dans quelques semaines en mesure de présenter une nouvelle forme de comptabilité, issue des travaux d'Orée [une association] auxquels ont participé les experts-comptables. Il va s'agir de disposer d'un outil de comptabilité des flux entrants et sortants des matières vivantes dans le bilan des entreprises et entre les entreprises. »

Il n'y a pas à dire, ça déménage. On parle de modifier le calcul du PNB, puis du PIB depuis des dizaines d'années. J'ai moi-même parlé, après tant d'autres bien plus autorisés que moi, de cette nécessité dans un livre paru au Seuil en 1993 (*Le Tour de France d'un écologiste*). Et rien n'a bougé d'un millimètre. Mais il faudrait pourtant croire que cette fois sera la bonne. Et pourquoi diable ? À bien lire le propos de Weber, pour cette raison évidente que les entreprises ont changé. Poussées par la nécessité, elles auraient, sans que nous en ayons pris la moindre conscience, basculé en bloc. J'exagère ? Citation : « Il n'y a guère de suspense, les choses vont se faire. Les entreprises sont nombreuses à comprendre l'intérêt d'intégrer la biodiversité dans leur stratégie. Pour ce qui est du *greenwashing*, le problème est-il si grave ? Je ne crois pas. Il s'agit d'un épiphénomène, relevant de la politique d'image, qui n'entrave pas la tendance générale. »

Un court commentaire : comment est-il possible de voir les choses de cette manière ? J'avoue, à ma grande honte, ne pas comprendre. Le *greenwashing* – ce maquillage vert qui permet à la machine de continuer en se ripolinant elle-même – ne serait qu'un « épiphénomène », alors qu'il est au cœur du capitalisme vert, cette manière de détruire sous les applaudissements ? Je le répète : je ne comprends pas. Deuxième citation : « À ma grande surprise, les entreprises ont intégré le souci du devenir du monde vivant. Et plus les jours passent, plus ce souci devient pour elles un enjeu majeur. » De nouveau, je me demande dans quel monde inconnu de moi peut vivre Jacques Weber. « Les » entreprises ? « Les » entreprises auraient « intégré le souci du devenir du monde vivant ». Mais où, mais quand, mais comment ? Une telle pétition de foi mériterait pour le coup un livre et même plusieurs. Agrémentés d'analyses de cas détaillées. On verra plus loin dans ce livre ce que je vois, moi, de l'évolution en cours du capitalisme transnational. Et l'on jugera comme chacun l'entend du sérieux des uns et des autres.

Passons en attendant au philosophe Dominique Bourg. Il écrit quantité de choses intéressantes – pour moi –, ce qui rend encore plus précieux son point de vue général. Dans un entretien accordé au journal *Le Monde* le 20 octobre 2007 – en plein milieu du Grenelle de l'environnement –, il aborde une question fondamentale, celle de la croissance économique. Oui da, comment définir des « stratégies pour une croissance non catastrophique » ? La réponse de Bourg ne manque pas d'une radicale étrangeté, car elle vient après avoir énoncé ceci : « Prétendre que le progrès technologique peut nous sauver est tout autant une ânerie [que de vanter la décroissance]. Pour plusieurs raisons. N'oublions pas que le progrès technique est responsable de la situation dans laquelle nous nous trouvons. » En bonne logique, méfions-nous donc de la technique, si je ne me suis pas trompé d'interprétation.

Mais Bourg achève l'entretien en vantant les deux voies qui lui permettent de rêver d'une croissance qui saurait enfin découpler bien-être et augmentation du « flux de matières » dans l'économie planétaire. Deux voies. La première « réside dans le développement de l'écologie industrielle, encore appelée économie circulaire ». Mais Bourg n'y croit guère, estimant qu'au mieux, on pourrait diminuer de 30 % le volume de matières utilisées dans le mode de production. Reste heureusement « l'économie de fonctionnalité ». Ce qui donne : « Tant que le chiffre d'affaires est corrélé à la vente d'un bien, il n'y a aucune incitation pour l'entrepreneur à réduire sa production physique. En revanche, s'il vend la fonction, son intérêt est que le support dure le plus longtemps possible, en y intégrant régulièrement des innovations technologiques. »

Debout, les gars de la Légion d'honneur

Si je voulais être vulgaire – ça y est, je le suis –, j'écrirais que si ma tante en avait, on l'appellerait mon oncle. Mais ce n'est pas le cas. En attendant ce douteux miracle, deux points. Le premier est que Bourg propose sans apparemment s'en rendre compte des solutions techniques, voie qui lui semblait stupide quelques lignes plus haut. Le second : tous ces mots ont été abondamment écrits depuis des décennies. Ces perspectives ont été magnifiquement évoquées par des penseurs aussi prestigieux qu'Ivan Illich ou André Gorz. J'ai la désagréable impression d'un vilain *remake*, proposé dans une situation infiniment plus grave. Où est passée l'histoire ? Où est passée l'analyse de la pensée critique ? Pourquoi ce silence sur la disparition presque totale de cette dernière ? Pourquoi n'y a-t-il pas un mot sur la manière dont une société peut espérer se changer dans un temps nécessairement bref ? Pourquoi ce silence sur les lignes de force et d'opposition à l'intérieur de l'édifice social ? Pourquoi cette incapacité à seulement évoquer – au moins – l'indispensable rapport de forces entre des intérêts si clairement contradictoires ? La vérité, ma vérité en tout cas, est que le philosophe Dominique Bourg a renoncé.

Un moment plus guilleret – si l'on veut – en compagnie de Christian Buchet, que j'ai eu l'occasion de rencontrer il y a quelques années. Spécialiste de la mer, il est l'auteur de plusieurs livres sur cet immense sujet, dont *Les Voyous de la mer*, ouvrage qui m'avait conduit à l'interroger. Présentation : « L'auteur fait un bilan de santé de la mer en dénonçant les "voyous de la mer", ceux qui font transiter des produits-poubelles, dans des bateaux-poubelles, avec des équipages laminés par leurs 80 heures de travail hebdomadaire, rarement payés, toujours sous-payés. L'ouvrage propose un espoir en mettant en avant des propositions concrètes pour sauvegarder les mers du globe. » On ne saurait être plus aimable. Soit un diagnostic, le même depuis des décennies, et qui ne cesse de s'aggraver. Puis d'obligeantes « propositions concrètes » pour s'en sortir. Mais quelle amabilité !

Où sont les femmes ? Où sont les pauvres ?

Mais j'ai décidé d'être cruel, et il me faut donc continuer. Le Comité de veille écologique de Nicolas Hulot est un rapetissement du spectre social, culturel, générationnel, politique de la France. Ce qui ne manque pas d'interroger sur la valeur de ce « parlement d'idées » qui a officiellement « pour objet de conseiller la Fondation Nicolas Hulot et son président et de faire émerger des idées nouvelles ». Regardons sans flancher : à la fin de 2010, il n'y a, parmi les vingt-sept membres du comité, qu'une seule femme : la climatologue Marie-Antoinette Mélières. Les vingt-six autres, tous concentrés autour d'une poignée de professions – écologue, ingénieur, professeur, chercheur – ont une moyenne d'âge que je n'ai pas le courage de calculer. Disons qu'elle est élevée. Et ajoutons que la cohésion sociale du groupe est assurée pour les siècles des siècles, car aucun ouvrier, aucun paysan, aucun artisan ne figurent parmi ses membres. Je pense avoir le droit d'en inférer quelque jugement.

Continuons. Pas un jeune. Pas un immigré. Pas le moindre représentant des peuples du Sud, dont tout dépend largement. Disons-le, au risque de se faire mal voir : c'est une assemblée de notables, c'est un regroupement censitaire. Ce club de discussion semble ne pas même entrapercevoir les contradictions majeures de sa propre activité. Deux exemples me suffiront pour le montrer amplement. Le premier concerne un livre impeccable, et même sensationnel, signé Philippe Cury et Yves Miserey (*Une mer sans poissons*, Calmann-Lévy). Cury est, je le précise, membre du CVE. Dans ce texte majeur, Cury établit un constat davantage qu'accablant : désespérant.

Ce phytoplancton qui nous quitte à jamais

Je n'avais jamais encore rien lu d'aussi impressionnant sur le désastre majeur du temps. Et si je dis *majeur*, cela signifie qu'à mon sens, il passe encore, pour le moment, devant l'incroyable crise climatique qui nous frappe. Faut-il rappeler que nous venons de la mer ? Faut-il insister sur l'importance incommensurable des océans dans les phénomènes de régulation globale de Gaïa, notre petite mère à tous ? La destruction des écosystèmes marins est d'ores et déjà acquise, et des chaînes biologiques stables depuis des centaines de milliers d'années, plus probablement des millions, sont rompues à jamais.

Le phytoplancton, dont chacun se fout royalement, est le plus grand producteur d'oxygène et absorbe pense-t-on une centaine de millions de tonnes de CO_2 CHAQUE JOUR. Or, cette manne se raréfie de façon inexorable (« *Global phytoplankton decline over the past century* », *Nature*, 29 juillet 2010). Au cours des soixante dernières années, la concentration dans l'eau de mer du phytoplancton aurait diminué globalement de 40 %. Comme il est à la base des chaînes alimentaires, faut-il faire un dessin trop compliqué ?

Je n'insiste pas. Le livre de Cury et Miserey documente la fin des océans tels qu'ils avaient pu être au long d'une histoire qu'on peut qualifier de géologique. Et ? Et ? Et ? Encore de nouvelles palabres. Et un Grenelle de la mer, qui s'est tenu à l'été 2009, deux ans après celui dont je parle dans cet essai. La Fondation Hulot a bien entendu fait partie de la cérémonie, qui aura accouché – Dieu, mais quelle surprise ! – d'une infinité de mesurettes que tout le monde a oubliées, à commencer par leurs « inventeurs », dont fait partie Christian Buchet, autre membre éminent du CVE évoqué plus haut.

Le deuxième exemple que je veux détailler concerne deux sommités, Alain Grandjean et Jean-Marc Jancovici. Un mot sur ce dernier, que j'ai pu rencontrer et apprécier. Polytechnicien, excellent connaisseur de la crise climatique, consultant auprès des entreprises dans le domaine de l'énergie, il entretient un site précieux entre tous sur le net, *manicore.com*. Tous les journalistes qui s'intéressent au dérèglement climatique ont eu, auront affaire avec lui. Au-delà d'une certaine infatuation un rien pénible, il est une mine d'informations fiables, et de très haute qualité. J'ai compris quantité de choses en le lisant, soit sur *manicore.com*, soit dans l'un des – bons – livres qu'il a écrits.

Trois ans moins deux pour survivre

Dans l'un des derniers (*C'est maintenant !*, Le Seuil), écrit avec son ami Alain Grandjean, autre ancien polytechnicien, Jancovici décrit avec brio la crise énergétique dans laquelle nous sommes plongés. Il y annonce, après d'autres, mais d'une manière convaincante, la fin de l'ère si enivrante du pétrole abondant et à bon marché. Il y raconte aussi d'étonnantes sottises, parmi lesquelles je vous livre ce goûteux extrait concernant les supposés mérites du Grenelle de l'environnement : « Il a forcé les mouvements associatifs qui y étaient représentés à mettre de l'eau dans leur vin. »

Mais surtout, le sous-titre est effarant dans tous les cas de figure : « Trois ans pour sauver le monde ». Le livre étant sorti en janvier 2009, celui que vous lisez un peu plus de deux ans plus tard, il ne reste donc que quelques mois. Ce n'est pas seulement insensé – Jancovici et Grandjean ne connaissent-ils pas l'histoire de *Pierre et le Loup* ? –, mais aussi, plus gravement, ridicule. Car enfin, de deux choses l'une. Et dans les deux cas, il faut se pincer pour y croire. Ou le temps est à ce point compté, et l'avenir est si court qu'il devrait nous conduire au sort de la secte de Jim Jones au Guyana, c'est-à-dire le suicide collectif. Ou c'est une énième exagération dépourvue de tout sens réfléchi, et nos auteurs font preuve d'irresponsabilité.

Au-delà, cette alerte sensationnaliste doit tout de même exprimer le sentiment d'urgence qui habite l'esprit des polytechniciens. Mais alors, n'est-ce pas encore pire que tout ? Ayant sonné l'hallali, et dépourvus de tout sens politique et social, ils suggèrent de discuter le bout de gras autour d'une table, comme si nous disposions de dix mille ans pour changer. Au reste, telle est la quintessence de la Fondation Hulot. On diagnostique le pire, arrivant au rythme vif d'un cheval au galop, et l'on continue à papoter aimablement avec les politiques, les industriels, les syndicalistes, etc. On affole la société sans lui donner aucun moyen d'agir pour sa sauvegarde, et l'on écrit, à propos d'un pompeux « Défi pour la Terre » : « Un compteur sur le site Internet du Défi pour la Terre traduit en temps réel l'économie de CO_2 réalisée (en tonne) en fonction du nombre d'engagés. En juin 2008, le

Défi pour la Terre compte près de 830 000 engagés, ce qui représente plus de 420 000 tonnes de CO_2 économisées. Sur le site Internet, de nombreux outils pédagogiques sont téléchargeables gratuitement pour agir et inciter les autres à le faire. Relever le Défi pour la Terre. »

Faut-il pleurer ? Faut-il en rire ? Les deux.

Post-scriptum sur Yann Arthus-Bertrand. J'irai fort vite, car ce photographe de talent ne mérite pas de vastes développements. Le système médiatique, qui a besoin de héros positifs pour vendre du « temps de cerveau disponible », selon l'expression consacrée de Patrick Le Lay, ci-devant patron de TF1, a propulsé celui que ses dévots appellent YAB sur le devant de la scène. Pour la raison que son livre *La Terre vue du ciel* a été un colossal succès public. Ses messages se réduisent souvent à : « Je vous aime », ou encore : « Oubliez votre cynisme, ayez confiance ! » Il est ce que la télévision qui l'a consacré roi appelle « un bon client ».

Il fait le spectacle et l'on sait dès l'avance ce qu'il va dire, et jusqu'où il ira. Bien entendu, il est le rêve incarné des pouvoirs en place, de tous les pouvoirs en place. Il a créé voici quelques années une fondation appelée Good Planet, financée par l'industrie, au premier rang de laquelle BNP-Paribas, qui finance également – ce n'est qu'un simple exemple – le monstre appelé Glasberg, en Indonésie, qui est à la fois la plus grande mine d'or au monde et la troisième mine de cuivre. Propriété de la transnationale américaine Freeport-McMoRan, elle produit environ 700 000 tonnes de déchets par an, dont on ne demandera pas où ils finissent. Des milliers de Papous ont été expulsés de chez eux, et l'armée indonésienne – six mille hommes – veille sur place aux intérêts du monde. Parmi d'autres projets du même genre, signalons Sakhaline II, un champ gazier et pétrolier géant offshore en mer d'Okhotsk, au large de l'île russe de Sakhaline. L'exploitation menace l'une des dernières populations de baleines grises dites occidentales de la planète. Mais la BNP paie. D'autres sponsors comme Air France et Suez égaient les journées harassantes du héros planétaire Yann Arthus-Bertrand. Le pire est que cet homme y croit. Cela se voit.

CHAPITRE 6

(Les invités) France Nature Environnement (FNE), qui aime tant les pesticides

(Un court préambule. Le 13 septembre 2010, j'ai adressé à France Nature Environnement (FNE), le courriel suivant :
« Bonjour,

Je vous confirme ma demande de jeter un œil, pour un travail en cours, sur les archives que Jean-Pierre Raffin a déposées au siège de FNE en juin dernier. Jean-Pierre m'avait laissé y travailler il y a une quinzaine d'années, lorsqu'elles étaient à Jussieu, et je les connais donc bien. Je vous serais très reconnaissant de m'en donner l'accès. Bien entendu, vous pouvez demander son avis sur la question à Jean-Pierre Raffin. Je vous remercie de votre réponse,

Fabrice Nicolino »

Il faut croire que ma demande aura été jugée subversive. Je n'ai pas obtenu d'autorisation. Ni d'ailleurs de franche réponse.)

Commençons par un hommage amplement mérité. Il existe en France un mouvement enraciné de protection de la nature, formant un réseau dense d'associations locales, régionales, nationales. Si Bretagne vivante fait figure de précurseur, c'est que l'aventure de cette association a commencé en 1952, lorsque deux jeunes professeurs de Quimper, Albert Lucas et Michel-Hervé Julien, s'avouent leur passion commune des oiseaux. Ils créent une revue, *Penn ar Bed*, qui existe encore, organisent un premier camp de baguage d'oiseaux sur l'île d'Ouessant, et finissent par regrouper autour d'eux une belle poignée d'enthousiastes. En 1959, le groupe crée officiellement la Société pour l'étude et la protection de la nature en Bretagne (SEPNB), ancien nom de Bretagne vivante. Vingt hectares de landes sur les falaises du Cap Sizun sont achetées, qui deviendront la mythique réserve de Goulien.

« Nous ne ménagions pas nos efforts »

C'est tout naturellement que les pionniers bretons trouveront leur place dans la Fédération française des sociétés de protection de la nature (FFSPN), créée en 1968, qui deviendra en 1990 cet acteur majeur appelé France Nature Environnement (FNE). Que faisaient donc les protecteurs de la nature des années 60 du siècle passé ? Sans même s'en douter, ils suivaient exactement le même chemin que les sociétés savantes passées, dans le droit fil d'Isidore Geoffroy Saint-Hilaire (voir chapitre 2). Incapables de concevoir et donc de mener le moindre combat, ils savaient en revanche, admirablement faire des inventaires de la faune et de la flore, et approcher, souvent sur fond de Légion d'honneur et de relations communes, tel ou tel responsable politique. Pour arracher un bout de marais ou de forêt à la convoitise des promoteurs. Je ne suis pas en train de critiquer – pour une fois –, je me contente de rappeler que des professeurs, aussi sympathiques qu'ils soient, restent des professeurs.

Le premier président de la FFSPN, le professeur Pierre Aguesse, l'explique d'ailleurs très bien lui-même dans une lettre adressée à *Paris-Match* le 14 décembre 2009 : « Nous ne ménagions pas nos efforts, allant même, en 1974, jusqu'à demander des rendez-vous aux candidats à la présidentielle pour connaître leurs opinions sur la protection de la nature et éventuellement en faire état dans les publications de nos sociétés ainsi que dans la revue du Touring Club de France qui s'était associée à nos actions. Seuls deux candidats, MM. Chirac et Mitterrand, répondirent favorablement mais nous firent alors savoir que nous n'étions pas assez nombreux ni influents pour peser sur les résultats des élections... Nous donnions aussi des cours de sensibilisation aux élèves des Ponts et Chaussées ou de l'Engref, ou des conférences chez EDF ou aux ingénieurs de la Shell, intervenant aussi occasionnellement à la radio (France-Inter et RTL principalement) et même à la télévision. Mais nous avons aussi créé des formations spécialisées pluridisciplinaires, une révolution à cette époque, telles que des troisièmes cycles universitaires. »

Telle est la réalité. Des militants de la nature qui ne ménagent pas leurs efforts, « allant même, en 1974, jusqu'à demander des rendez-vous aux candidats à la présidentielle pour connaître leurs opinions ». Nous en serions encore là – au reste, sommes-nous bien ailleurs ? – sans un certain mois de mai de l'année 1968. Car la révolte de la jeunesse produisit entre autres phénomènes une improbable rencontre entre ces messieurs les professeurs et une partie de leurs élèves barricadiers. C'est parce que des jeunes gens enfin engagés, enfin décidés à l'action, apparurent sur la scène que le tableau général se mit à changer.

La mobilisation pour le parc de la Vanoise

Et l'exemple le plus manifeste de cette métamorphose est celui du combat pour la Vanoise, ce parc national créé en 1963. En mai 1969, en pleine frénésie immobilière gaulliste, mais aussi en pleine effervescence étudiante, on apprend qu'un promoteur s'apprête à amputer une partie du parc national pour en faire une station de ski. Mais cette millième couleuvre de Montpellier – les plus grandes, en France en tout cas – ne passe pas. Et la FFSPN naissante lance un combat à peu près sans précédent, mobilisant des centaines d'associations, bien au-delà de la sphère naturaliste, des partis et syndicats, des journaux. L'enquête publique, bâclée en seize jours, donne l'occasion à des centaines de milliers de Français d'exprimer directement leur opposition au projet touristique et spéculatif. On imagine mal le travail accompli alors, le plus souvent par de jeunes excités à peine sortis des nuages lacrymogènes de l'année précédente.

C'est la jonction, la fusion inattendue et superbe entre une génération enlisée dans l'accompagnement de la destruction – les vieilles barbes – et une nouvelle vague enthousiaste, qui rêve d'en découdre avec les pollueurs de toute sorte. Surtout, pas de malentendu : je respecte sincèrement, en profondeur, le savoir et l'engagement des naturalistes et des scientifiques. Il est pour tout dire irremplaçable. Seulement, qui serait capable de bâtir une stratégie gagnante sur ces seules bases-là, en jouant perpétuellement le jeu des bonnes manières et des innombrables rapports que plus personne ne lit depuis longtemps ?

La Vanoise, donc. 1969. Pompidou, président, finit par reculer. Et la FFSPN s'épanouit, d'une manière originale, car régionale. Des pseudopodes appelés Alsace Nature, Frapna (Fédération Rhône-Alpes de protection de la nature), la Sepanso en Aquitaine, Nord-Nature, Nature Midi-Pyrénées, bien d'autres encore s'installent en profondeur dans le tissu local au travers d'une multitude d'associations locales qu'elles fédèrent. En somme, la FFSPN réunit des groupes régionaux qui eux-mêmes rassemblent des cercles plus restreints, thématiques ou géographiques. Sur le papier, le schéma est parfait. Et dans la réalité, toutes ces structures joueront leur rôle, plutôt bien, dans nombre de mobilisations de l'après-68. Je pense ainsi à la marée noire tragique de l'*Amoco Cadiz*, au mouvement antinucléaire, en partie à la bagarre contre l'extension du camp militaire du Larzac.

Ne faisant pas ici l'histoire de la FFSPN-FNE, je m'arrêterai prudemment à ce point. En 1970 et dans les années suivantes, cette fédération semble appelée à jouer un rôle de contre-pouvoir appréciable. Pas au point d'inverser le cours des choses, ce qui était hors de portée de quiconque. Mais au moins en mobilisant sans trêve ni relâche les parties les plus dynamiques de la société française contre les atteintes les plus graves aux écosystèmes.

Le primat de la science et de la technique

Or tel n'a bientôt plus été le cas. Il faudrait une étude complète sur ce qu'il faut bien appeler la dégénérescence de ce mouvement. En attendant qu'elle soit menée, que peut-on dire ? Il est manifeste que la vision ancienne de la protection de la nature l'a emporté. Celle des sociétés savantes et des professeurs. Celle du primat de la science – et de la technique – sur la politique et le combat. Celle du compromis constant avec les institutions en place. Celle des petits pas microscopiques. Celle du sauvetage des confetti – les réserves naturelles et les parcs nationaux – au détriment de la sauvegarde des équilibres majeurs.

Il ne s'agit évidemment pas d'un plan. Les acteurs de cette histoire n'avaient pas la moindre conscience de ce qui se passait pourtant. À leur décharge, il faut souligner que conduire des actions sur plus de quarante années demande une abnégation admirable. Ceux de FNE ont tenu bon contre vents et marées, incarnant un point de vue différent sur le présent et l'avenir de la France. Traversant tant bien que mal ces terribles années 1980 où le fric insolent, impudent comme jamais, déferlait, s'appuyant cette fois-là sur cet instrument de torture sociale qu'est la télévision.

Des milliers de bénévoles locaux de FNE, investis dans des tâches ingrates, auront été les héros tranquilles d'une affaire qui les dépassait. Qui nous dépassait tous. Car la vérité commande d'écrire que la société de ces années disparues, grandement occupée à ses orgies de consommation, n'avait aucune envie d'être rappelée à ses devoirs impérieux envers le vivant. Il eût fallu au moins la flamme incandescente d'un Gandhi pour continuer à secouer dans ses profondeurs l'édifice entier. Il ne s'en trouve pas tous les jours. Au lieu de quoi, méprisés, moqués par tous les petits barons et marquis de la politique et de la technostructure, les membres de FNE se sont accrochés aux branches. Ont bâti pas à pas, sur des décennies, une légitimité, une expertise, un savoir collectif.

Droit dans le piège des commissions

Dans le monde tel qu'il va, les administrations publiques – préfectures, DDA, DDE, services de l'hygiène, DDASS – avaient désespérément besoin d'interlocuteurs. Et de cautions ? Et de cautions, en effet. Il s'agissait de poursuivre l'industrialisation des campagnes, la « rectification » des cours d'eau, l'arasement des talus boisés, la construction d'autoroutes, l'assèchement des si précieuses zones humides. Les temps ayant changé, on ne pouvait plus se contenter d'une décision tombée d'un ministère parisien. Il fallait désormais discuter des projets pourtant décidés et même ficelés. Il fallait faire semblant d'écouter. Il fallait obtenir cette satanée « acceptation sociale » sans laquelle les bétonneurs ne pouvaient plus espérer bétonner.

Là était le piège principal, dans lequel FNE, épuisée par tant de défaites sans gloire, lassée par tant de quolibets et tant de lazzi, est tombée en un seul bloc. Les militants se sont faits fonctionnaires bénévoles. Serviteurs de l'État sans pourtant toucher le moindre salaire. Ils ont commencé à siéger dans une infinité de commissions locales, ès qualités. Commissions départementales des carrières, de l'hygiène, de l'urbanisme, des déchets, des sites, etc. Ils y sont encore, sacrifiant nombre de soirées à ce qui ressemble furieusement à de pures et simples chambres d'enregistrement. En bref, ce mouvement prometteur s'est institutionnalisé, perdant sa force et une part essentielle de sa signification.

Une telle immersion dans l'univers officiel ne pouvait manquer d'avoir de graves répercussions. Parallèlement à cet affaissement régional, la toute petite coordination nationale se bureaucratisait à vive allure. L'air est connu, et même la chanson : une strate de dirigeants semi-professionnels a émergé des décombres. Eux aussi remarquables, comme les militants de terrain. J'en connais personnellement un certain nombre, pour lesquels j'ai de l'estime et de la considération. J'espère qu'ils le savent et ne l'oublieront pas. Mais cela ne doit pas empêcher la critique. Cette strate est devenue une caste, pour les meilleures raisons du monde. Personne ne voulait assister aux rituelles réunions du conseil d'administration de FNE. Chacun, sur place, croulait sous les charges et responsabilités, et ne pouvait trouver du temps pour monter à Paris, où se tenaient ces habituelles retrouvailles. À Paris, où il fallait bien centraliser l'action décentralisée. À Paris, où tout se joue en effet. À Paris, où FNE pouvait actionner les quelques leviers en sa possession, notamment au ministère de l'Environnement, devenu de l'Écologie.

Et la caste est finalement apparue

Comment le processus de sélection de cette caste s'est-il opéré ? De la même façon que dans toutes les créations humaines, j'imagine. De cooptations en reconnaissances croisées, de légitimations réciproques en exclusions « techniques », le groupe s'est formé. Le plus pénible est que la couche dirigeante de FNE, qui ne représente en réalité qu'elle-même, estime qu'elle incarne les aspirations de la société française dans le domaine qui lui a été – fictivement – alloué, c'est-à-dire la protection de la nature.

Sont-ils de bonne foi ? Bien possible. Évoluent-ils dans cette zone grise de la conscience, où la mauvaise foi fait de fréquentes incursions ? C'est loin d'être exclu. Le fait est, en tout cas, que les vingt-quatre membres du conseil d'administration de FNE auront joué un rôle central dans la palinodie du Grenelle de l'environnement, accompagnée d'une floraison de nominations, notamment au Conseil économique, social et environnemental – environ 3 000 euros par mois tout de même – sur laquelle je reviendrai.

Y avait-il une autre voie que celle de la bureaucratisation généralisée ? Je n'en jurerais pas. Mais l'exemple de la bagarre contre les projets de barrage sur la Loire illustre à la perfection l'opposition entre le parti du mouvement et celui des embrassades.

En deux mots, l'État des grands ingénieurs, représenté en la circonstance par l'alors maire de Tours, Jean Royer, a tenté une opération de massacre écologique contre la Loire, notre fleuve le moins artificialisé. Il s'agissait, en 1986, de lancer un vaste programme d'endiguement et de barrages sur la Loire et ses principaux affluents, dont le Cher et l'Allier.

Face à cette menace majeure, la société réagit de deux manières différentes. D'abord de docte et utile façon, en créant, autour de scientifiques et d'hydrogéologues, l'association Loire vivante. Puis d'une manière beaucoup plus vive, émotionnelle, affective ô combien, en propulsant sur la scène publique un groupe de trublions du Puy-en-Velay, SOS Loire vivante, en 1988. D'un côté, la discussion entre pairs, ou peu s'en faut. Il s'agissait de démontrer la « supériorité » de l'argumentation des opposants. De l'autre, l'amorce d'un combat local, devenu national puis européen.

Le combat vivant pour une Loire sauvage

Car au Puy, il s'agissait concrètement de sauver quatorze kilomètres de gorges sauvages menacées par le projet de barrage de Serre-de-la-Fare, auxquelles la population des environs était passionnément attachée. SOS, pendant les sept années de combat, ne s'est pas arrêté aux arguments techniques, aussi importants qu'ils aient pu être. Il s'est agi très vite d'arrêter des engins de chantier, de manifester de toutes les façons possibles, de défier l'autorité, de secouer, de faire rire, de faire pleurer. En clair, d'animer un mouvement social sans lequel, c'est l'évidence, les barrages sur la Loire et ses affluents auraient été bâtis. Les militants de SOS Loire vivante, que j'ai fort bien connus, poussèrent leur audace – un coup de génie – jusqu'à occuper de façon permanente, pendant cinq ans, les berges du grand fleuve, dans un campement plus proche du Klondike cher à Jack London que des cabinets ministériels. Je n'ai pas la place pour développer, et je n'entends pas convaincre. Que l'on sache en tout cas que, selon moi, c'est le rapport de forces global établi par les valeureux du Puy-en-Velay qui a permis cette victoire écologique et humaine si étonnante.

Celui qui allait devenir, quelques années plus tard, le président de France Nature Environnement, Bernard Rousseau, a lui-même participé au mouvement contre les barrages. Scientifique, ancien chercheur au CNRS, devenu un excellent spécialiste des questions de l'eau en France, il aura joué un rôle essentiel dans la victoire écologiste. Mais dans le même temps, en faisant preuve d'une cécité navrante. Je le sais pour en avoir parlé avec lui plus d'une fois : il était et demeure foncièrement incapable de comprendre qu'une mobilisation populaire, de terrain, est la seule susceptible de faire reculer vraiment les aménageurs de tout poil. Bernard Rousseau est à mes yeux l'archétype du dirigeant associatif de FNE. Compétent, honnête, dévoué, il pourrait, si Dieu lui prêtait vie, continuer à publier sa *Lettre Eau*, bulletin de FNE, jusqu'en 2500. Sans grand changement. Je pourrais aisément être cruel, car la collection, que j'ai sous les yeux, fourmille d'exemples disons baroques. Je ne crois pas calomnier en citant quelques courts passages, qui donnent une idée du ton général.

Dans le numéro 1, de 1996 : « Plutôt que "préoccupation majeure" c'est l'inquiétude et le doute qu'il faudrait évoquer à propos de la politique de l'eau. Doute sur l'aptitude des différentes structures, administratives, politiques et professionnelles, à résoudre des problèmes pourtant bien identifiés. » Dans le numéro 19, en 2002 : « Gagner la bataille de l'eau pure et des rivières vivantes, c'est-à-dire des rivières qui ne seraient plus dans le triste état que nous connaissons, passe aujourd'hui par des avancées significatives dans la lutte contre les pollutions générées par l'agriculture, donc par une modification réelle des pratiques agronomiques. »

La litanie des bulletins sur l'eau

Dans le numéro 23, de 2003 : « Sans une perception fine des relations entre la qualité de l'eau et la fonctionnalité des milieux qui l'entretiennent, nous ne pourrons pas construire de politiques efficientes. Nous resterons en permanence dans le curatif dont on constate qu'il est incapable de répondre à la diversité des dégradations produites et aux pertes d'usages qui en résultent. »

Dans le numéro 21, de 2010 : « Au fil des lectures, une impression s'impose : tous ces rapports contournent le problème majeur qui résulte de l'incompatibilité de la politique agricole actuelle avec la politique de reconquête de la qualité des milieux aquatiques et de l'eau qui y circule. La politique de l'eau apparaît toujours à la remorque de la politique agro-alimentaire du pays, et ce postulat ne semble pas négociable. »

Et tout à l'avenant, rendant la question de l'eau purement technique, et jamais clairement intelligible. En cinquante-deux numéros, de 1996 à 2010, l'éditorial de la *Lettre*, toujours écrit par Rousseau, n'aura jamais été consacré, sauf erreur, aux acteurs essentiels que sont nos transnationales de l'eau. Car la France a le douteux privilège d'abriter trois géants du secteur : Suez-la Lyonnaise des Eaux, qui détruit en ce moment des rivières en Amazonie après s'être fait expulser de pays comme la Bolivie ; Veolia, anciennement Générale des Eaux ; Saur, jadis propriété de Bouygues. Il faudrait être sot pour ne pas comprendre que ces entreprises de taille mondiale ont fatalement une responsabilité majeure dans la si difficile question de l'eau en France. Et pourtant, pas un seul édito sur leurs activités entre 1996 et 2010. Il est vrai que France Nature Environnement a signé des partenariats avec Veolia et Suez. Le contrat passé avec cette dernière – en fait, sa filiale appelée Lyonnaise des Eaux –, stipule que le premier objectif *est « échanger et s'enrichir des positions respec-*

tives sur les sujets liés à l'avenir de l'eau, en dépassant les postures idéologiques». Le gras est dans le texte d'origine, cela va de soi. Je ne veux pas sous-entendre que Bernard Rousseau pourrait être malhonnête, car je ne le pense pas. Mais, ayant déjà vu et entendu de bien nombreuses choses dans ma vie, je crois pouvoir ajouter que je sais ce que signifie l'expression : *avoir un fil à la patte.*

Un beau partenariat avec les pesticides

Faut-il bien encore parler de fil à la patte ? Toujours à propos de l'eau, l'affaire Compo confirme à quel degré d'accommodement FNE a déjà consenti. Nous sommes le 23 février 2009, et l'association Eau et rivières de Bretagne (ERB) écrit à Sébastien Genest, alors président de FNE, dont ERB est membre. Précisions qu'Eau et rivières de Bretagne, créée il y aura bientôt quarante-deux ans, est l'une des associations françaises les plus renommées, à juste titre. Extrait de la lettre : « Votre communiqué du 6 février dernier nous a appris la décision de FNE de "s'associer avec la société Compo" ! Les pratiques commerciales et publicitaires des entreprises et marques de cette société (…) sont celles contre lesquelles se battent quotidiennement notre association et les organisations de consommateurs : incitation au désherbage chimique systématique, (…) offres promotionnelles incitant à la surutilisation des pesticides (…) Nous ne pourrons pas poursuivre le légitime combat mené pour réduire l'utilisation des pesticides par les particuliers, et en même temps, par notre adhésion à FNE, cautionner ce partenariat qui constitue à nos yeux, à la fois une faute éthique et une erreur stratégique. »

Une telle philippique n'est certes pas courante chez les protecteurs de la nature. Mais il faut y ajouter que Compo, d'abord partie de BASF, transnationale de la chimie, est associée depuis 2005 à un autre géant de l'agro-industrie, Syngenta. Son chiffre d'affaires a doublé entre 1996 et 2005, passant de 250 à 542 millions d'euros. On trouve sur son site Internet de jolies perles comme : « Les mauvaises herbes et la mousse, ça ne fait pas très propre. » En vertu de quoi Compo commercialise des désherbants à base d'acide 2,4-D. C'est légal, mais le même produit vient à bout de l'aulne, du bouleau, du noisetier, du peuplier. Doit-on s'en étonner ? Cet acide est un composant notable de l'agent orange, un défoliant massivement utilisé par les Américains pour détruire la forêt tropicale pendant la guerre du Vietnam.

Certes, Compo n'a rien à voir dans ces événements. Mais une association écologiste peut-elle, sans perdre son âme, associer son nom à une entreprise pareille ? Et où s'arrêter quand la pente est aussi raide que celle-là ? Le 4 septembre 2009, le préfet des Côtes-d'Armor, Jean-Louis Fargeas, pond une note sur les algues vertes, révélée par *Le Télégramme.* Stupéfaction ! Il confirme un à un tous les arguments écologistes tenus depuis trente ans. Le responsable, c'est l'agriculture industrielle ! « Il s'agit de révolutionner sur ces secteurs (...) les pratiques agricoles et changer complètement le modèle économique existant (...) Cette évolution n'est pas envisageable pour le moment, le phénomène des algues vertes ne peut donc que perdurer. » Pour FNE, c'est une occasion merveilleuse de tendre la main à un haut fonctionnaire qui parle enfin haut et clair. Mais tel n'est pas le scénario qu'ont retenu les chefs parisiens. Le 21 octobre, dans un communiqué rageur, FNE écrit : « Il nous semble réducteur de focaliser uniquement sur la contribution de l'agriculture, minimisant de fait celle liée à la fréquentation touristique et aux pratiques de certaines collectivités et de certains habitants (assainissement, produits lessiviels et effluents organiques) ou celle de l'industrie. »

Stupéfiant ! Chacun sait que les nitrates jouent le rôle premier dans la prolifération des algues vertes. Or 96 % des nitrates qui arrivent sur le littoral breton proviennent des engrais agricoles et des déjections des animaux d'élevage. Mais FNE préfère parler de la lessive et des particuliers, dont l'effet sur les marées vertes est dérisoire...

Vive la certification des forêts industrielles !

Dans un autre domaine cher au cœur des écologistes, FNE joue un rôle de plus en plus opaque. Ou de plus en plus clair, cela dépend de la paire de lunettes que l'on utilise. Présentons en quelques mots le label PEFC, qui signifie à l'origine Pan European Forest Certification, c'est-à-dire Certification forestière pan-européenne. Il s'agit d'un label commercial imaginé en 1999 par les industriels du bois qui, sentant le vent tourner et les esprits changer, ont réfléchi à la manière de changer l'image de marque de leurs produits. Et inventé un label « durable » systématiquement associé au bois qu'ils vendent. C'est de bonne guerre, c'est pure routine commerciale. En France, environ la moitié du bois mis sur le marché est certifié PEFC.

Mais que veut dire au juste ce label ? Tout est résumé dans cette formule-choc : le propriétaire doit « respecter, concernant son activité forestière, les lois et règlements, en particulier les dispositions du code forestier, du code de l'environnement, du code de l'urbanisme et du code du travail ». Ce qui autorise – et c'est écrit en toutes lettres d'un bout à l'autre de la France – à utiliser des pesticides en forêt, et bien entendu des engrais de synthèse, mais « de manière raisonnée ». Comment obtient-on le sésame ? En adressant un chèque à l'organisme régional. Soit en général 10 euros plus 0,5 euro par hectare et par an. Donné. Les contrôles ont lieu tous les dix ans en moyenne et n'ont conduit, pour le moment, à aucune exclusion. On osera parler d'un bien beau système. Lequel est résumé de la sorte par le Centre régional de la propriété foncière (CRPF) Midi-Pyrénées (*L'Écho des forêts* n° 38) : « Enfin et surtout, l'argument est commercial, la certification est aujourd'hui un atout pour mieux vendre et exporter, mais, très vite, demain, elle deviendra une nécessité pour tout simplement vendre. »

Il s'agit donc de gros sous. Le problème est que FNE est associée depuis le début, depuis 1999, à la certification forestière PEFC. Des représentants d'associations de terrain siègent ès qualité, dans les grandes régions, à des réunions sans autre but que de permettre à l'industrie de vendre. Ayant eu accès à un compte-rendu interne d'une réunion de FNE sur le sujet, j'en extrais ceci : « PEFC est informée que certains chantiers se passent dans des conditions douteuses. Mais c'est une limite du système : les ER [les entités régionales de PEFC] manquent d'impartialité et d'indépendance pour traiter de manière satisfaisante ces non-conformités. Les mesures de correction ne sont pas suffisantes. PEFC France a conscience de la faiblesse des ER concernant les contrôles. »

A-t-on bien compris ? Les contrôleurs sont les contrôlés. À moins que cela ne soit l'inverse. Cela pourrait n'être qu'une tache de plus sur une réputation déjà fort dévaluée, mais il y a bien pire au plan international.

Car le label PEFC est international. Il délivre aussi des certificats de bonne conduite pour les forêts boréales et tropicales. Et cela donne des résultats inouïs. Avant de détailler, un mot sur Sébastien Genest, président de FNE jusqu'en 2010, aujourd'hui vice-président. Cet homme d'une quarantaine d'années a été forestier dans le Limousin avant que d'entamer une magnifique carrière parisienne. C'est lui qui a poussé FNE à soutenir le label PEFC, avant de rejoindre son bureau international bourré de directeurs et de vice-présidents (www.pefc.org/about-pefc/governance/board-of-directors).

Sans discussion possible, Sébastien Genest sert de caution mondiale, en France, à un label commercial. Et il est le seul ! Aucune autre association écologiste n'a osé apposer son nom au bas des tracts PEFC, ce qui est tout de même rassurant. Mais aussi très inquiétant. Au nom de quoi FNE, qui ne dispose d'aucune expertise, d'aucun relais, d'aucun engagement dans les pays clés de la biodiversité, ose-t-elle parler au nom de tous ? Au nom de quoi ose-t-elle prétendre que le label PEFC est bon dans les lointaines contrées boréales et tropicales ?

Aux États-Unis, un autre label existe depuis des lustres, American Tree Farm System (ATFS). Comme il a le même but que PEFC – vendre du bois –, il était logique que les deux s'épaulent. De rapprochement en rapprochement, un accord est conclu en 2007, mais qui doit être avalisé par un audit rigoureux. Pensez, ces gens sont sérieux. Or donc, PEFC donne mission à un organisme indépendant, ITS, basé en

Australie, de certifier le certificateur qu'est ATFS. Les choses deviennent alors passionnantes.

Du napalm sur les forêts de Tasmanie

Car il s'agit d'une rencontre entre deux adversaires assumés de l'écologie. ATFS, le label américain, est sponsorisé par le géant de l'agrochimie BASF. Quant à l'organisme censé garantir ATFS, il s'agit de la société International Trade Strategies Pty Ltd, dont le propriétaire s'appelle Alan Oxley.

Oxley ! Nous n'habitons pas en Australie, et c'est dommage, car cet homme y est bien connu. Oxley a été l'ambassadeur de l'Australie aux négociations du Gatt – l'ancêtre de l'Organisation mondiale du commerce (OMC) – il y a plus d'une vingtaine d'années. Peu d'hommes de son pays auront fait davantage pour la mondialisation de l'économie, synonyme de destruction de la vie. Oxley est en outre un lobbyiste acharné au service de l'industrie transnationale, éditorialiste d'un site internet très marqué à droite, *TCS Daily*.

Oxley a été par ailleurs au centre des manœuvres pour retarder la prise de conscience du dérèglement climatique en cours. Dans ces conditions, M. Oxley était-il l'homme désigné pour certifier que le bois labellisé ATFS est durable ? C'est en tout cas ce qu'il a fait. Le 7 août 2008, le label ami de BASF, adoubé par le lobbyiste Oxley, entrait dans la grande famille PEFC, sous les applaudissements du bureau international dont fait partie Sébastien Genest, président de FNE.

Ce n'est pas encore fini. La Tasmanie, île proche de l'Australie, compte quelques forêts primaires parmi les plus belles du monde. Des arbres hauts de plus de cent mètres et vieux de quatre siècles protègent un monde auquel nous devons tout. Le dernier des écologistes devrait être prêt à l'action la plus vive pour les préserver. Or des entreprises forestières se sont pourtant attaquées, ces dernières années, à cet héritage sacré. En tronçonnant, en larguant du napalm pour détruire les souches avant de planter des eucalyptus à croissance rapide, pour fabriquer du papier. Du papier à chiottes, par exemple. D'après The Wilderness Society, plus de 140 000 hectares de forêts primaires de Tasmanie auraient été convertis en plantations depuis 1997. Mais cette manière de tout détruire serait durable, car elle a comme de juste obtenu le label PEFC ! Le gouvernement australien, impeccable arbitre, a promis 50 000 dollars pour aider PEFC à contrer la campagne écologiste de protestation. Certes, depuis 2007, la conversion des forêts primaires aurait pris fin, du moins à grande échelle. Mais les coupes rases de forêts primaires continuent, suivies de « nettoyage » au napalm. La conversion en eucalyptus serait limitée à des blocs de dix hectares, lesquels peuvent évidemment, quand on les additionne, représenter des surfaces géantes.

Où s'arrêtera PEFC ? En Malaisie, le prochain objectif est d'une importance majeure, car il s'agit du sort d'exceptionnelles forêts primaires. Sur lesquelles lorgne depuis des années la compagnie Samling Global Limited, fondée en 1963. Devenue géante, cette dernière a vu son chiffre d'affaires exploser, pour atteindre près de 400 millions de dollars en 2006. Elle exploite des concessions forestières en Malaisie, au Guyana – Amérique du Sud – et en Nouvelle-Zélande, sur environ 4 millions d'hectares. Avec à la clé d'innombrables conflits opposant ses hommes et les populations locales. Au Sarawak, par exemple, chez les Penan. Ou chez les Kenyah, un autre peuple de Bornéo, qui dressent régulièrement des barricades pour empêcher les camions de la Samling d'emporter des arbres de leur forêt. Sur leurs dérisoires pancartes, on peut parfois lire : « Samling, ne volez pas les richesses des terres des pauvres pour les donner aux riches de la ville. »

La Samling est donc dirigée par de très braves gens. Lesquels ont obtenu en 2005 une certification forestière appelée Malaysian Timber Council Certification (MTCC, ou Conseil malaisien de certification du bois). Exactement comme les Américains d'ATFS. Reste à réussir la dernière partie de l'opération, qui consiste à faire reconnaître le label malaisien MTCC par PEFC, cautionné par Sébastien Genest et FNE.

Rappelons que tout n'est que commercial et industriel. Si vous avez le label PEFC sur votre bois, fût-il celui des Kenyah, il pourra être vendu dans le monde entier. Aux dernières nouvelles, un processus de reconnaissance du label malaisien MTCC par PEFC est en cours. Bien entendu, toutes les associations écologistes malaisiennes dénoncent cette imposture. Mais que sont-elles, face à la clairvoyance de FNE ?

Les chasseurs deviennent des amis

Dans la forêt lointaine, on le sait, on entend le hibou. Mais aussi, bien souvent, les chasseurs. C'est une autre musique. Parmi les écologistes, les points de vue sur le sujet sont divers mais, jusqu'ici, demeuraient dans un cadre à peu près simple. Nul n'aimait que l'on tue pour le plaisir. Certains acceptaient un dialogue que je juge, pour ma part, inévitable.

D'autres refusaient tout net et vouaient le porteur de fusil aux gémonies. Tel fut le cas pendant des lustres de l'ancien Rassemblement des opposants à la chasse (Roc), créé en 1976, membre de FNE lui aussi.

Le grand Théodore Monod en fut le président inspiré pendant une bonne vingtaine d'années, et lui, en tout cas, ne se cachait pas derrière son petit doigt. Citation de mon méhariste préféré : « Je n'aime pas la chasse parce qu'elle est devenue un passe-temps, un divertissement, un jeu : on continue, hélas, à tuer, et avec des armes de plus en plus efficaces, mais désormais par simple plaisir, pour s'amuser... On souhaiterait ne plus voir ressassée indéfiniment l'objection banale : avant de secourir les animaux, il faudrait songer aux hommes... Comme s'il s'agissait, parce que l'on veut mettre fin à des massacres de baleines, de jeunes phoques, de panthères ou d'orangs-outangs, d'oublier la détresse des enfants, les pauvres maisons écrasées par les bombes ou les cris des torturés... Il ne s'agit pas de ceci ou de cela, et l'on voudrait être bien certain que les infatigables ressasseurs de ce misérable et si commode argument, s'ils refusent la pitié pour les bêtes au nom d'une priorité, se trouvent bien eux-mêmes aux avant-postes dans le combat pour l'homme. Ce n'est pas évident. Pour beaucoup d'entre eux, ce n'est pas, on peut le craindre, l'un ou l'autre mais bien : ni l'un ni l'autre. »

Les fondateurs du Roc – Serge Boutinot, Jean-Claude Nouët, Théodore Monod, Bernard Groslier, Paule Drouault – voulaient la fin du massacre. Point. Et le Roc devint naturellement un objet d'exécration et même de haine chez tous les braves tueurs de France et de Navarre. Jusqu'en 2000. Jusqu'à l'arrivée à la présidence du Roc – fortement sollicitée – de l'astrophysicien Hubert Reeves. Alors les choses ont changé.

Un peu, beaucoup, et même passionnément au fil des années. Le Roc, pour commencer, ne pouvait plus s'appeler le Roc. J'ai le souvenir de mes propres difficultés, dans des articles, à seulement nommer l'association. Car cela n'allait jamais. Il ne fallait plus dire Roc, ou plutôt, il fallait écrire Roc, mais en oubliant la signification du sigle. Et surtout, en le faisant précéder de cette invraisemblable appellation : Ligue pour la préservation de la faune sauvage et la défense des non-chasseurs, dite Roc. Je n'invente rien.

Pionnière absolue de l'esprit du Grenelle de l'environnement, la Ligue dite Roc chercha, sous l'impulsion de Reeves, tous les moyens de positiver ce qui n'était plus un combat. Il ne fallait plus rien condamner, ni personne. Il fallait rechercher le consensus avec les chasseurs, faire des réunions à n'en plus finir, se regarder dans le blanc des yeux. Sous les applaudissements du journal historique des chasseurs, le *Saint-Hubert*, écrivant avec gourmandise dans une édition de février 2009, à propos d'un communiqué de la Ligue dite Roc encore plus lénifiant que les autres : « [cette déclaration] apparaît comme un mouvement rapide (...), passant d'un discours historiquement "philosophique" sur un "droit des non-chasseurs" à un discours hyperréaliste sur les bienfaits du compromis ! »

Quels bons amis. Et venons-en au cas Pipien. Gilles Pipien est ingénieur général des Ponts et Chaussées, nul n'est parfait. Il fut directeur de cabinet de Roselyne Bachelot entre 2002 et 2003, quand elle était ministre de l'Écologie. Qu'a fait cette dernière en faveur de l'écologie ? Rien. Que savait-elle d'ailleurs du sujet ? Rien. On retiendra de son dur labeur cette phrase prononcée dès son arrivée au poste, le

10 mai 2002 : « L'industrie la moins polluante, c'est l'industrie du nucléaire. »

Depuis trente ans, le col ardéchois de l'Escrinet est le théâtre d'affrontements, parfois violents, entre chasseurs au front bas et protecteurs des oiseaux. C'est que l'Escrinet est un passage important pour les migrations d'oiseaux. Au printemps, cent quarante espèces différentes, retour de voyage lointain, y ont été observées. En contradiction totale avec une directive européenne devenue loi française, ceux qu'il faut appeler des braconniers tuent des milliers d'oiseaux de passage, surtout des pigeons.

Gilles Pipien en visite chez les braconniers

Le scandale est patent, public, total, et les gendarmes laissent gentiment faire. Surprise – toute relative –, les braconniers du col reçoivent le 7 mars 2003, en pleine tuerie, un visiteur officiel. Gilles Pipien, pardi. La suite est un extrait d'un bulletin hélas disparu depuis, *Action Nature* (n° 25) : « C'est également M Pipien qui a complaisamment réouvert le récurrent dossier des dates de chasse, que l'on pensait clos depuis janvier 2002. Réouverture qu'il s'est appliqué à réaliser en saucissonnant les décisions en de multiples arrêtés et décrets, afin de rendre la tâche des associations de protection de la nature plus dure (...) Ainsi, en région Rhône-Alpes, Gilles Pipien est l'objet depuis le 7 mars 2003 d'une tendresse toute particulière. C'est lui en effet qui s'est rendu sur le col de l'Escrinet, haut lieu du braconnage de masse, pour y soutenir et y encourager cette pratique totalement illégale ! Les braconniers ardéchois en rient encore...

Les associations de protection de la nature beaucoup moins. Depuis ce coup d'éclat de mars 2003, le braconnage a repris de plus belle. Si le Roc a accueilli à bras ouverts l'ancien directeur de cabinet, c'est avec du goudron et des plumes que certains aimeraient l'accueillir en Ardèche et dans les environs... »

Si le Roc... Eh bien oui, inutile de tarder encore, Gilles Pipien est l'un des piliers de la Ligue dite Roc, qui lui a confié la coordination de l'ouvrage : *Pour la biodiversité, Manifeste pour une politique rénovée du patrimoine naturel.* Tout est dans le mot « rénové ». On comprendra plus aisément le coup de gueule poussé par quelques-uns des plus anciens membres du Roc authentique, celui de Monod. Dans une lettre ouverte cinglante datée de novembre 2009, cinq administrateurs de l'association en démissionnent avec fracas. Il s'agit de Michèle Barberousse, adhérente depuis 1977 ; de Francis de Frescheville, adhérent depuis 1988 ; de Pierre Jouventin, démissionnaire depuis février 2009 ; de Viviane Laurier, adhérente depuis la création en 1976 ; de Jean-Paul Péronnet, adhérent depuis 2000.

Ou ces gens-là disent vrai, ou ils mentent. Mais s'ils disent vrai, ce que je crois bien entendu, il faut oser parler, à propos du Roc, de captation d'héritage. Est-il seulement concevable que dix personnes, dont deux salariées par l'association, puissent, dans le cadre d'une assemblée générale, représenter les deux tiers du vote des membres ? Lisez donc cet extrait : « À la demande d'Hubert Reeves, la Ligue Roc ne s'oppose plus. Elle sert de caution aux ministères. Malgré les revers et les affronts subis, elle persiste à rencontrer autour d'une table ronde les représentants des chasseurs, de plus en plus favorisés par les pouvoirs publics. » Un autre : « La Ligue

Roc n'est plus, comme avec Théodore Monod, une association militante d'opposition à la chasse ou à ses méfaits, mais de plus en plus une fondation suiviste qui a renoncé à promouvoir des idées non politiquement correctes et qui rend plus de comptes à ses sponsors qu'à ses adhérents. Ce grand tournant s'est fait à l'insu de ces derniers, les démissions précédentes ayant été discrètes. Les anciens adhérents du Roc doivent tout particulièrement être informés. » Ultime grain de sel mêlé de poivre : la Ligue dite Roc dirige au nom de FNE son réseau Nature. Ce qui signifie qu'une poignée de personnes, pas plus, impriment leur marque à propos de sujets clés, dont celui de la chasse, du loup, de l'ours.

Il ne serait pas difficile de dresser une liste sans fin, ou presque. Dans le domaine de l'affadissement, le plus dur est au départ. Ensuite, chaque pas est éclairé, justifié, voulu par celui qui précède. Il ne reste que quelques commentaires à faire sur la structure bureaucratique elle-même.

Une caste bureaucratique

Je l'ai dit plus haut, le conseil d'administration de FNE a tout d'une caste. Quatorze de ses vingt-quatre membres de 2010 siégeaient déjà dans celui de 2004. Une remarquable stabilité, dans un monde où tout bouge si vite. Sur le nombre, cinq sont des femmes, dont il faut dire sans accabler quiconque qu'elles n'ont pas le premier rôle. Cinq sur vingt-quatre : la proportion est moindre qu'au Sénat, temple du machisme ordinaire ! Et il n'y a aucun jeune ! La plupart des membres ont allègrement franchi, parfois depuis longtemps, la cinquantaine !

Admettons que le goût des breloques et décorations vienne avec le temps, ce qui ne servira d'ailleurs pas d'excuse. N'ayant pas l'âme d'un policier, je n'ai pas cherché systématiquement qui avait eu quoi. Mais, ayant trouvé très vite tant de choses, je puis écrire que la hiérarchie présente ou passée de France Nature Environnement compte un nombre important – restons mesuré – de titulaires de la Légion d'honneur. On est très content.

Certaines décisions obligent bien davantage. Ainsi de la nomination de François Lefèvre, responsable du Réseau Forêt de FNE au conseil d'administration de l'Office national des forêts (ONF) au début de 2010. L'ONF est l'acteur essentiel de la gestion forestière en France et il est présidé par le député UMP de Savoie Hervé Gaymard, celui-là même qui avait dû abandonner son poste de ministre de l'Économie pour s'être octroyé un duplex de 600 m2 payé par l'État. Cela n'a certes rien à voir, mais l'ONF, ballottée de réforme en réforme, connaît une crise grave.

En octobre 2010, les syndicats intérieurs recensaient dix-sept suicides dans l'entreprise en cinq ans. La grande affaire est et demeure de transformer nos forêts en une industrie prospère. De changer les arbres en marchandises. D'assumer jusqu'au bout le statut officiel d'entreprise « industrielle et commerciale ». Bref, de faire du fric. Le rapport Gaymard, rendu en octobre 2010 à Nicolas Sarkozy, insiste sur cette dimension essentielle, sinon unique : « L'ONF a un rôle à jouer pour mieux exploiter le bois en France. » Le rôle d'un écologiste est-il bien d'accompagner ce beau mouvement-là ?

Le rôle d'un écologiste est-il bien de siéger au conseil d'administration de l'Agence française du développement

(AFD) ? Cette structure est historiquement liée à la Françafrique. Créée en 1941 à Londres, devenue en 1944 la Caisse centrale de la France d'outre-mer (CCFOM), elle aura été, jusqu'aux indépendances de nos colonies, le bras économique armé de la France, jouant un rôle politique déterminant dans l'ancienne Afrique « française », bien que méconnu. Devenue en 1992 Caisse française de développement (CFD) pour enfin se transformer en AFD en 1998, elle a continué de financer des projets de « développement », mot extraordinaire sur lequel je reviendrai longuement à la fin de ce livre. Il est impossible de seulement résumer le rôle réel, sur le terrain, de l'AFD et de sa filiale dédiée aux accords avec les grandes entreprises, Proparco. Qu'il suffise de dire ici que l'AFD a été sévèrement étrillée en avril 2003 par les Amis de la Terre (www.amisdelaterre.org/Deforestation-durable.html). Citation : « Officiellement, les interventions de l'AFD ont pour objectif de promouvoir le développement durable en contribuant au financement de projets d'accompagnement social et de lutte contre la pauvreté. C'est loin d'être le cas dans le secteur forestier. Dans le secteur forestier, l'AFD a développé des mécanismes de financement attractifs (prêts à faible taux d'intérêt) pour les sociétés forestières afin d'élaborer des plans d'aménagement pour une gestion durable (Gabon, Congo, République centrafricaine, Cameroun). La majorité des sociétés forestières de droit local auxquelles l'AFD octroie des prêts dans le cadre de l'aide publique au développement appartiennent à des groupes français impliqués dans l'exploitation illégale. »

Cela semble assez clair, non ? Sébastien Genest, déjà évoqué dans ce chapitre, ci-devant président de FNE, toujours vice-président, est depuis le 23 juillet 2010 membre du conseil d'administration de l'Agence française de développement. Enfin, sans espoir de montrer toute l'ampleur du phénomène, notons respectueusement que dans la torpeur de l'été 2010, le Conseil économique, social et environnemental (CESE) de notre République a intégré en son sein généreux neuf membres de France Nature Environnement, dont un de la Ligue dite Roc et un autre de la Ligue pour la protection des oiseaux (LPO). Soit pour chacun un revenu net de 3000 euros sans compter les frais. Mais Sébastien Genest en faisait déjà partie. Car il est un éclaireur.

Cruel nota bene : Qui paie le fonctionnement de FNE, au fait ? Avant tout, l'État. Le ministère de l'Écologie, à lui seul, assure environ 45 % du budget annuel. Les financements publics, pris ensemble, représentent autour de 65 % des dépenses. Peut-être 70 %. C'est excellent pour l'indépendance.

CHAPITRE 7

Le spectacle commence (un Grenelle, sinon rien)

La farce aura été préparée par un maître queux génialement inspiré. On ne parle pas de l'eau, on ne parle pas du nucléaire, on ne parle pas des biocarburants, on ne parle pas de la chasse ni des animaux, on ne parle pas des nanotechnologies, on ne parle pas des téléphones portables. Et donc on vire dès le départ tous ceux qui aimeraient en causer. Ceux qui restent sont tout fiers de leur strapontin.

« Ils sont venus, ils sont tous là. Même ceux du Sud de l'Italie. » J'ai spontanément pensé à cette chanson d'Aznavour, que l'on écoutait en boucle chez moi, quand j'étais gamin. Mais la vérité est déjà ailleurs : ils sont « presque » tous venus. Pour la cérémonie d'ouverture du Grenelle de l'environnement, « on » a fait un choix. Drastique. Il fallait des représentants dignes de ce nom. Des interlocuteurs valables. De vrais « responsables ». Et il fallait donc éliminer ceux qui risquaient de faire tache sur la photo de groupe. Ceux qui font un peu honte dans les meilleures familles. « On » – je parierais sur les doigts de fée de madame Kosciusko-Morizet, mêlés aux grosses paluches du cabinet de Sarkozy – a donc sélectionné. Mais qui aurait songé à gâcher pareille fête ?

Les plus notoires associations de protection des animaux ? Oubliées. Je n'en citerai que deux, que je connais : l'Aspas et le Rac. L'Association pour la protection des animaux sauvages (Aspas) et le Rassemblement anti chasse (Rac) ont une conception claire de la défense de la nature et de la vie, sans avoir le même point de vue sur la question de la chasse. Le Rac veut obtenir sa disparition, l'Aspas une réduction de ses droits, exorbitants. Mais les inviter aurait obligé à parler d'une question qui ne va pas avec le plan de carrière de M. Sarkozy, en allumant un pétard sous les fesses du parti des chasseurs, CPNT, qui peut encore jouer à la marge sur le résultat des élections. *Exeunt.*

Pour le nucléaire, voyez Sarkozy

La téléphonie mobile, qui pose tant de problèmes ? Idem. Des associations comme Robin des toits ou Priartem, indiscutables pourtant sur le sujet, ont été priées de regarder la télé. On ne dérange pas des opérateurs aussi puissants que SFR, Bouygues ou Orange. Les OGM ? Sans même parler des nombreux collectifs de Faucheurs volontaires – ces vilains sont des hors-la-loi, pas ? –, Inf'Ogm ou encore Ogm Dangers ont été rayés des listes. Tout comme le très radical et très pertinent Pièces et Main-d'œuvre (PMO), qui conteste les nanotechnologies. Certes, PMO ne serait pas venue faire joujou, mais la question n'a de toute façon pas été posée. Comme n'aura pas été posée celle de la décroissance qui, quoi qu'on en pense, est depuis quelques années débattue par une partie croissante de la société réelle.

Mais le plus significatif est sans conteste l'exclusion du réseau Sortir du nucléaire qui, en 2007, rassemble plusieurs centaines de groupes, syndicats, mouvements et associations. L'explication est au moins double. À cette époque, et d'un, le porte-parole du réseau s'appelle Stéphane Lhomme, et il n'est pas du genre à faire de la figuration. Il pourrait montrer les dents, ce qui n'est pas télégénique. Et de deux, le président nouvellement élu, Sarkozy – j'y reviendrai –, s'apprête à se transformer de bon cœur en VRP de l'industrie nucléaire, qui est en France intouchable, inatteignable, strictement inénarrable.

Autrement dit, il n'était pas question d'aborder le problème fondamental de l'énergie. Une politique écologiste ne pourrait que remettre à plat l'ensemble du dossier, à partir de scénarios réfléchis, discutés, élaborés par la confrontation. Il existe en France de vrais « penseurs » de l'énergie. Je veux dire des « spécialistes » qui ne sont pas inféodés aux grandes puissances de la place, à commencer par EDF. Je pense à l'association Negawatt, présidée par Thierry Salomon, du reste présent sur un strapontin du Grenelle. Ou à Global Chance, menée par l'indispensable Benjamin Dessus. Un rendez-vous qui n'aurait pas été de bluff aurait par nécessité abordé la question de l'offre, de la demande, des innombrables objets et colifichets de l'industrie, qui plombent toute perspective de changement. Mais tout cela était tabou, et l'est resté.

Comme était tabou le thème redoutable et protéiforme de l'eau. Peut-on le croire ? Il aura été saucissonné de manière que jamais, jamais la responsabilité des uns et des autres – par exemple, celle de l'agriculture industrielle, celle des vieux barrages hydroélectriques, celle de la surpuissance des entreprises du secteur, celle des process industriels, celle de la chimie de synthèse – ne puisse être posée. Ahurissant ? Le mot est faible. À l'époque, l'un des plus connus parmi les responsables de la protection de la nature – je ne peux citer son nom, c'est dommage – m'avait expliqué l'affaire. La FNSEA, le syndicat charmant que l'on sait, avait tout simplement dealé avec le pouvoir, avant que ne commencent les festivités. Elle accepterait de siéger, et d'accepter du bout des lèvres de fausses concessions – sur les OGM par exemple –, mais l'eau ne devait pas être considérée comme telle. L'eau, dans la France de 2007 comme dans celle de 2010, c'est de la nitroglycérine.

À côté de cela, on ne s'étonnera pas que les biocarburants n'aient été au programme. C'est pourtant une infamie de dimension mondiale, puisqu'il s'agit, rappelons-le, d'utiliser massivement des plantes alimentaires pour faire rouler des bagnoles. Dans un monde qui compte un milliard d'affamés chroniques. Mais le drame des débouchés commerciaux n'est-il pas autrement important ? Cessons de grincer et passons à la composition des groupes du Grenelle.

Mais qui a bien pu nommer les « représentants » ?

Le premier mot qui vient à l'esprit est celui d'opacité. Je défie quiconque d'écrire quand, comment, par qui les six « groupes de travail » ont été constitués. Vu le résultat, on peut être sûr que les cabinets ministériels et présidentiel ont dû passer quelques longues soirées sur les listes d'invités. Le pire est que la malignité n'a sans doute joué qu'un rôle marginal dans la sélection. Car c'est la conception même, celle du

Prince, qui aura décidé du tout. Cet octroi d'un rendez-vous annoncé dès l'emblée comme un triomphe démocratique et écologique ne pouvait se terminer que par des cris d'enthousiasme. Et c'est bien ce qui arriva.

On remarquera que le Grenelle s'est réuni sans seulement se demander pourquoi. Mais oui, pourquoi ? Quel diagnostic portait-on sur la crise écologique ? Pour nos Excellences, il y avait certes quelques problèmes, mais surtout des solutions. Et au niveau national s'il vous plaît, ce qui ramenait le débat à ce qu'il était à l'époque de la création du ministère de l'Environnement, en 1971. Tendance paysages et pâturages sont les deux mamelles de la France. L'Europe, le monde, le rôle des transnationales françaises dans la destruction de la nature – Alstom en Chine, avec le barrage des Trois-Gorges, Suez en Amazonie et en Bolivie, EDF au Laos, nos entreprises forestières en Afrique –, la division par quatre de nos émissions de gaz à effet de serre, pourtant prévue par une loi de 2005, les océans ? Rien. C'est-à-dire : rien.

On allait, dès le point de départ, discuter de mesures franchouillardes. Mais revenons un instant à la composition des groupes. Six groupes ont donc été constitués, de quarante membres chaque. Soit trois cents personnes réparties dans cinq collèges. L'État, les collectivités locales, les syndicats patronaux, ceux de salariés, et les ONG dites « environnementales ». Qui a décidé de l'intitulé des groupes et du nom de leurs membres ? La main invisible a en tout cas bien fait les choses. La technostructure d'État est là, qui verrouille tout sans qu'il soit besoin de le dire. Cette technostructure est celle de ces grands corps d'ingénieurs – Mines, Ponts et Chaussées, Génie rural – qui ont en France le monopole de l'expertise technique. Et qui tiennent l'administration centrale de tous les ministères « techniques », y compris celui de l'Écologie. Le désastre de l'agriculture industrielle, celui de l'eau, des transports et autoroutes, du nucléaire, de la forêt, l'assèchement des zones humides, c'est eux. Eux.

Main basse sur la biodiversité

Mais ils sont là. Avant de regarder la liste des membres du groupe 2, appelé : « Préserver la biodiversité et les ressources naturelles », rappelons tout de même le consensus scientifique concernant la crise de la biodiversité, mondiale : nous vivons ce que les biologistes de la conservation nomment la « sixième crise d'extinction » des espèces depuis les débuts de la vie sur terre. La dernière a fait disparaître les dinosaures, il y a 65 millions d'années, et l'actuelle, causée par les activités humaines, serait la plus brutale de toutes celles qui ont précédé. Le tocsin ayant été sonné, il serait donc grand temps de passer à l'hallali. Mais on préfère comme de juste la palabre. La France a lancé en 2004 une pompeuse « Stratégie nationale pour la biodiversité », dont les résultats devaient être vérifiés en 2010.

Bien entendu, rien n'ayant été fait, rien n'a été obtenu. Chaque groupe devait se réunir quatre fois, mais la complexité de certains sujets a obligé la majorité des groupes à organiser une ou deux réunions supplémentaires. Mille excuses pour ces digressions qui n'en sont pas. Revenons au groupe 2, celui sur la biodiversité. Dans le collège de l'État, sur les huit membres, on note sans surprise un directeur de l'Office de la chasse – crucial –, un ingénieur général des Ponts, des Eaux et des Forêts, un contrôleur général des Armées, un ingénieur général des Eaux et Forêts, un autre ingénieur général des Eaux et Forêts, qui a été de 1988 à 1993 directeur adjoint en charge du développement industriel au sein du groupe sucrier Béghin-Say. Enfin, nous trouvons un ancien directeur des Affaires économiques et internationales au ministère de l'Équipement, des Transports et du Tourisme, Jean-Yves Perrot. Il a également dirigé le cabinet du ministre de l'Équipement et celui du ministre de l'Agriculture et de la Pêche. Il a occupé les fonctions de directeur adjoint du cabinet de Bernard Pons, ministre de l'Équipement, du Logement, des Transports et du Tourisme (de 1995 à 1997), et de directeur de cabinet d'Hervé Gaymard, ministre de l'Agriculture, de l'Alimentation, de la Pêche et des Affaires rurales (de 2002 à 2004). Il est aussi maire UMP de Marly-le-Roy, ce qui lui permettrait de siéger dans le collège des collectivités locales.

Je ne vais pas tout vous infliger, rassurez-vous. Ce qui précède vaut pour le reste. Il faut bien comprendre que les écologistes invités étaient donc huit dans chaque groupe de quarante, confrontés à ces hauts technocrates qui savent par expérience que tout passe, à commencer par les ministres. Et confrontés, de même, à huit élus dont la plupart, aménageurs dans l'âme, auront passé une vie à ridiculiser les défenseurs des « fleurs et des papillons ». Et confrontés, aussi, à des maîtres de structures connaissant, elles, ce qu'est un rapport de force, comme les gens du Medef, de la FNSEA, de la Confédération générale des petites entreprises (CGPME). Et confrontés, pour ne pas dire affrontés, à des représentants de salariés qui, pour la quasi-totalité d'entre eux, n'ont jamais pensé l'écologie, ses crises, l'hyperconsommation, plus attachés à défendre le mythique « emploi » qu'à relier les fils entre vente de turbines à la Chine et destruction des écosystèmes.

Nicole Notat, Total, Vinci et MacDo

Oui, tel fut bien le décor des agapes. Une poignée de représentants autoproclamés de l'écologie en face de gens ignorants ou habitués à tout décider ou habitués à tout détruire. Avant de commencer le bal des citations, je me vois contraint de vous imposer l'intitulé exact des cinq autres commissions, outre celle sur la biodiversité déjà évoquée. Groupe 1 : « Lutter contre les changements climatiques et maîtriser la demande d'énergie. » Groupe 3 : « Instaurer un environnement respectueux de la santé. » Groupe 4 : « Adopter des modes de production et de consommation durables. » Groupe 5 : « Construire une démocratie écologique. » Groupe 6 : « Promouvoir des modes de développement écologiques favorables à l'emploi et à la compétitivité. »

N'est-ce pas un poil foutraque ? Qui ne sentirait la farce ? Présidente du groupe « Construire une démocratie écologique », Nicole Notat, ancienne responsable de la CFDT. Au moment où j'écris ces mots, j'apprends qu'elle sera, dès le début 2011, la nouvelle présidente du club Le Siècle, en remplacement d'un certain Denis Kessler. Ce dernier, ultralibéral, écrivait le 4 octobre 2007 dans *Challenges* : « C'est simple, prenez tout ce qui a été mis en place entre 1944 et 1952, sans exception (...) Il s'agit aujourd'hui de sortir de 1945, et de défaire méthodiquement le programme du Conseil national de la Résistance ! » Pas de quoi inquiéter madame Notat, qui participe depuis des années aux dîners très prisés du Siècle. Ce club des « élites » réunit une fois par mois femmes et hommes de vrai pouvoir. Avec obligation de se taire sur les sujets abordés. Mais comme est belle la démocratie (écologique) ! Madame Notat est par ailleurs patronne d'une entreprise en perpétuel déficit, Vigeo, qui compte dans son conseil d'administration de saines entreprises comme Total, Vinci, MacDo, Thales, Airbus, Solvay, EDF.

Sa présence au cœur du Grenelle de l'environnement ne peut donc mettre qu'un peu de fantaisie et d'humour dans une opération qui pèse tout de même bon poids. Qui d'autre dans le groupe de Nicole ? Mais certains d'excellents écologistes rencontrés chemin faisant, comme l'ami de la forêt Sébastien Genest (voir chapitre 6) ou encore Robert Lion (chapitre 4). Et que dire du groupe « Promouvoir des modes de développement écologiques favorables à l'emploi et à la compétitivité » ? Il faut, je le confesse, traîner ses guêtres dans l'écologie depuis un moment – comme moi –, pour savourer pleinement la saturation de l'intitulé par des mots venus de l'économie. Cette économie qui n'a d'autre but que d'avancer en détruisant tout sur son passage. Développement, emploi, compétitivité ! Au service oxymorique d'une écologie de pacotille ! Ces gens sont des créatifs, il n'est aucun doute sur le sujet. Dans la commission 6, l'enfumage est de moindre densité qu'ailleurs. On assume. Le président, Roger Guesnerie, est ingénieur en chef des Ponts et Chaussées, président de l'École d'économie de Paris, et comme l'indique la présentation officielle, « un des économistes français les plus renommés ».

Les petits bras de Fac Verte

On craint le pire, osons l'avouer. Il aurait été si utile, en cette année du Grenelle – 2007 – que monsieur Guesnerie nous prévienne du désastre financier de 2008, que sa

« science » a été dans l'incapacité totale de seulement entrevoir. Parmi les autres membres – un vice-président, le rapporteur, entre autres –, on trouve le directeur général du groupe HEC, un inspecteur général des Finances, des hommes de la direction du Trésor et d'autres administrations centrales du ministère de l'Économie, auxquels il faut ajouter tout un staff de pontes patronaux, et l'inévitable représentant de la FNSEA. Parmi les écologistes de service, je note, sans moquerie excessive, la présence d'Alexandre Deck, président de la surpuissante Fac verte, association universitaire créée en 2003 et disposant en 2010 de trois élus au plan national dans les pourtant nombreux centres régionaux des œuvres universitaires et scolaires (Crous). Avec ses trois cents adhérents – revendiqués, tout au moins –, Fac verte fait assurément contrepoids au ministère de l'Économie et au Medef réunis. Mauvais esprit.

Une séance au cinéma avec Nicolas

Mais assez parlé de la triste réalité des choses. Le vrai spectacle était par bonheur d'une tout autre qualité. En puissance invitante, Nicolas Sarkozy en personne. Je vous préviens, c'est un flash-back, car nous sommes le 22 mai 2007, à l'Élysée. À peine élu, notre président reçoit nos écologistes officiels pour lancer le Grenelle. Les photos d'époque ne peuvent que faire rire. Ils sont sur le perron du Palais, souriants, et même heureux. Pascal Husting, de Greenpeace, Serge Orru, du WWF, tout de blanc vêtu, Yannick Jadot, de Greenpeace aussi, Nicolas Hulot. D'autres, moins connus, comme Frank Laval, Sandrine Mathy, Yvon Le Maho. Tout sourire. Et pour cause. Le boss vient de les garder deux heures, et il a déclamé avec l'enthousiasme qu'on lui connaît, et sans prompteur, la note préparée par un conseiller anonyme : « Le Grenelle de l'environnement ne sera pas un énième colloque pour constater l'urgence écologique et conclure qu'il faut agir. L'époque des colloques est derrière nous. Le temps est à l'action. » Notons l'exquise polysémie de ce dernier mot. Action. Oublions le sens économique, qui renvoie gracieusement à l'organisation capitaliste du monde et des sociétés boursières. Je pensais davantage au cinéma, où le metteur en scène lance souvent son cri de guerre « Action ! », avant que d'ajouter invariablement « Coupez ! » pour mieux recommencer la scène. En ce sens bien particulier, je crois que Sarkozy n'aura pas menti sur toute la ligne. Si je m'autorise cette modeste injure à chef de l'État, c'est qu'il a aussi osé ceci : « Il n'y aura aucun sujet tabou. »

Toujours le 22 mai 2007, nos écologistes sont aux anges. « On ne veut pas louper une occasion historique d'ouverture du gouvernement » (Sandrine Mathy). Déjà convoquée, l'histoire en marche va se mettre à galoper. « On a pu vraiment aborder tous les problèmes qui concernent les enjeux environnementaux, toutes les conditions sont réunies pour répondre à ces enjeux » (Yvon Le Maho). Quelles conditions ? Eh bien, toutes. Mais par bonheur, il y a dans l'assistance des durs, des excessifs. Yannick Jadot, de Greenpeace : « Les discussions seront dures sur le nucléaire. » Le même, sur une autre gazette : « Le nouveau pouvoir a incontestablement une volonté d'ouverture et de dialogue. Il n'y a aucun sujet tabou. » Jean-Marc Jancovici, « expert » climatique de Nicolas Hulot : « Il y a un grief qu'on ne peut pas faire au nouveau ministre d'État, c'est celui de prendre ce sujet par-dessus la jambe. » Rappelons que le ministre d'État en question, à cette date, n'est pas Jean-Louis Borloo, qui trône avec un grand plaisir au ministère de l'Économie, mais Alain Juppé, qui n'a pas encore été battu aux législatives qui vont suivre, le contraignant à un départ précipité du gouvernement.

Quant à Borloo, sitôt nommé à l'Écologie, il comprend aussitôt quelle belle caisse de résonance le Grenelle de l'environnement peut représenter pour lui. N'est pas bateleur qui veut. Le 26 juin 2007, il annonce vouloir inviter à Paris, *as a guest star*, l'ancien vice-président Al Gore, qui serait d'après lui « une conscience, un géant ». Ce même géant qui a bloqué, alors qu'il était vice-président des États-Unis, la signature américaine du fort timide protocole de Kyoto sur le climat. Celui-là même.

Pas de vacances pour les braves (ou presque)

Nous sommes donc fin juin, mais malgré les vacances, il faut songer à déminer, car les tenants de l'agriculture industrielle font monter les enchères. « La FNSEA n'ira pas au Grenelle de l'environnement si les agriculteurs sont au banc des accusés », déclare le même jour Jean-Michel Lemétayer, président du syndicat agricole. Moi qui connais comme vous la suite de l'histoire, comme j'aimerais rassurer Jean-Michel. Mais enfin, mais voyons, il n'y a rien à craindre !

Officiellement, les groupes de travail commencent leur dur labeur dans le courant de l'été 2007. Auront-ils beaucoup avancé à la rentrée de septembre ? Ce serait bien mal connaître notre doux pays de France. Et de toute façon, qu'importe ? Dans son style (heureusement) inimitable,

Jean-Louis Borloo annonce le 9 juillet : « Quoi qu'il arrive, nous mettrons en place des programmes opérationnels. Et s'il y a désaccord, il pourra y avoir des arbitrages démocratiques. » Formidable.

Hélas, le 24 juillet, le journal *Le Monde* révèle ce que tous les initiés savent déjà : ça coince, ça hurle, ça se bouscule, ça se flingue. Les patrons veulent plus de postes. Comme il y a des quotas, on crée opportunément une nouvelle catégorie où apparaissent de nobles figures morales, parmi lesquelles des « paysans » industriels ou des employés de Total. Côté écologistes, une guerre larvée commence, qui n'avouera jamais complètement son nom. Les historiques de France Nature Environnement, qui se sentent nettement plus égaux que les autres, obtiennent après une belle opération de lobbying la moitié des postes. Le reste ira au regroupement des autres, c'est-à-dire l'Alliance pour la planète, qui réunit des dizaines de groupes souvent minuscules et les mastodontes que sont le WWF et Greenpeace. La Fondation Hulot se voit reconnaître, de son côté, un poste partout. C'est la prime bien connue « vu à la télé ». Je ne peux ici écrire ce que certains acteurs écologistes de premier plan m'ont alors dit. Le niveau de violence qui régnait dans les coulisses entre associations concurrentes. Outre que cela conduirait à des procès, on ne me croirait pas.

En août, on se repose des chamailleries. Normal. Le 23, Hervé Kempf, dans *Le Monde*, annonce qu'on va se mettre au travail. Notons qu'il y a tout de même eu quelques réunions en juillet. De simples tours d'horizon, mais qui autorisent Jadot, de Greenpeace, à claironner : « On parle des solutions, et non plus du diagnostic de la crise écologique, qui ne fait pas débat. » Nous voilà propulsés en quelques mots dans le monde enchanté des contes pour enfants sages. Il n'y aurait pas de débat sur l'existence d'une crise écologique avec tous ceux qui ont tant aidé à la provoquer. Les gens du Medef, les grands ingénieurs d'État, la FNSEA. Le monde est devenu beau à pleurer. Serge Orru, du WWF, s'attend à ce que « l'écologie pollinise la société française ». Bienvenue chez Maya l'abeille.

Pour quelques heures de réunion

30 août. Attention les yeux. Arnaud Gossement, porte-parole de France Nature Environnement : « Premier mérite [du Grenelle], les acteurs sont contraints de se mettre autour d'une table. Deuxième mérite : les associations ne sont pas vues comme des contestataires irresponsables, mais reconnues dans leurs compétences et mises au même niveau que les autres partenaires sociaux. » On se pince. Ce que c'est qu'une révolution, quand même. Autre lucide incomparable, Christophe Aubel, de la Ligue dite Roc (voir chapitre 6) : « Nous avons eu des assurances du gouvernement pour qu'un comité de suivi se charge de veiller à ce que les décisions qui seront prises ne soient pas dénaturées ou amoindries. » Mais n'est-ce pas un point de vue trop extrémiste ?

En septembre, et pendant trois courtes semaines, les « groupes de travail » se réunissent. Quatre fois. Avec un petit bonus dans certains cas. Ainsi, dans celui présidé par Nicole Notat, on a droit à une réunion supplémentaire. Ne s'agit-il pas de fonder une « démocratie écologique » ? Les associations écologistes, qui ont insisté pour obtenir cette réunion supplémentaire, triomphent devant ce qu'ils considèrent comme une grande victoire. L'un de leurs représentants annonce au *Figaro* du 17 septembre : « Cela va faire jurisprudence pour les autres groupes. » Quel élan !

Au total, donc, quelques heures de réunion au cours desquelles des dizaines d'intervenants – après tout, ne sont-ils pas là pour cela ? – demandent à parler. Calculer le temps de parole théorique dévolu à chacun. Les Espagnols ont un mot magnifique pour décrire cela, qui leur vient d'ailleurs de l'arabe : *algarabía.* Parmi d'autres sens possibles, j'en retiens deux : vacarme, charabia. Et tandis que les paroles s'envolent au vent des palabres, notre président Sarkozy prépare un beau voyage qui doit le conduire, le 24 septembre, à la tribune de l'ONU. Objet du discours : la lutte contre le réchauffement climatique. On atteint de suite le sublime : « Il n'y a pas une énergie de l'avenir pour les pays occidentaux et des pays d'Orient qui n'auraient pas le droit d'y avoir accès », déclare le président. Et pour que les choses soient claires, il ajoute : « La France est prête à aider tout pays qui veut se doter de l'énergie nucléaire civile. » Ce n'est pas rhétorique, car en juillet, deux mois avant, la France a réussi à fourguer un contrat pour la construction d'un réacteur nucléaire en Libye, sur fond de libération des infirmières bulgares emprisonnées depuis des années par le charmant Khadafi.

Décidément non, il n'y a aucune question taboue au Grenelle de l'environnement. Sauf celles qui appartiennent au maître de l'Élysée, décidé à vendre du nucléaire « civil » à tous les satrapes de la terre, en feignant d'oublier les liens mille fois démontrés entre nucléaire « civil » et nucléaire militaire. Mais à Paris, pendant ce temps, *the show goes on.*

Et le show prend désormais la forme d'une parade. Le 27 septembre, les présidents des « groupes de travail » sifflent la fin des débats et présentent l'ensemble des propositions, tirées d'un pandémonium de centaines d'idées plus ou moins inspirées. Au total, il leur faut fourrager dans un texte de plus de mille pages. Chacun y ayant mis ce qu'il voulait, tout le monde est finalement content. La suite est aussi merveilleuse. On doit « consulter le public ». Disons, certain public, réuni dans des villes de « moyenne importance », auquel il ne sera pas demandé de proposer quoi que ce soit, mais de prendre connaissance de l'œuvre commune des forçats du Grenelle. Et, comme la démocratie n'est pas un vain mot chez MM. Borloo et Sarkozy, on ajoute même une « consultation sur Internet » qui se traduira par une expression limpide : « un clic pour la planète ». Borloo le 28, dans *Le Monde* : « Je veux des systèmes mis sous tension tout le temps. De toute façon, dans tous les cas de figure, on va faire un grand pas en avant. » Et aussi : « Le risque du Grenelle, c'est le consensus mou, le plus petit dénominateur commun. Je ne veux pas un marché de dupes où tout le monde est satisfait. » On notera que je suis soutenu dans la démarche de ce livre.

Une révolution triomphale

Nous y sommes. Nous nous approchons du but. De quinze à vingt mesures clés, « axes politiques majeurs », sont désormais sur la table. Avant de détailler, passage obligé par France Nature Environnement (FNE), fédération payée aux trois quarts par des subsides publics, et considérée, à juste titre, comme le regroupement « écologiste » le plus modéré. Le guillemet s'impose ici, car les responsables de FNE refusent

– pouah ! – le qualificatif d'écologistes, lui préférant celui d'environnementalistes. Ce n'est pas une nuance. L'environnement place l'homme au centre de la vie sur terre et s'intéresse à ce qui peut nuire à ses projets grandioses de bâtisseur. L'écologie considère, elle, l'équilibre des écosystèmes, dont dépend tout le reste, donc le sort de l'humanité. Fin provisoire de la parenthèse.

Dans un très beau document de FNE, qui date de la fin de l'été 2007, quand commencent les discussions, cette fédération écrit noir sur blanc ce qu'elle souhaite obtenir. Rappelons-le, il s'agit d'un réseau on ne peut plus réaliste, au point d'être accusé par les autres de collaboration étroite avec l'État et ses ministères. Or, FNE réclame des choses qui n'ont rien, mais alors rien à voir avec ce qui sera accordé, comme nous verrons plus loin. Je lis la première mesure réclamée dans le cadre de la « commission de travail » 1, consacrée à la crise climatique : « Suspendre les projets autoroutiers/routiers et les projets d'aéroports. » De leur côté, les « durs » de l'Alliance pour la planète demandent « un moratoire sur les projets autoroutiers et aéroportuaires et une éco-redevance sur les transports routiers de marchandises ». Les voilà d'accord. Mais seuls, alors qu'ils ne cesseront, les uns et les autres, de prétendre le contraire.

Il serait fastidieux, et surtout vexant – pour eux tous – de reprendre une par une les innombrables mesures souhaitées, désirées, murmurées souvent par les associations écologistes censées représenter notre avenir commun. Que ce soit dans le domaine de la biodiversité, de l'eau, des transports, des OGM, des pesticides, etc., chacun fait assaut de synthèses impeccables et « réalistes », faussement audacieuses, probablement dans l'espoir fou qu'elles ont quelque chance d'être finalement retenues. Je retiens cet involontaire chef-d'œuvre publié sur le site Internet de l'Alliance pour la planète (www.grenellorama.fr) le 26 septembre 2007 : « Divine surprise : la plupart des objectifs défendus par les associations écologistes ont été retenus dans les conclusions des groupes de travail ! C'est dire que les associations, fortes de leurs réseaux internationaux, de leurs expériences et leur expertise, sont porteuses de solutions concrètes à la crise écologique, rationnelles tant du point de vue environnemental que du point de vue économique et social. »

À l'arrivée, les propositions retenues des « groupes de travail » sont simplement grotesques. Pas *in abstracto,* soyons gentil, mais grotesques pourtant si l'on songe que la plupart des écologistes représentés ne cessent de clamer que la planète tout entière est en danger, et que l'urgence écologique, pour reprendre une vieille expression oubliée, nous mord la nuque. Mais prenons quelques exemples. Alors que la loi – la Loi – française de 2005 prévoit de diviser par quatre nos émissions de gaz à effet de serre à l'horizon 2050 – par rapport à 1990 – le « groupe de travail » du Grenelle propose de faire redescendre les émissions des seuls transports à leur niveau de 1990 en quinze ans. Problème de CM2 : à ce rythme, combien de siècles faudra-t-il pour diviser d'un facteur 4 nos émissions globales ?

Et tout à l'avenant. L'interdiction des lampes à incandescence en 2008 – rien bien sûr sur ces nouveaux appareils en état de veille permanent –, la mise aux normes des stations d'épuration d'ici 2012, le triplement des surfaces de l'agriculture bio d'ici 2010 – nous y sommes, rien n'a bougé –, une « trame verte » reliant les parcs naturels protégés, etc. Ne pas oublier la « rupture technologique » prévue dans le bâtiment dès 2008, qui doit faire baisser drastiquement les dépenses d'énergie. Il est vrai que Jean-Louis Borloo est expert en promesses immobilières. On croit à une énorme blague de potaches. Mais on n'a encore rien vu.

Laissons de côté les effets de manche sur le moratoire concernant les cultures OGM. C'est un feuilleton en soi, distrayant ô combien, mais qui chargerait encore la barque. Deux mesures vont, en plus de cette question, polariser l'attention. D'abord, les pesticides. Marqueurs désormais indiscutables d'un empoisonnement universel, ils sont à juste titre honnis par la population tout entière. Des sondages concordants montrent que plus de huit Français sur dix veulent une réduction significative de leur usage. Mais pas l'industrie. Et donc pas le gouvernement. Que faire ? N'écoutant que leur audace, les écologistes du Grenelle réclament une diminution de 50 % du volume de pesticides utilisés en France. Un peu de patience.

Et le perdant est… la taxe carbone

La deuxième mesure, et la seule d'ailleurs à obtenir un semblant de clivage, concerne la « taxe carbone ». En deux mots, il s'agit de taxer de manière progressive les usages innombrables de ce maudit carbone, qui finit en CO_2 dans l'atmosphère, aggravant chaque jour la crise climatique. Portée par Nicolas Hulot, très bien expliquée par ses deux experts Jancovici et Grandjean, elle est en vérité décisive. Acceptée, elle ouvre la voie à des usages moins fous de l'industrie au sens le plus large. Mais le sera-t-elle ? Pour Hulot, qui a, en la circonstance, bien raison, c'est à cette aune qu'on devra juger le succès, ou l'échec, du Grenelle. Le

24 octobre, il déclare à *Libération* : « Le déterminant du Grenelle sera d'être capable de donner un prix au carbone. » Ce n'est peut-être pas aussi léger qu'un duvet de canard eider, mais c'est en tout cas solide. Le même à l'AFP, le lendemain : « Elle [la taxe] augmenterait progressivement chaque année jusqu'à atteindre cet objectif primordial si l'on veut vraiment éviter la catastrophe climatique. » Et d'ajouter avec un rien d'imprudence : « Je ne peux pas imaginer qu'elle puisse passer à la trappe. J'ai de bons signaux. » Naïveté, quand tu nous tiens, ce n'est pas pour rire.

Les amusements divers s'achèvent par un feu d'artifice de deux jours, à partir du 24 octobre. Il faut faire une belle synthèse de tout ce qui a été brassé pendant un mois. Jean-Louis Borloo réunit donc son petit monde, lequel signera à l'unanimité un catalogue de mesures qui feront dire à Alain Capmas, représentant du Medef : « La plupart des mesures adoptées créent de l'activité et des emplois, nous ne pouvons pas être contre. » En effet. Pour un écologiste préoccupé par l'état réel du monde, le résultat est consternant. Le vide est sidéral. Sidérant. Une poignée de mesurettes, pour l'essentiel favorables au BTP, comme la rénovation énergétique de l'habitat, un gel des cultures OGM alors qu'on ne plante déjà plus – c'est l'automne –, en attendant une loi qui ne viendra pas, une pastille verte sur les bagnoles. Même la dérisoire proposition de diminuer de 10 km/h la vitesse sur les routes a été refusée.

Bien plus significative des vrais rapports de force : l'affaire des pesticides. Pendant tout le mois d'octobre, ceux de l'Alliance pour la planète font monter la pression auprès des journalistes, car ils croient obtenir une mesure politique forte, en tous cas lisible, susceptible de frapper une opinion sensible à la question. On l'a dit, leur but est d'obtenir une réduction de 50 % du volume utilisé en France. Au passage, quelle étrange demande ! Si un produit est un poison global et cumulatif – il n'y a plus de vrai débat sur le sujet –, faut-il demander sa diminution ou sa disparition ? Passons.

Passons, car la suite est burlesque. Le 25 octobre 2007, deuxième et dernier jour des synthèses des « groupes de travail », communiqué triomphal de l'Alliance pour la planète. Son titre : Victoire sur les pesticides ! L'Alliance « félicite Jean-Louis Borloo de son engagement à réduire de 50 % les pesticides en dix ans ». Et mon ami François Veillerette, avec qui j'ai écrit un livre sur le sujet (*Pesticides, révélations sur un scandale français*, Fayard) – son association, le MDRGF, est membre de l'Alliance –, exprime que « la France, premier pays consommateur de pesticides en Europe, s'engage enfin sur la voie d'une agriculture moderne et respectueuse de l'environnement et de la santé ».

Et si par extraordinaire ce pouvait être vrai ? Seulement, c'est faux, même archifaux. S'absentant de l'ultime réunion où tout le monde est déjà prêt à sabler le champagne, le patron de la FNSEA, Jean-Michel Lemétayer, revient faire une déclaration solennelle. Gageons qu'il aura pris quelques assurances auprès de qui de droit. On l'espère même, car il s'exprime alors en ministre de la République. Une réduction de 50 % des pesticides en dix ans ? Niet. Il faut ajouter à cette proposition : « si c'est possible », c'est-à-dire si des méthodes de remplacement ont été mises au point. Évidemment, cela change tout. Piteux, Borloo confirme Lemétayer, osant nier tout cafouillage. La sénatrice verte Marie Blandin, qui connaît, elle, la musique, accuse fort justement le patron de la FNSEA d'avoir « ruiné en quelques minutes les quatre mois de travail et de débats constructifs entre les représentants des ONG et des syndicats agricoles, sur le sujet sensible des pesticides, pour lesquels des solutions respectueuses de tous avaient été trouvées ».

Mais ce qui compte, c'est la télévision. Et ce que l'on retiendra, c'est l'annonce d'une considérable diminution, qui n'aura pas lieu.

Enfin, la taxe carbone. J'insiste sur le fait déjà évoqué que pour Hulot, son adoption serait le signe d'un succès du Grenelle. Et du coup, son refus celui d'un échec. Or le 25 octobre, au moment des nobles synthèses, c'est le blocage. Les patrons refusent tout simplement cette fiscalité nouvelle, pourtant si cruciale. Comme les caméras attendent déjà, de même que les lanceurs de confetti, on s'en tire par une pirouette. Le lendemain, Nicolas Sarkozy doit tirer le bilan des travaux du Grenelle, et c'est lui qui arbitrera cette question épineuse. Retenons notre souffle, le suspense est insupportable.

Inoubliable discours du Président

À la fin de cette même journée du 25 octobre, Nicolas Sarkozy réunit à l'Élysée – de nouveau, difficile de ne pas penser à *Tentative de description d'un dîner de têtes à Paris-France*, de Prévert – tout ce qui compte dans la République, mais aussi deux Prix Nobel de la paix, qu'on va découvrir, et le président de la Commission européenne, le très libéral Manuel Barroso. Je viens de réécouter ce discours (www.auriol-ensemble.over-blog.fr/article-33371973.html), qui m'a arraché plus d'une fois un rire tonitruant. On voit, c'est-à-dire que l'on voit combien Sarkozy se contente d'ânonner ce qu'un conseiller lui a préparé. Les mots lui sont étrangers. La syntaxe et l'ordonnancement lui sont inconnus. C'est distrayant. Mais que dit-il ? Voyez cet extrait, qui ouvre pratiquement le bal : « Je veux saluer José Manuel Barroso, président de la Commission européenne, qui témoigne ici de l'engagement de l'Europe pour le développement durable. Je sais que grâce à lui nous pouvons compter sur le soutien de la Commission pour mener à bien la véritable révolution que nous voulons entreprendre. Car c'est bien à une révolution que nous invite ce Grenelle de l'environnement qui achève aujourd'hui le premier temps de ses travaux. Une révolution dans nos façons de penser et dans nos façons de décider. Une révolution dans nos comportements, dans nos politiques, dans nos objectifs et dans nos critères. Je veux dire à José Manuel Barroso le soutien total de la France et, s'il me le permet, mon amitié personnelle.

Je veux également saluer la présence de monsieur le vice-président Al Gore, de madame Wangari Maathai, tous deux Prix Nobel de la paix. Ils sont de ceux qui incarnent cette révolution, qui l'ont voulue avant tout le monde, qui ont annoncé sa nécessité avant tous, qui n'ont pas hésité, notamment vous, monsieur le président Al Gore, à braver le scepticisme dans votre propre pays, à bousculer les préjugés et à vous attaquer aux conservatismes. »

Est-ce assez bouffon ? Barroso présenté comme le garant d'une révolution totale, voilà la preuve que l'humour existe encore. Cette grande scène majestueuse – décidément, il faut regarder les images – se déroule dans les grands salons de l'Élysée, devant un considérable parterre. Et personne ne pouffe tandis que Sarkozy enfonce une nouvelle fois le clou.

Extrait : « Il faut avoir le courage de décider autrement, de changer les méthodes, de préférer la décision issue de la négociation plutôt que la décision issue de l'administration. » Extrait : « C'est un changement complet dans la logique de décision gouvernementale. C'est une révolution dans la méthode dont on mesurera les implications dans quelques années. » Extrait : « Premier principe : tous les grands projets publics, toutes les décisions publiques seront désormais arbitrés en intégrant leur coût pour le climat, leur "coût en carbone". » Extrait : « Il est grand temps de prendre au sérieux l'usage croissant de produits pesticides, dont nos agriculteurs sont les premières victimes. » Ma foi, c'est grand.

Restait, avant le crépitement des flashes, la question de la taxe carbone. Le président avait annoncé qu'il arbitrerait ce petit litige, et il tient parole. Car c'est un homme de parole. Extrait : « Je m'engage à ce que la révision générale des prélèvements obligatoires se penche sur la création d'une taxe "climat-énergie" en contrepartie d'un allégement de la taxation du travail pour préserver le pouvoir d'achat et la compétitivité. » Une phrase aussi alambiquée mérite un petit commentaire. La taxe carbone est remise à plus tard, quand les poules seront dotées de dents et enfin débarrassées de plumes pour cause de changement climatique. C'est un doigt d'honneur, mais il est exprimé poliment. Bien entendu, des écologistes aussi fervents que Nicolas Hulot auraient aussitôt dû crier à l'imposture. Ne faisaient-ils pas eux-mêmes de cette mesure l'alpha et l'oméga du Grenelle de l'environnement ? Mais rien. Si, des sourires, des passages aux journaux télévisés, des claques dans le dos, des cris de triomphe. Pourquoi tant de haine (contre la vérité) ? Dans *Le Point* daté du 1er novembre 2007, Hulot se montre d'une rare mesure. Le

Grenelle ? « C'est un virage ! C'est un changement de civilisation ! C'est un changement d'ère ! » On songe à la tirade du nez dite par le Cyrano de Rostand. Jean-Louis Borloo est décrit par ce même journal comme « hilare », tapant dans le dos des participants écologistes du Grenelle. Seulement, de quoi rit-il au juste ?

CHAPITRE 8

Le couperet (sans lame) de la Loi

Ah, Guignol ! Encore, encore ! Tous les personnages du petit théâtre lyonnais sont là : Gnafron et Madelon, le gendarme, Canezou, le voleur, la baronne. Que de coups de bâton ! Que d'aveuglement ! Les lois Grenelle 1 et Grenelle 2 sont une vraie franche rigolade. Attention, Guignol, là, derrière toi !

Scène première : le Grenelle 1

Voici venu le temps des récoltes. *Que cent fleurs s'épanouissent*, comme dirait l'autre, car les meilleures blagues ont une fin. Il faut un jour faire voter des lois. C'est une figure obligée. Notons quelques dates. En octobre 2007, la France connaît donc une « révolution écologique ». L'Assemblée nationale, saisie en première lecture en octobre 2008 du Grenelle 1, votera une seconde fois en juin 2009, avant passage devant le Sénat qui rend la loi définitive le 5 août 2009.

Nos amis écologistes du Grenelle avaient-ils songé à ces menus détails ? C'est à se demander. Toute l'histoire des lois est pourtant celle du lobbying forcené. Les industriels du nucléaire, de l'eau, des pesticides, des déchets, du BTP, de l'agriculture, de l'agroalimentaire et de bien d'autres possèdent – comme c'est bizarre – d'innombrables salariés chargés de cajoler les parlementaires. Dans un livre paru en 2006 chez Fayard (*Des députés sous influence*), Hélène Constanty et Vincent Nouzille rapportent des faits d'une très grande clarté. Des lobbyistes professionnels disposent de vrais-faux badges d'entrée à l'Assemblée nationale, qui leur permettent d'aller papoter à la buvette, et plus si affinités. Ou bien rémunèrent des interventions lors de colloques *ad hoc*. Ou aident à la création de « groupes d'étude » opportuns. Ou rédigent gracieusement des amendements clés en main. Ou paient de sympathiques voyages studieux sous des cieux toujours bleus.

Au service des élus et de l'industrie (le cas Lesperat)

De ce point de vue, il faut citer le remarquable, mais en fait banal, exemple de madame Sandrine Lesperat. En 2004, cette jeune femme est attachée parlementaire du député UMP du Var Jean-Michel Couve. Au début de 2005, elle est approchée par un cabinet de lobbying, Domaines publics, dont 51 % des parts appartiennent à un certain Frédéric Lefebvre. Lequel démontrera son élégance en tant que porte-parole de l'UMP avant de devenir en novembre 2010 secrétaire d'État de Sarkozy. Et elle va accepter sans problème, en juin 2005, de devenir *en même temps* lobbyiste de l'Association nationale des industries agro-alimentaires (Ania). Cela n'a bien entendu rien à voir, mais la journaliste Marie Bénilde rapporte en mars 2007 (*Le Monde diplomatique*) comment le lobby agroalimentaire est parvenu à saboter les décrets d'application d'une loi sur la santé publique votée en 2004 pour tenter de lutter contre l'épidémie d'obésité.

Candidate UMP à Paris aux municipales de 2008, madame Lesperat continue d'être habitée par une conception personnelle du service public. Citation d'un communiqué de British American Tobacco – numéro 2 mondial du tabac, présent dans cent quatre-vingts pays – en date du 9 septembre 2009 : « Mlle Sandrine Lesperat, ancienne collaboratrice de MM. Frédéric de Saint-Sernin, Jean-Michel Couve et Frédéric Lefebvre, est nommée responsable des Relations institutionnelles de British American Tobacco France. » Défendre auprès des institutions, notamment électives, une industrie qui tue 60 000 Français par an, c'est un métier.

Évidemment, entre octobre 2007 et octobre 2008, tous les braves gens comme madame Lesperat, qui savent comment tricoter ou détricoter une loi, s'activent de petit-déjeuner en dîner auprès d'élus par définition sensibles à l'intérêt général. Pour mieux comprendre, et parce qu'il ne s'agit hélas pas d'un fantasme, prenons le cas exemplaire du comité Noé. Dans le rôle du grand ordonnateur, Thierry Coste, lobbyiste assumé de toutes les causes antiécologistes. Dans un livre paru en 2006 (*Le Vrai Pouvoir d'un lobby*, Bourin éditeur), Coste admet sans détour être un flic. Il est non seulement un « chasseur d'informations », conduisant des « stratégies d'investigation », mais aussi un spécialiste de « l'information stratégique », dont le travail « s'apparente plus souvent à celui de l'espion ». Son cabinet Lobbying et Stratégies ne recule pas devant des moyens de guerre économique, des méthodes d'infiltration de l'adversaire, qui passent par l'usage de taupes, etc.

Le comité Noé et le noble Patrick Ollier

Ce pourrait être comique, mais Coste n'est pas n'importe qui. Longtemps conseiller du mouvement extrémiste Chasse, pêche, nature et traditions (CPNT), il demeure au service de la Fédération nationale des chasseurs (FNC). Et c'est justement au siège de cette dernière, à Issy-les-Moulineaux, qu'il réunit le 13 juin 2007 – est-ce drôle ? le Grenelle commence – une longue tablée d'amis de la nature. Les chasseurs sont là, bien entendu, mais aussi le syndicat de l'agriculture industrielle, la FNSEA, mais encore l'Union nationale des associations de piégeurs de France (Unapaf) – ceux qui vont buter les blaireaux jusqu'au fond de leurs terriers –, la surpuissante Assemblée permanente des chambres d'agriculture (Apca), les amateurs de chasse à courre, etc.

L'heure est grave. Il s'agit de contrer à toute force la montée dans l'opinion de ceux qui défendent les animaux, qu'ils soient sauvages ou d'élevage. Il faut comprendre, aussi. Si par malheur des lois sont votées en faveur ou un peu moins en défaveur des cerfs, des poulets de batterie, des porcs et des sangliers, il est certain que le chiffre d'affaires de ces messieurs et dames s'en ressentira. On crée donc ce jour, en toute discrétion, le comité Noé. « Disons qu'il s'agit d'un comité informel de gens très formels, raconte Coste[1]. Les industries du porc, du bœuf, des ovins, de la volaille, celle du cirque en font partie. Nous nous réunissons régulièrement, mais comme vous vous en êtes rendu compte, nous intervenons peu en public. Ce qui ne veut pas dire que nous ne faisons rien. »

1. Entretien avec l'auteur, cité dans le livre *Bidoche* (LLL, 2009).

Sur ce plan, on peut lui faire toute confiance. Si l'on examine le premier communiqué du comité Noé, presque clandestin, tout est excellemment résumé : « Ce comité est une force de lobbying au plan national et européen qui rassemblera les principales organisations d'utilisateurs et de gestionnaires d'animaux domestiques et sauvages afin de mieux résister à la montée en puissance des lobbies de la protection animale dont l'intégrisme est de plus en plus évident (...) chacun s'accorde à penser qu'il faut mettre en commun des moyens d'action, afin d'influencer le plus en amont possible les pouvoirs publics, à l'échelle nationale et européenne. »

Poursuivons par ce qui semble bien être la première apparition de ces « moyens d'action ». Nous sommes le 7 octobre 2005, à l'Assemblée nationale. Patrick Ollier (UMP) mène les débats, en sa qualité éminente de président de la Commission des affaires économiques de l'Assemblée. Il n'est pas encore ministre chargé des Relations avec le Parlement – ce qu'il deviendra en novembre 2010 –, qui est un poste qu'on qualifiera d'intéressant. Ce 7 octobre 2005, Ollier est le maître d'œuvre d'un colloque tenu dans les locaux de l'Assemblée. Coût estimé : 90 000 euros. Ce n'est pas rien, mais l'affaire le mérite, car il s'agit des « Premières rencontres nationales sur le bien-être animal ». Officiellement, l'organisateur s'appelle Jean-Claude Lemoine, député (UMP) et président du célèbre groupe Chasse de l'Assemblée.

Tout va pour le mieux jusqu'à ce fâcheux communiqué de la députée socialiste Geneviève Gaillard. Elle y dénonce « cette vaste farce » qui « se révèle une tentative d'OPA sur la protection animale ». Farce ? Thierry Coste a tout mijoté depuis les coulisses. Seuls les élus de droite étaient conviés, seule une association amie – l'antique Société protectrice des animaux (SPA) – était admise, et tous les membres du futur comité Noé sont bel et bien là.

Une conjuration ? Mais non ! Une convergence de vue. Au lendemain du colloque, l'Union nationale des associations de piégeurs de France (Unapaf) du (futur) comité Noé écrit un noble texte qui commence ainsi : « Colloque Bien-être animal à l'Assemblée nationale : un sans-faute. Les Premières rencontres nationales sur le bien-être animal viennent de se tenir à l'Assemblée nationale à l'initiative de Jean-Claude Lemoine, député de la Manche et président du groupe Chasse de l'Assemblée nationale. Contre toute attente, les organisateurs ont réussi un sans-faute en permettant la tenue d'un véritable débat contradictoire entre les représentants d'organisations qui généralement sont opposés en matière de protection animale. »

Ce même mois d'octobre 2005, le magazine en ligne *Chassons.com* écrit pour sa part : « Les Premières rencontres nationales sur le bien-être animal viennent de se tenir à l'Assemblée nationale à l'initiative de Jean-Claude Lemoine, député de la Manche et président du groupe Chasse de l'Assemblée nationale. Contre toute attente, les organisateurs ont réussi un sans-faute en permettant la tenue d'un véritable débat contradictoire entre les représentants d'organisations qui généralement sont opposés en matière de protection animale. »

Cela ressemble, non ? Et l'on retrouvera le même texte, à la virgule près, dans toute une série de publications très attachées à la cause de la nature et des animaux. Je tiens la liste à disposition. Dernier point avant de lasser le lecteur : la lettre de Michel Fuzeau, directeur de cabinet de Dominique Bussereau, alors ministre de l'Agriculture. Fuzeau répond le

19 avril 2007 à un courrier de Dominic Hofbauer, responsable de l'association Protection mondiale des animaux de ferme (PMAF). Impossible de détailler ce très savoureux échange, mais le fait est que Fuzeau envoie aux pelotes Hofbauer en s'appuyant, notamment, sur la tenue d'un colloque de l'Assemblée nationale, celui présidé par Ollier, évidemment.

Pas touche au foie gras, barbares !

Un chef-d'œuvre de légitimation croisée, qui tisse une toile de plus en plus solide. L'industrie de la viande au sens le plus large, se sentant menacée par la montée en puissance de considérations éthiques sur le bien-être animal, décide de réagir. Un colloque prestigieux, relayé par les « partenaires » de l'opération, le tout repris dans un courrier officiel d'un des grands ministères de la République. Le comité Noé n'existe pas encore qu'il vient de démontrer la puissance de son lobbying. Fin provisoire de cette historiette : la séance du 17 octobre 2005 à l'Assemblée nationale. Nos députés y discutent de la loi d'orientation agricole, ce qui est décisif pour nos écosystèmes malmenés depuis des décennies par l'industrie de l'agriculture. Un député propose un amendement qui sert admirablement les intérêts du foie gras. Il affirme : « Le foie gras fait partie du patrimoine culturel et gastronomique protégé en France. On entend par foie gras, le foie d'un canard ou d'une oie spécialement engraissé par gavage. » Cela, au moment où la France produit plus de 80 % du foie gras mondial, accusée à juste titre de martyriser oies et canards. C'est une manœuvre évidente, destinée à sanctuariser cette industrie contestée.

C'est alors que Patrick Ollier, président de la Commission des affaires économiques, se lève. Et c'est beau. Je crois qu'il faut lire jusqu'au dernier mot. « Je signale d'abord, dit-il, que j'avais demandé à cosigner cet amendement mais que cela n'a pas été possible. Je ne sais pas si c'est le Périgourdin qui se réveille en moi mais il me paraît indispensable que cet amendement soit voté. Je sais qu'il est déclaratif et pas normatif, mais, si nous voulons nous opposer publiquement et fortement à des initiatives prises au niveau de l'Europe, c'est bien par ce genre d'amendements qu'il faut le faire, il n'y a pas d'autre moyen. Je souhaite que nous nous retrouvions tous à l'unanimité pour défendre les productions de foie gras et l'élevage des oies et des canards à engraisser.

On a parlé du bien-être animal. Lors d'un colloque fort intéressant organisé jeudi dernier par Jean-Claude Lemoine [ce fameux colloque évoqué plus haut], où il y avait énormément de monde et où vous êtes d'ailleurs passé rapidement, monsieur le ministre (…) La question qui se pose, c'est s'il y a maltraitance des animaux lorsque l'on produit du foie gras. Les progrès considérables réalisés par les producteurs, ces trente mille producteurs dont M. Roumegoux parlait à l'instant, démontrent, si l'on se donne la peine de voir comment les choses se passent, qu'il n'y a peut-être pas de bien-être mais qu'il n'y a pas de maltraitance. »

L'heure est venue des trois coups (de bâton)

Inutile de se faire mal plus longtemps. Les lobbies ayant chanté (et fait chanter) tout l'hiver 2007, ainsi que tout le printemps 2008, la Loi arrive enfin en majesté. Que faut-il en dire ? Cela pourrait être très bref. Dans son discours du 25 octobre 2007, clôturant les prétendus travaux du Grenelle de l'environnement, Nicolas Sarkozy, dont quelque conseiller lui avait écrit de nombreux trémolos, déclarait par exemple : « Premier principe : tous les grands projets publics, toutes les décisions publiques seront désormais arbitrées en intégrant leur coût pour le climat, leur "coût en carbone". Toutes les décisions publiques seront arbitrées en intégrant leur coût pour la biodiversité. Très clairement, un projet dont le coût environnemental est trop lourd sera refusé.

Deuxième principe, nous allons renverser la charge de la preuve. Ce ne sera plus aux solutions écologiques de prouver leur intérêt. Ce sera aux projets non écologiques de prouver qu'il n'était pas possible de faire autrement. Les décisions dites non écologiques devront être motivées et justifiées comme ultime et dernier recours. C'est une révolution totale dans la méthode de gouvernance de notre pays et nous allons appliquer immédiatement ce principe à la politique des transports. »

Je sais bien que cette novlangue faite de gouvernance et de « coût carbone » est indigeste au possible, mais il faut lire avec lenteur. Ce qu'annonce Sarkozy est un vrai changement. Pas une révolution, non. Un changement de taille. Seulement, ces beaux principes ont mystérieusement disparu de la loi dite Grenelle 1. Par enchantement. La pétition de principe élyséenne aurait dû figurer dans le préambule de la loi, au plus tard dans l'article 1. Or ce dernier note tout autre chose : « Pour les décisions publiques susceptibles d'avoir une incidence significative sur l'environnement, les procédures de décision seront révisées pour privilégier les solutions respectueuses de l'environnement, en apportant la preuve qu'une décision alternative plus favorable à l'environnement est impossible à un coût raisonnable. » Cela ne veut plus rien dire. C'est la porte ouverte à l'éternelle bataille perdue entre le pot de terre – nous – et le pot de fer – eux, la technostructure, l'industrie, le pouvoir.

Et tout est à l'avenant, au point qu'il est inutile de détailler. Quelques points tout de même. Sur la décisive taxe carbone chère au cœur naïf de Nicolas Hulot, seule capable de peser sur les émissions de gaz à effet de serre, nous avons vu dans le chapitre précédent le sort qui lui a été fait dès octobre 2007. Mais il faut ajouter que Sarkozy, après force moulinets, avait déclaré dans son beau discours : « Je m'engage à ce que la révision générale des prélèvements obligatoires se penche sur la création d'une taxe "climat-énergie"... » La loi n'en parle pas.

Sarkozy, à propos de la rénovation thermique des bâtiments : « L'enjeu majeur se situe dans les 30 millions de logements et de bâtiments anciens. Nous allons doubler le nombre de bâtiments anciens rénovés chaque année et porter à 400 000 par an le nombre de logements anciens rénovés. » La loi se contente de « fixer l'objectif » de 400 000 logements rénovés par an à partir de 2013. Demain, on rasera gratis. Et demain, tiens, c'est après l'élection présidentielle de 2012. Au passage, la « rénovation énergétique » se donne pour but ultime de ramener 800 000 logements sous la barre de « 150 kilowattheures d'énergie primaire par mètre carré ». Cela ne dit rien à personne, il est vrai. Prenons cela autrement : les techniques existantes permettent de parvenir à 80 au lieu de 150, près de deux fois moins. Triomphal.

Sarkozy : « Le Grenelle propose une rupture, eh bien, je propose de la faire mienne. La priorité ne sera plus au rattrapage routier mais au rattrapage des autres modes de transports. » La loi : « L'État veillera à ce que l'augmentation des capacités routières soit limitée au traitement des points de congestion, des problèmes de sécurité ou des besoins d'intérêt local en limitant les impacts sur l'environnement. » Eh eh, on ne se refait pas. Il est un point qui me tient à cœur et que je ne peux laisser passer, celui de ce crime de masse appelé, selon les personnes, bio ou agrocarburants[1]. L'Europe produit ou importe massivement des plantes alimentaires destinées à obtenir un carburant automobile, dans un monde qui compte un milliard d'affamés chroniques. Sarkozy : « Nous devons également revoir la politique de soutien aux biocarburants pour l'avenir et sans remettre en cause les engagements pris. Je souhaite que la priorité soit donnée au développement des biocarburants de deuxième génération plus pertinents face au défi environnemental et au défi alimentaire. » Bien entendu, il ne sait rien du sujet. Il ne sait pas, et s'en moque d'ailleurs, que ces éventuels biocarburants de deuxième génération ne verront peut-être jamais le jour au plan industriel. Et que même si cela arrivait, ceux qui existent déjà – à base d'huile de palme, de manioc, de maïs, de blé, de tournesol, de canne à sucre – auraient déjà affamé un peu plus les affamés. Il s'en fout, mais il en parle. La loi aussi, à la manière torve qui est la sienne, et qui laisse toute place au grand déferlement : « La France soutiendra aux niveaux européen et international la mise en place d'un mécanisme de certification des biocarburants tenant compte de leur impact économique, social et environnemental. Une priorité sera

1. Voir *La Faim, la bagnole, le blé et nous* (Fayard, 2007).

donnée au développement de la recherche sur les biocarburants de deuxième et de troisième génération. »

Bien d'autres choses avaient été promises au Grenelle, qui ne figurent pas en toutes lettres dans le discours de notre Prince. Et elles ont été oubliées en route, comme tout ce qui touche par exemple au lobby automobile – dont le fret routier – ou de l'aviation. La loi Grenelle 1 n'est qu'un habillage peinturluré d'une société qui ne veut évidemment pas changer d'un iota. Et s'il en fallait une preuve, elle se trouverait aisément dans l'usage des mots. On n'accordera jamais trop d'importance aux mots. Le texte de la loi évoque pour la forme la « lutte contre le changement climatique ». Mais au moment d'entrer dans le concret – nous sommes pourtant tenus de diviser par quatre nos émissions de gaz à effet de serre d'ici 2050, par rapport à 1990 –, des broutilles. Ou plutôt, un mot qui signifie qu'on ne fera rien, celui d'adaptation. Il s'agit en vérité de s'adapter aux conséquences, sous-entendues inévitables, du dérèglement climatique. Deux exemples tirés du texte. Le premier : « Un plan national d'adaptation climatique pour les différents secteurs d'activité sera préparé d'ici à 2011. » Le second : « Dans le domaine de la lutte contre le changement climatique : mettre en place une stratégie locale d'adaptation aux conséquences du changement climatique. »

La biodiversité ? Vite, un discours

Encore un peu d'humour noir ? L'article 23 de la loi fait référence à la biodiversité. Rappelons que les biologistes de la conservation sont à peu près unanimes à décrire une crise des formes de vie sans précédent depuis – au moins – la cinquième crise d'extinction des espèces, qui a emporté les dinosaures voici soixante-cinq millions d'années. La situation n'est pas grave, elle est apocalyptique. Mais pas en France, oh non ! La loi aligne une série de vœux pieux utilisant des mots aussi puissants que : « mise en œuvre », « mise en place », « renforcement », « réalisation des documents d'objectifs », etc. Bien entendu, nulle mention n'est faite du lancement en fanfare, en 2004, de la « Stratégie nationale pour la biodiversité », qui a lamentablement échoué. Le 10 février 2004, l'insubmersible Roselyne Bachelot, alors ministre de l'Écologie, déclarait : « Notre pays, évidemment, n'échappe pas hélas à la perte de biodiversité constatée au niveau mondial. Aussi, la finalité globale de la stratégie française est clairement de stopper la perte de biodiversité d'ici 2010, comme s'y sont d'ailleurs collectivement engagés les pays de l'Union européenne.

En métropole, 10 % de notre flore, soit près de 490 espèces ou sous-espèces végétales, sont en sursis ; 19 % des vertébrés ont disparu ou sont gravement en péril ; 35 % des espèces de mammifères sont considérées comme en danger ou vulnérables, ainsi que 18 % des oiseaux nichant sur notre territoire ; et 50 % de nos zones humides ont été détruites dans les trois dernières décennies. »

Avez-vous bien lu ? 35 % des mammifères en danger ou vulnérables ! Mais dans la loi, pas un mot sur le loup, revenu en France naturellement depuis l'Italie, après son extermination dans les années vingt du siècle passé. Pas un mot, alors que les deux cents loups qui vivent chez nous – ils étaient des milliers il y a cent cinquante ans – sont pourchassés par des braconniers sans que nulle police ne s'interpose. Et pas un mot sur l'ours, que des potentats pyrénéens ont conduit à la disparition. Et pas un mot sur la réintroduction d'ours venus de Slovénie, commencée en 1996, et vitale pour l'avenir de cet animal en France. En revanche, on trouve cette perle rare, destinée à « stopper la perte de biodiversité sauvage et domestique » : la France s'engage à mettre en place « d'ici à 2013 des plans de conservation ou de restauration compatibles avec le maintien et le développement des activités humaines afin de protéger les espèces végétales et animales en danger critique d'extinction en France métropolitaine et outre-mer ».

Prenez tout le temps nécessaire. Lisez et relisez, nous ne sommes plus si pressés. Le statut de danger critique d'extinction est rigoureusement défini par les scientifiques de l'Union internationale pour la conservation de la nature (UICN). Les listes de l'UICN font autorité dans le monde entier, elles ne sont contestées par personne. Disons pour faire simple qu'un animal « en danger critique d'extinction » est foutu. Ce n'est pas compliqué à comprendre : foutu. On trouve dans la liste, et je jure que je pioche au hasard, l'alligator de Chine. Moins de deux cents individus en vie. Ou encore le courlis à bec grêle, un oiseau vivant l'été en Sibérie. Moins de cinquante couples. Où va-t-on trouver pareille aubaine en France ?

Autrement dit, l'Assemblée propose, dans la loi Grenelle 1, de lancer sous cinq ans des plans de conservation pour des animaux ou végétaux au bord de la tombe. Mais attention, sous condition ! Sous la condition explicite d'une compatibilité avec le « maintien des activités humaines ». Dans le cas contraire, le trou est déjà prêt au cimetière. Ce serait d'une drôlerie irrésistible si ce n'était une honte totale.

Faut-il dans ces conditions insister ? Non. On y passerait la nuit, et les suivantes, car tout est semblable. Je résumerai le tout par un commentaire de Sébastien Godinot, des Amis de la Terre – une association digne –, examinant le 26 janvier 2009 une loi encore en discussion : « La table ronde du Grenelle avait abouti à un compromis qui n'était pas à la hauteur des enjeux ; à sa suite, la première mouture de la loi confirmait le manque de rupture dans le processus. L'enlisement se poursuit au Sénat, avec des amendements minimalistes, voire en régression. Alors que le gouvernement annonce ce matin un plan massif d'aide à l'avion après celui pour l'automobile, les deux moyens de transport les plus polluants au monde, la crédibilité globale du Grenelle risque de passer en dessous de zéro. »

La honte était bien au rendez-vous

Mais si les Amis de la Terre sauvent un peu, un tout petit peu, l'honneur du mouvement écologiste, que dire des autres ? Le 23 juillet 2009, France Nature Environnement, engageant ses trois mille associations, et la Fondation Hulot signent ensemble un document accablant. Accablant pour elles : « De façon générale, nos organisations tiennent à souligner l'investissement des parlementaires sur la loi Grenelle 1 dont témoigne le fait qu'à chaque lecture le Sénat et l'Assemblée nationale ont voté de façon quasi unanime. Les débats ont, par ailleurs, révélé une prise de conscience croissante de ces enjeux parmi les parlementaires. Les travaux parlementaires ont enrichi la loi sur certains points, comme le renversement de la charge de la preuve. »

Les autres ne font pas mieux. Le 10 octobre 2008, alors que l'Assemblée débat du texte, l'Alliance pour la planète, qui regroupe notamment Greenpeace et le WWF, « n'est toujours pas satisfaite du contenu des débats de la loi Grenelle 1 ». Elle appelle les sénateurs à lever toute ambiguïté sur l'amendement de promotion du chauffage électrique dit « amendement Ollier ». Sans rire. Le 25 octobre 2008, l'Alliance toujours publie un invraisemblable communiqué, qui se veut pugnace et n'est que pathétique. Deux citations. La première : « Ce matin, un an jour pour jour après le début des tables rondes finales du Grenelle de l'environnement, l'Alliance pour la planète a tenu sa conférence de presse "Grenelle +1 : bilan". Le texte adopté mardi par la très grande majorité des députés définit dorénavant le socle minimal de toute politique publique soucieuse de respecter les grands équilibres fondamentaux de la planète. »

On retiendra cette expression savoureuse de « socle », car accolée au respect des « grands équilibres de la planète », elle est sublime. Deuxième citation : « La première lecture au Parlement a montré que la majorité des députés a entendu les attentes de la société française. C'est une bonne nouvelle pour la démocratie. Cependant, l'Alliance pour la planète attend un processus démocratique renouvelé pour le projet de loi dit Grenelle 2. » Le Grand Guignol fait ici une entrée fracassante, car le comble est qu'il n'y aura pas un sou à investir, ou presque. Les gazettes économiques les plus sérieuses de la place chiffrent pourtant les promesses creuses du Grenelle à 440 milliards d'euros entre 2009 et 2020. Et le quotidien *La Tribune* du 2 mai 2008 écrit sans provoquer la moindre réaction de nos écologistes : « Lorsqu'on l'interroge sur les capacités financières que l'État est prêt à mettre sur la table pour accompagner cette "révolution", le ministre [Jean-Louis Borloo] reste très vague. » Comme c'est ennuyeux. Et le journal ajoute sans être contredit : « Mais le projet de loi ne fait l'objet d'aucun budget global précis et détaillé. » Abracadabrantesque, n'est-il pas ?

Il en faudrait davantage pour décourager le WWF, Greenpeace, la Fondation Hulot ou FNE. Reculer à ce stade serait avouer qu'on s'est laissé enfumer. Qu'on a enfumé toute la société avec des sottises alors que flambe le monde. Puis, il est si doux d'avoir désormais ses entrées au ministère. De claquer la bise à la ministre. De commencer à recevoir honneurs et prébendes. On continue ? Pardi, comment faire autrement ?

Seconde scène : le Grenelle 2

Laissez venir à nous la loi Grenelle 2. Cette deuxième fantaisie est encore plus bouffonne. Pourquoi une deuxième loi ? Pour « concrétiser » la première, qui n'est qu'une loi-cadre, censée définir les grands principes, avant que ne soient précisées les applications. Pour traduire ses magnifiques envolées en ardentes obligations, en interdictions, en autorisations. Souvent présentée comme la boîte à outils capable de rendre utilisable la loi précédente, on ne peut que plaindre à l'avance ceux qui auraient à s'en servir un jour. Un seul mot : foutraque. La pantomime commence à l'été 2009 et se poursuivra encore une année avant le vote définitif et la promulgation en juillet 2010. Sans ces si fameux décrets d'application qui font de toute loi, à ce stade, une simple déclaration d'intention. Si j'écris cela, ce n'est pas pour dire que la loi Grenelle 2 aurait été audacieuse et que des petits malins, dans l'arrière-boutique, lui auraient tranché la gorge. Que non ! Je veux juste rappeler que, même si elle avait été autre chose que du vent, il restait encore de nombreux moyens, étendus sur des années, de la vider de toute substance.

Retour aux sources pour Sarkozy

Mais revenons à la réalité, car de substance, il n'y eut pas. Citons pour le bonheur de se moquer un début de discours du ministre Borloo, dont il n'est pas exclu qu'il parvient à s'intoxiquer lui-même : « C'est un texte majeur qui vient d'être adopté. Confirmant les objectifs du Grenelle 1 qui permettait à la France de rattraper son retard en matière de développement durable, et de préparer l'avenir, le Grenelle 2 permet à la France de prendre une longueur d'avance dans l'ensemble des secteurs de la croissance verte. » Poignant.

Avant de dire ce que contient ce petit morceau de papier, deux rappels sont nécessaires. Un, Sarkozy. Le héros du « *New Deal* » écologique du Grenelle, en octobre 2007, a commencé à faire ses comptes. Certains de ses proches conseillers, crayon d'épicier sur l'oreille, l'ont aidé. Dans la perspective de sa réélection si hautement souhaitable en 2012, un certain nombre de « publics » sont à choyer. Chez notre président, on parle ainsi. Non de peuple, ni bien sûr de « classes sociales » – *horresco referens* ! –, mais de « publics ». En 2007, Sarkozy n'aurait pas gagné sans les vieux – il a fait un triomphe chez les plus de 65 ans – et les paysans et alliés, qui votent massivement pour la droite.

Ayant fait les comptes, notre président écologiste se rend le 6 mars 2010 au Salon de l'agriculture, où il lance cette phrase plaisante, qui fera le tour de tous les journaux, pour cause : « L'environnement, ça commence à bien faire. » La traduction est simultanée. Le Grenelle et les mamours aux écologistes estampillés, c'est fini. Plus tard, le 26 novembre 2010, le ministre de l'Agriculture Bruno Le Maire donnera un entretien remarquable de la première à la dernière ligne au quotidien *Libération*. En somme, cela suffit vraiment, et d'autant plus que « les agriculteurs français ne supportent pas d'avoir des règles plus strictes que leurs voisins. Vouloir systématiquement donner l'exemple, c'est se tirer une balle dans le pied ». Dans ces conditions, pourquoi avoir fait un Grenelle « français » ? Mais pour la télé, voyons. Et Bruno Le Maire d'ajouter : « Mais n'oublions pas que l'agriculture la plus propre au monde, si on parle des grands pays agricoles, c'est l'agriculture européenne. » Cet homme a un solide sens de l'humour.

Attention, Nicolas Hulot va bouder

Autre événement digne d'intérêt, peu avant le vote de la loi Grenelle 2 : la bouderie de Nicolas Hulot. Si j'utilise ce mot, c'est parce qu'il sonne juste, mais aussi pour la raison qu'il a été utilisé par le journal *Libération* dans son édition du 29 mars 2010, sous ce titre : « La Fondation Hulot boude le Grenelle de l'environnement ». Mais que s'est-il donc passé ? C'est assez simple : Nicolas Hulot a retrouvé la mémoire. Deux ans et demi plus tôt, il avait fait d'une taxe carbone le signe de la réussite – ou de l'échec – du Grenelle de l'environnement. Laquelle taxe avait été enterrée à la manière politicienne habituelle dans le fameux discours du président évoqué plus haut, celui du 25 octobre 2007.

En ce mois de mars 2010, Nicolas Hulot est colère. Mais très. Lui d'habitude si placide, si accommodant, enrage.

Libération : « La Fondation Nicolas Hulot a annoncé ce lundi qu'elle suspendait sa participation aux groupes de travail menés par le gouvernement dans le cadre des Grenelle de l'environnement et de la mer. » Et la Fondation elle-même – Hulot en personne, à n'en pas douter – d'ajouter : « L'abandon pur et simple de la taxe carbone, alors qu'un processus de concertation était en cours, est symptomatique d'un net recul de la classe politique qui, à droite comme à gauche, n'a pas pris la mesure des enjeux écologiques. »

Raison de ce courroux si noir ? Une semaine plus tôt, c'est-à-dire quinze jours après le propos de Sarkozy au Salon de l'agriculture – un hasard, soyons-en sûrs –, le Premier ministre a froidement lâché qu'il n'y aurait pas de taxe carbone en France. Deux jours après la déroute de la droite au second tour des régionales ! On assiste dans la foulée à une mise en scène plus soignée que d'habitude. Madame Chantal Jouanno, devenue depuis ministre des Sports et des tatamis, est encore à ce moment secrétaire d'État à l'Écologie. Et son cœur militant palpite tout soudain. Le 23 mars 2010, date du couperet abattu par Fillon, elle se déclare à l'AFP « désespérée de ce recul ». Désolation, détresse, accablement, quel mot pourrait être plus fort ? Mais comme dirait l'ami Sénèque (*Questions naturelles*), « il n'est point d'ennemi plus redoutable que celui dont l'audace est excitée par le désespoir ».

Chantal Jouanno rejoint la Bande à Baader

Rugissant, n'écoutant plus que sa liberté, Chantal Jouanno donne au public, supposément écolo-bobo, de *Libération*, le 25 mars, quelques phrases immortelles : « C'est clair, c'est le

Medef qui a planté la taxe carbone. Au nom de la compétitivité. Est-ce que le Medef s'est ému des 2 milliards de bonus distribués aux banquiers ? » Cette affreuse reculade signale la victoire de « la culture du pouvoir sur la culture de l'action (…) Malgré tout, on n'est pas complètement sorti d'une forme de monarchie. C'est le pouvoir de l'apparence : officiers de sécurité et gyrophares pour les ministres ».

Ma-gni-fique. D'un côté on fait plaisir au Medef et aux gros céréaliers, qui auraient en effet eu à perdre avec une taxe véritable. De l'autre, bien qu'indirectement, on envoie un message d'amour et de solidarité combattante aux écologistes du Grenelle. Bon prince finalement compatissant, Sarkozy déclare depuis Bruxelles, où il est en déplacement : « Je n'ai pas apprécié ces propos. J'ajoute que les ministres n'ont pas à être désespérés, ils ont à faire leur travail. » Pauvre madame Jouanno, perdue dans un monde de brutes. *Libération,* en préambule de l'entretien : « Dans son bureau s'alignent de vieux livres reliés cuir qui évoquent l'atmosphère d'un cabinet d'entomologiste. Chantal Jouanno est un papillon que les vieux crabes de l'UMP viennent d'épingler à leur tableau de chasse. » Le pire est qu'on ne peut pas même exclure une part de sincérité de l'héroïne, bien plus utile que l'habituel cynisme des vrais pros.

Hourrah ! Nicolas Hulot ne boude plus

Une semaine après avoir claqué la porte du Grenelle de l'environnement, il la rouvre, tout en délicatesse. Au micro de Jean-Michel Aphatie (RTL, le 2 avril), il affirme : « Le dialogue n'est pas rompu, mais on demande des clarifications. »

Comme on respire déjà mieux ! D'autant qu'il ajoute ce doux murmure : « J'ai eu une longue et, on va dire, franche discussion, hier soir, avec Jean-Louis Borloo, qui considère que nos inquiétudes ne sont pas fondées, qui rappelle – à juste titre – qu'il ne faut surtout pas tomber dans le travers de dire que le Grenelle n'a servi à rien parce que le Grenelle, d'ores et déjà, a fait en sorte que la France devienne, en Europe, un des pays maintenant leader sur ces sujets. »

La France est un pays leader, grâce au Grenelle. À ce niveau de rigolade, à quoi bon ajouter un mot ? Passons à l'examen de la loi Grenelle 2, qui ne devrait pas prendre trop de temps. Retenons pour commencer, comme l'a clamé une ministre de la République, que les lobbies – en l'occurrence le patronat en son entier – ont saboté au moins l'une des mesures centrales. Que reste-t-il du (dé)tricot ? Une trame verte et bleue, présentée par les plus fantaisistes comme la belle réussite de l'opération. Impossible de faire mieux, dans ce domaine, qu'Arnaud Gossement, dont on reparlera, c'est juré. Gossement, avocat, bloggueur, blagueur involontaire aussi, a été le porte-parole de France Nature Environnement (FNE) pendant toute la durée du Grenelle de l'environnement, avant de quitter ce poste en janvier 2010, pour courir d'autres aventures. Le 8 mai 2010, alors que la dernière ligne droite législative du Grenelle 2 est en vue, notre Ravachol tout en retenue déclare à l'AFP : « [La trame verte et bleue] est la plus grande avancée de cette loi. C'est la partie dont on se souviendra quand on parlera du Grenelle dans cinq ans. » Dans cinq ans ? Mais ce prophète pense l'avenir, ma parole !

Qu'est-ce donc que cette trame verte et bleue ? D'abord un article noyé dans deux cent cinquante-sept autres, qui attendront des années, s'ils arrivent un jour, leurs décrets d'application. On ne peut infliger ici la lecture de l'article 121 consacré à cette trame, car il est illisible. Mais dans son immense bonté, le ministère de l'Écologie en a fait un résumé qu'on espère exact, en date du 21 septembre 2010. On ne criera pas au chef-d'œuvre, mais au moins, c'est (assez) court. Prenez tout de même votre respiration : « [La loi] prévoit notamment l'élaboration d'orientations nationales pour la préservation et la remise en bon état des continuités écologiques, ces dernières devant être prises en compte par les schémas régionaux de cohérence écologique co-élaborés par les régions et l'État. Les documents de planification et projets relevant du niveau national, notamment les grandes infrastructures linéaires de l'État et de ses établissements publics, devront être compatibles avec ces orientations. Les documents de planification et projets des collectivités territoriales et de l'État devront prendre en compte les schémas régionaux. »

Ce n'est pas plus clair ? Guère, mais on avance. La trame est un projet qui consiste à relier entre eux des territoires naturels fragmentés par les infrastructures, dont les routes, voies de chemins de fer, étalements urbains, etc. Il est souvent vital pour les espèces animales et végétales qu'elles puissent continuer à échanger des gènes, et donc à se rencontrer. À terme, l'isolement, c'est la mort. La trame est donc le rêve – car c'en est un – de rétablir une continuité écologique favorable à la biodiversité. De relier entre eux des territoires « naturels » par des espèces de corridors de la vie, plus ou moins larges, plus ou moins efficaces. À l'échelle de base, par exemple, on ouvrira une autoroute, mais en créant des passages pour la grande faune, voire les grenouilles et crapauds. Ou bien l'on « compensera ». Si une mare doit être détruite pour les besoins de la marche triomphante vers l'hypermarché, on en récréera une ailleurs. Ainsi, tout le monde sera content, non ?

Le « véritable acquis » de la trame verte (et bleue)

Si j'ai l'air de me moquer, c'est en effet que je me moque. Revenons au résumé du ministère. Noyé dans la graisse du commentaire, il y a l'os de la vraie décision. Aussi satisfait qu'Arnaud Gossement de cet article 121, le directeur de la Ligue Roc, Christophe Aubel, s'enthousiasme : « C'est un véritable acquis. Jusqu'ici, la biodiversité est toujours arrivée en bout de ligne, là, il faudra y réfléchir en amont. » Vrai ? Faux. Relisez le texte ci-dessus. En quelques phrases, l'expression « prise en compte » est utilisée à deux reprises, et pour cause. Rien ne contraindra personne à respecter les schémas d'aménagement « écologisés ». Il y aura des textes d'orientation, mais on ne pourra en aucun cas les opposer juridiquement aux appétits de destruction des potentats locaux. Mercredi 16 juin 2010, juste avant le vote et loin des caméras, la Commission mixte paritaire (CMP) a réuni sept députés et sept sénateurs pour « finaliser » le projet. Et l'on a sagement décidé de faire disparaître toute obligation au profit d'une simple « prise en compte ». Valeur concrète du dispositif retenu ? Proche de zéro. Arnaud Gossement, déjà aperçu, ne retient pourtant plus son vaste lyrisme. Il jure à l'AFP qu'une « dynamique irréversible » est créée, et que « par rapport à la manière dont l'homme conçoit la nature c'est un changement complet de paradigme ». Comme la mémoire des citations peut être cruelle.

À l'arrivée, et pour l'ensemble des deux cent cinquante-sept articles de la loi, quelques mesurettes « positives », évidemment. Il n'aurait plus manqué qu'il n'y en eût pas ! Voici, en vrac, quelques-unes d'entre elles. Je précise que je n'ai fait d'autre choix que de place. Le 11 mai 2010, le site Internet *DDmagazine*, qu'on qualifiera sans méchanceté de mesuré, écrit : « En ce qui concerne les avancées de la loi Grenelle 2, le gouvernement souligne (liste non exhaustive) : l'obligation d'informer les futurs occupants d'un logement sur sa performance énergétique ; la simplification des procédures pour la réalisation de travaux de rénovation thermique au sein des copropriétés ; l'objectif de 19 000 MW éoliens raccordés en 2020 ; la généralisation des bilans de gaz à effet de serre aux entreprises de plus de 500 salariés et aux collectivités de plus de 50 000 habitants avant fin 2012 ; l'encadrement de la pollution lumineuse ; l'obligation de déclarer tout emploi de substances nanoparticulaires (la France est le premier pays à mettre en place cet encadrement) ; la limitation de la capacité des incinérateurs et des centres de stockage à 60 % des déchets produits sur le territoire concerné ; l'affichage des émissions de CO_2 de toute prestation de transport à partir de 2011 ; l'interdiction du bisphénol A dans les biberons (dans les biberons seulement) ; interdiction des téléphones portables dans les écoles (de la maternelle à la fin du collège) ; la possibilité de créer de nouveaux parcs naturels marins. »

La bagnole clouée au pilori

No comment. Juste celui-ci : une révolution est en marche. D'ailleurs, un autre site Internet, tout aussi mesuré, *Enviro2B*, note de son côté le 12 mai 2010 : « C'est également une "révolution dans l'automobile" selon le ministère de l'Écologie. Parmi les ruptures obtenues : la baisse des émissions moyennes de CO_2 des véhicules neufs de 149 g/km à 131 g/km (soit 1 g/mois contre 1 g/an précédemment). » Rupture et révolution, vous avez bien lu. Mais ce que nos franchouillards du Grenelle ne veulent en aucun cas savoir, c'est que la Commission européenne travaille, depuis décembre 2007, sur une limitation à 130 grammes de CO_2 d'émissions au km pour les voitures particulières dès 2012. Encore la Commission a-t-elle cédé à des pressions d'origine industrielle, car le seuil aurait dû être fixé à 120 grammes ! Citation de notre meilleur spécialiste de la sécurité routière, l'accidentologiste Claude Got (www.securite-routiere.org) : « Dans un premier temps, le choix a été fait d'abandonner le seuil de 120 g/km en le remplaçant par celui de 130 g/km (...) Il faut remarquer que cette première expression de la soumission de la Commission à la fraction la plus nuisible du lobby industriel de l'automobile avait l'avantage de recueillir un soutien efficace d'un autre groupe de pression, celui de l'agriculture intensive. »

Autrement expliqué, Borloo présente comme une « révolution dans l'automobile » un objectif en deçà de celui retenu dès 2007 par la Commission européenne, elle-même ayant reculé devant le lobby des constructeurs. Et il faut ajouter que l'on parle de moyenne des émissions, qui cache le fait que nombre de voitures neuves dépassent de très loin les 131 grammes fatidiques. Mais qui s'en soucie ? Mais qui s'en soucierait en face d'un plan de com' aussi efficace que celui de Jean-Louis Borloo, as des as en la matière ? Tenez, pour la route : en septembre 2010, après enquête, la Cour des comptes notera que notre glorieuse Agence de l'environnement et de la maîtrise de l'énergie (Ademe) a pu dépenser en trois ans, sur fonds publics il va sans dire, 80 millions d'euros de communication autour du seul Grenelle de l'environnement. Dans ces conditions, *bis repetita*, qui diable se soucierait encore de menus détails ?

C'est si bon de se faire avoir

Pas nos chers écologistes, en tout cas. La Fondation Hulot : « Malgré tout ce qu'il reste à accomplir, il est possible de dire qu'une étape se clôt avec Grenelle 2 car c'est la dernière loi-phare, c'est le dernier rendez-vous de grande ampleur du Grenelle. D'où la possibilité de dresser un bilan. Au total, de nombreux points positifs ressortent. » France Nature Environnement (FNE) : « La loi Grenelle 2 est-elle, comme on a pu le lire ou l'entendre, une coquille vide, une simple opération de communication ? Non, ou alors il nous faudrait admettre que la performance énergétique des bâtiments, la préservation des abords de lacs de montagne, la trame verte et bleue et la nécessaire conformité des infrastructures linéaires [etc., etc., NDA] ne nous intéressent pas ! » En effet, ce serait bien inutilement sanguinaire. FNE, à nouveau : « N'oublions pas que son essence même [du Grenelle] est d'essayer de régler les problèmes ensemble, par la négociation, en réunissant autour de la table tous les acteurs concernés. C'est ainsi que nous devons poursuivre cette révolution qui est loin d'être achevée, par la concertation, à chaque étape et à tous les niveaux territoriaux. » Voilà bien des gens constructifs, positifs, et qui méritent leur poste au Conseil économique, social et environnemental (voir chapitre 6).

Le WWF ? Citation d'un communiqué daté du 11 mai 2010 : « Après une semaine d'examen du projet de loi dit Grenelle 2, le WWF France donne son opinion sur ce processus initié et défendu par les ONG dès 2007 et salue l'immense travail de toutes les parties prenantes. » Peut-on être plus aimable ? Assurément. La suite : « Le Grenelle de l'environnement doit donc être compris comme une condition mais aussi comme une étape nécessaire pour affronter les défis économiques, énergétiques, alimentaires, économiques et sociaux qui nous font face. » Enfin, car ce n'est qu'un début : « Rendez-vous au Grenelle 3 en 2012 ! »

Greenpeace (dans le *JDD* du 3 avril 2010) découvre, mais un peu tard, qu'il y a un truc qui ne tourne pas rond. Il est vrai que Nicolas Hulot vient juste de suspendre, de la manière qu'on a vue, sa participation au Grenelle. Alors, révolté comme il n'est pas permis, le directeur de Greenpeace en France, Pascal Husting, s'étrangle : « J'applaudis l'initiative de la Fondation Hulot, qui a eu le courage de dire "Nous nous sommes fait avoir". » Vraiment ? Husting ajoute qu'il « loue » le courage de Borloo, Jouanno et Kosciusko-Morizet – le courage ! –, tout en constatant « qu'aucun d'entre eux n'a réussi à entraîner le gouvernement dans son sillage ». Un beau numéro de science-fiction.

Un numéro qui ne dure d'ailleurs que le temps d'une chansonnette, car l'Alliance pour la planète, à laquelle appartient, au premier rang, Greenpeace, publiera le 10 novembre 2010 un énième communiqué loufoque, dont j'extrais sans malice ceci : « Aujourd'hui, dans le cadre de l'Alliance, nous choisissons de réaffirmer notre rôle de contre-pouvoir, forts du succès de la méthode du Grenelle de l'environnement auquel nous avons contribué avec des propositions concrètes, loin de la pensée unique d'une croissance sans limites.

Dans cette perspective, l'Alliance pour la planète a décidé d'élaborer collectivement un projet de société pour une planète vivante à horizon 2030, le "projet 2012 et après..." Passons de la culture de l'incantation et de la défiance à une culture de la proposition. » Je serai direct : il en est qui apprécient de « se faire avoir ». Et qui en redemandent. C'est un genre.

Pas un emploi créé sur 100 000

Retenons cette folle hypothèse que les écologistes officiels se sont donc fait avoir. En ce triste cas, par qui ? Par M. Sarkozy, qui allait vendre des centrales nucléaires à Khadafi *au moment* où commençait le Grenelle, à l'été 2007 ? On peut accuser notre président de bien des turpitudes, mais il a joué franc jeu comme personne. Non, si quelqu'un a entourloupé nos militants aguerris, ce sera un autre. Mais qui, mais qui ? Jean-Louis Borloo ? Ce serait affreux, mais pas impossible. N'oublions pas ses talents anciens et reconnus de bateleur (voir chapitre 1). On ne mène pas des affaires avec Bernard Tapie et Michel Coencas pendant tant d'années sans savoir faire pleurer de joie les « ravis de la crèche ».

Ne revenons pas sur sa superbe manœuvre de 2002 lorsque, ministre du Logement – après avoir trahi son maître de l'époque François Bayrou –, il lance un plan mirifique de maisons à 100 000 euros qui tournera court, sans que personne ne lui demande le moindre compte. Ne soyons pas chien, et sautons une case. En 2004, le voilà ministre de l'Emploi et de la Cohésion sociale. Ce qu'on appelle une promotion. Borloo va en profiter pour annoncer une révolution. Déjà. Borloo n'est pas avare de révolutions. Le 30 juin 2004, il lance en fanfare – combien de télés, de photos, d'articles – un plan époustouflant, autour de trois axes : l'emploi, l'égalité des chances, le logement. Avouez que vous ne vous en souveniez pas. C'est d'autant plus dommage que ce plan était doté de 15 milliards d'euros sur cinq ans, à partir de 2005. Sur le papier, bien entendu. Sur le papier toujours, un million de « contrats d'activité » seront proposés aux chômeurs, qui ne le seront donc plus. À quoi il faut ajouter 800 000 contrats de travail offerts aux jeunes sans qualification. L'objectif, fièrement revendiqué, est d'aller « vers le plein-emploi » des jeunes. Fin 2010, le taux de chômage des jeunes de 15 à 24 ans tourne autour de 24 %. Ce n'est donc pas encore gagné. Au risque d'être cruel, signalons aussi ce propos tenu le 12 juillet 2010 au micro de RMC par Laurent Wauquiez, secrétaire d'État à l'Emploi, donc successeur de Borloo : « Il y a cinq ans, (Jean-Louis) Borloo avait passé un accord avec le secteur des centres d'appels (qui) s'était engagé à créer 100 000 emplois. Ils en ont créé combien ? Aucun ! » J'arrête là, par pure charité.

Comme s'il n'était pas bien sûr du résultat final, Borloo a préféré tirer un premier bilan de son plan de 2004 dès février 2005, devant le Conseil des ministres. Malin, certes oui. Même sérieux, le plan n'avait de toute façon aucune chance de présenter le moindre résultat tangible au bout de six mois. Mieux valait donc en parler tout de suite. C'est ce qu'il fait le 10 février – télés, radios, articles – avec de magnifiques réalisations au compteur, telles que : « Des partenariats ont été engagés avec des collectivités territoriales afin d'obtenir début mars la signature des premiers contrats d'avenir. Les premiers contrats d'accompagnement vers l'emploi pour les chômeurs de longue durée seront également signés début mars. Une soixantaine de maisons de l'emploi pourront être labellisées au cours du premier semestre. »

Et puis, comme avait dit le président d'alors Jacques Chirac à propos d'autres affirmations, le 14 juillet 2001 : « Ce n'est pas qu'elles se dégonflent, c'est qu'elles font "pschitt", si vous me permettez cette expression. » Pschitt, comme c'est bien dit. En visite en Corse le 25 juillet 2006, Jean-Louis Borloo n'a rien perdu de son inventivité. *Le Figaro* : « En déplacement hier en Corse, Jean-Louis Borloo s'est dit une nouvelle fois persuadé que "d'ici les élections [de 2007], un taux de chômage de 8 % serait possible". Mais afin de parvenir au plein-emploi – un objectif qu'il se fixe à "deux ans, deux ans et demi" –, le ministre estime qu'il faut aller plus loin et aider encore plus ceux qui ont de grandes difficultés à trouver un emploi, dont les jeunes des quartiers. Il prépare donc un second plan de cohésion sociale, qui pourrait être mis en application dès septembre. »

Oui, vous avez bien lu. Un deuxième plan, disparu dans le vaste Triangle des Bermudes, mais qui aura permis à Jean-Louis Borloo – rien ne se perd, rien ne se crée, tout se transforme – de se forger à bon compte une image de ministre « à la fibre sociale ». La question suivante est lestée d'un suspense intenable : et si le Grenelle était aussi vide de sens que les plans précédents du joueur de flûteau ? Et si tout cela ne lui avait servi qu'à se créer, en complément, une réputation d'écologiste ? Par les temps qui courent, sur fond d'élection présidentielle à venir, ne s'agirait-il pas alors d'une martingale gagnante ? Centriste, social, écolo. Quel bon candidat de premier tour cela ferait.

Gossement aurait-il des espoirs (politiques) ?

Mais n'allons pas trop vite, et faisons entrer dans le tableau un nouveau personnage. Subalterne, certes, il tient pourtant une place sur l'échiquier. Son nom, déjà aperçu au cours de ce livre ? Arnaud Gossement.

Je dois dire que cet avocat spécialiste en droit de l'environnement a été une bonne recrue pour France Nature Environnement (FNE). Pendant toute son histoire, FNE a manqué de visibilité, d'expression médiatique, de personnalité susceptible de plaire aux caméras et aux journalistes pressés, perpétuellement à la recherche du « bon client » leur offrant, sur un plateau, la petite phrase nécessaire pour boucler un article. Et puis vint Arnaud Gossement, grand garçon blond aux yeux bleus. De 2006 à 2010, il sera le porte-parole de FNE, assurant le service après-vente du Grenelle avec toute l'élocution nécessaire.

Qu'il ait été en phase avec ses mandants ne fait aucun doute : FNE comme Gossement auront joué de bout en bout la carte de la cohabitation avec l'État et ses représentants. Certaines autres associations présentes au Grenelle, j'en témoigne, jugèrent que l'affaire tournait parfois au vaudeville. Mais baste, un beau porte-parole. N'en aura-t-il pas trop fait quand même ? Telle est la question légitime. Petit florilège de citations d'Arnaud Gossement. Le 25 octobre 2007, jour du grand discours de Nicolas Sarkozy. Le président de FNE – et donc « patron » de Gossement –, Sébastien Genest : « Le discours de Nicolas Sarkozy marque l'acte I d'un nouveau dialogue environnemental et d'une nouvelle démocratie écologique. » De l'indicatif présent. Le même jour,

Gossement : « Certes, des mesures et des objectifs restent à préciser et nous devons discuter rapidement des conditions économiques et fiscales d'un vrai changement. FNE note avec intérêt l'engagement du Président pour une vraie responsabilité environnementale. »

Prudent ? Oui. Dans le climat d'euphorie qui règne au moment du Grenelle d'octobre 2007, on peut parler de prudence. D'ailleurs, Gossement est un homme prudent, qui tient toujours – au moins – deux fers au feu. Mais certain tropisme va tout de même apparaître.

Sur la loi Grenelle 1, le 17 juin 2009 : « Certes, le texte n'est pas parfait (...), mais, globalement, ce texte, voté dans un contexte de crise économique exceptionnelle, représente un pas en avant pour la protection de l'environnement. À titre personnel, pourquoi cacher que je suis content que ce texte soit adopté par la majorité et l'opposition, après deux ans de bataille ? » En effet, aucune raison de le cacher. Quant à la bataille, où ? Entre quels adversaires ?

Le 28 avril 2010, sur la loi Grenelle 2, juste avant qu'elle ne soit votée : « Pour moi qui ai participé activement, avec bien d'autres, depuis mai 2007, aux travaux du Grenelle de l'environnement, je ne cache pas ma satisfaction que ce projet de loi, destiné à définir les moyens juridiques d'atteindre les objectifs consacrés par la loi Grenelle 1 du 3 août 2009, soit bientôt voté. Ce vote marquera la fin d'un cycle, commencé en mai 2007, celui de la définition d'une nouvelle règle du jeu. Certes, ce texte n'est que l'un des leviers du Grenelle et le succès de ce dernier ne peut être réduit au seul poids des textes votés. Reste que, à lire ce texte, je pense que plusieurs de ses dispositions, dans un contexte de crise économique et sociale, n'auraient jamais vu le jour sans le Grenelle. »

Et le 29 avril, sur le même sujet : « Pourtant, je fais le pari que cette loi, dans son ensemble, marquera un moment important de l'histoire du droit de l'environnement (...) Partant, [la loi] a globalement le mérite de nous permettre de continuer à avancer, même dans un contexte de crise économique et de scepticisme à tous les étages. D'avancer plus rapidement dans certains secteurs plutôt que d'autres mais d'avancer malgré tout. »

Restons-en là pour la face officielle d'Arnaud Gossement. Et passons à la suite, car suite il y a. De 2006 à janvier 2010, l'avocat a été, comme dit plus haut, le porte-parole de FNE, invité dans tous les débats. Ce qu'on peut appeler une belle promotion publique, à n'en pas douter. Mais pourquoi avoir abandonné un poste plutôt prestigieux ? Je peux au moins fournir une explication possible, car je la tiens, comme on dit, d'une source sûre. Le printemps 2010 a vu se dérouler en France des élections régionales, une année après les Européennes, qui avaient marqué une sorte de triomphe des listes Europe Écologie, avec 16,3 % des voix. Les régionales de mars 2010 seraient-elles d'un cru comparable ? Force est de constater que quantité de personnages jusque-là bien loin de l'écologie ont pour l'occasion trouvé d'excellents arguments pour figurer sur les listes d'Europe Écologie. Conseiller régional n'est pas le poste le plus prestigieux qui soit, mais il permet quand même de voir venir.

Arnaud Gossement a voulu lui aussi embarquer. Ce n'est ni une honte, ni même une faute. Après tout, il n'était pas plus mal qualifié qu'un autre. Cette négociation discrète, étendue sur des mois, expliquerait son départ du porte-parolat de France Nature Environnement. Mais ensuite ? Mais ensuite, Gossement s'est rapproché, sans jamais le reconnaître publiquement, du pouvoir d'État représenté par Jean-Louis Borloo. Ce n'est pas infamant, juste significatif.

Le 27 juin 2009 : « Mercredi après-midi, de passage à l'hôtel de Roquelaure – siège du ministère de l'Écologie –, je croise un Jean-Louis Borloo particulièrement heureux et monté sur ressorts. Il venait de présenter aux photographes la nouvelle équipe du ministère dont le titre vient de s'allonger : ministère de l'Écologie, de l'Énergie, du Développement durable et de la Mer en charge des technologies vertes et des négociations sur le climat. »

Je passe volontairement sur quantité d'autres citations à la gloire du ministre, ou de madame Kosciusko-Morizet, ou de Chantal Jouanno, qui n'intéresseraient qu'une poignée de lecteurs.

Le 7 mai 2010, alors que se bricolent entre amis des amendements à la loi Grenelle 2, pour la rendre plus suave encore à l'industrie, Chantal Jouanno et notre héros Jean-Louis Borloo refusent, devant l'Assemblée, que l'on touche à l'article 36 bis A. Lequel prévoit une gâterie pour l'industrie des pesticides, en assujettissant la restriction ou le retrait d'un de ces poisons à « une évaluation des effets socio-économiques » d'une éventuelle mesure. Commentaire de François Veillerette, président du Mouvement pour le droit et le respect des générations futures (MDRGF), meilleur connaisseur en France, chez les écologistes, du lourd dossier des pesticides : « Le gouvernement se couvre de honte en défendant des positions dictées par les lobbies des pesticides. »

Clair et net. Mais on voit alors monter en ligne Arnaud Gossement. Il déclare sans état d'âme : « Il n'y a pas de recul. On ne pourra pas refuser un retrait au motif que ça coûterait trop cher. La jurisprudence européenne montre qu'on ne peut mettre en balance les intérêts économiques et la santé. »

N'est-ce qu'une affreuse boulette ? Pas du tout. On le verra après l'été 2010. Le 11 novembre 2010, alors que l'on attend le remaniement du gouvernement Fillon, Gossement écrit : « Si un bilan doit être déjà fait, je pense que Jean-Louis Borloo a, dans l'ensemble, "fait le job". » Et après une autre brassée de compliments destinés bien sûr à Borloo : « D'autre part, héritier de la pensée radicale valoisienne, il a ce souci du consensus et du dialogue qui a réussi au Grenelle en 2007 de l'avis de tous les acteurs présents à cette occasion. En cette époque de tensions et de montée des populismes, où l'on monte les citoyens les uns contre les autres, j'ai moi aussi l'idée que le dialogue et la recherche du consensus sont choses importantes. » Cela se précise.

Le 14 novembre, alors que Borloo quitte le gouvernement dans les conditions qu'on verra plus loin : « Jean-Louis Borloo en effet a annoncé avoir "choisi de ne pas appartenir" au futur gouvernement, ajoutant : "Je préfère retrouver ma liberté de proposition et de parole au service de mes valeurs, au premier rang desquelles je place la cohésion sociale." Déclaration particulièrement forte et qui laisse supposer que Jean-Louis avait perdu sa liberté de parole ces derniers temps. »

Si Arnaud en est au stade d'appeler Borloo Jean-Louis, c'est que des relations très privilégiées se sont nouées. Sans que personne ne le sache, ce qui est une bien mauvaise manière. Rappelons que Gossement est, quoi qu'on en ait, l'une des figures principales du Grenelle, officiellement sur le banc écologiste. Je ne trahis aucun secret en écrivant ici qu'il a plusieurs fois déjeuné avec Borloo, à la mode « radicale » qu'affectionne l'ancien ministre. Ce dernier a même invité

Gossement à Lyon, le 4 septembre 2010, pour l'université d'été du Parti radical, au cours de laquelle notre *deep ecologist* a planché sur « une nouvelle société plus écologique ».

Bilan on ne peut plus provisoire des lois tonitruantes Grenelle 1 et Grenelle 2, tel qu'établi par le traditionnel rapport annuel du Sénat sur la mise en application des lois. Celui publié le 10 janvier 2001 note que sur les cinq dispositions appelant un décret d'application de la loi Grenelle 1 de 2009, aucune n'en a reçu le moindre. La loi est bloquée. La loi Grenelle 2 quant à elle, votée le 12 juillet 2010, « prescrit la publication de 172 mesures réglementaires ». En janvier 2011, deux ont été prises.

Où diable veux-je en venir ? À un *intermezzo*, qu'on trouvera ci-après. Un *intermezzo,* on le sait peut-être, est un intermède musical glissé entre deux pièces plus grandes. Historiquement, *gli intermezzi* ont servi à distraire le public entre deux morceaux plus tendus, et parfois dramatiques. Appelons ce qui suit *L'Impromptu du remaniement.*

Intermezzo

Le remaniement était presque parfait (interlude)

Nous sommes le soir du 9 décembre 2010, et Jean-Louis Borloo invite quelques centaines « d'amis » pour un magnifique dîner républicain, quelques semaines après le remaniement ministériel décidé par Sarkozy, qui a signé son départ du gouvernement. Dîner d'amis ? Sûrement, évidemment. Tous amis !

Surtout, ne rien dire sur rien

Le 9 décembre, Borloo ne dit strictement rien, mais tellement bien ! Il ne dit pas qu'il prépare pour le compte de son maître Sarkozy le premier tour de l'élection présidentielle de 2012. Ce serait contraire aux intérêts de cette noble opération. Il y a autour de lui de nombreux centristes de droite, des recalés « de gauche » du gouvernement Fillon – Bernard Kouchner, Fadela Amara –, le ministre en poste Xavier Bertrand. Nullement dissimulés – une allusion délicate à *La Lettre volée,* d'Edgar Allan Poe ? –, deux conseillers proches du maître de l'Élysée, Henri Guaino et Alain Bauer. Le premier est l'auteur du fameux discours de Dakar, prononcé en juillet 2007 par Sarkozy. Le président y décrivait « le paysan africain, qui depuis des millénaires vit avec les saisons, dont l'idéal de vie est d'être en harmonie avec la nature, ne connaît que l'éternel recommencement du temps rythmé par la répétition sans fin des mêmes gestes et des mêmes paroles ». Le second, Alain Bauer, est un criminologue entré adolescent dans la franc-maçonnerie. Venu de la gauche, d'une certaine gauche en tout cas, il sert ès qualités le fier utilisateur du mot *Karcher*, destiné croit-on savoir à terroriser les bandes de jeunes des quartiers pauvres.

Mais quel rapport avec Jean-Louis Borloo, que nous avons laissé écologiste immarcescible ? En effet. Le 9 décembre, Borloo parle de tout sauf d'écologie. Une petite phrase pour les journalistes contre Fillon – désigné comme conservateur « bien coiffé » –, quelques mots qui ne mangent pas de pain sur « les écoles de riches et les écoles de pauvres », et « les communes pauvres et les communes riches ». Applaudissements préenregistrés, et passage au journal télévisé. Tout s'est donc bien passé.

Sans vouloir me montrer désagréable avec ce merveilleux républicain, je poserai deux questions. La première : est-il concevable de vouloir apparaître comme l'artisan d'une autre politique lorsqu'on appartient fièrement au gouvernement depuis près de neuf ans, adoubé qui plus est par les proches du président en titre ? La deuxième : l'écologie a-t-elle été autre chose qu'un outil dans une carrière en tout point politicienne ? Je dois reconnaître que la réponse est dans l'interrogation. Mais enfin, n'est-ce tout de même pas étrange de voir avec quelle facilité un homme renonce à ce qu'il présentait comme le combat du siècle ?

Madame KM voulait le ministère de la Défense

Autre actrice – quel mot parfait – du Grenelle de l'environnement, madame Kosciusko-Morizet a repris le rôle abandonné en rase campagne. Envoyée en janvier 2009 s'occuper d'un improbable secrétariat d'État à l'Économie numérique, elle devient donc ministre de l'Écologie le 14 novembre 2010. Sans le crucial domaine de l'énergie, confié à ce croisé du nucléaire qu'est le preux chevalier blanc Éric Besson, probablement parce que « l'environnement, ça commence à bien faire », comme indiqué le 6 mars 2010 par Sarkozy (voir supra).

Donc, madame KM de retour à sa si chère Écologie. Côté caméras, elle annonce sans trembler : « J'ai l'impression de rentrer à la maison. » « L'écologie est le grand défi du XXIe siècle », etc. Nul ne saura ou presque que madame, au long de l'année 2010, aura tout fait pour montrer à Sarkozy qu'elle méritait le ministère de la Défense, qui vous a une autre gueule que celui de l'Écologie lorsque l'on ambitionne de devenir présidente de la République. Des chroniqueurs spécialisés – Jean Guisnel, au *Point*, Jean-Dominique Merchet, à *Libération* – ont décrit ses rencontres avec de hauts gradés de l'armée et des industriels de la Défense. Tel est le poste qu'elle voulait, et qu'elle n'aura pas eu cette fois.

L'écologie est donc, sans polémique inutile, un second choix. Quant à Chantal Jouanno, troisième personnage politique de notre beau Grenelle, préparez pour elle vos mouchoirs. Celle qui se disait « désespérée » de voir la taxe carbone carbonisée par les lobbies – et son cher Sarkozy – a tout de même, en cette fin 2010, repris quelques couleurs. On ne parle plus d'écologie, le combat de sa vie, mais de Sports. C'est à ce grand poste pour l'avenir de la planète que madame Jouanno, ancienne championne de karaté, a été nommée. Très employée dans les arts martiaux japonais, la figure appelée *kata* est comme l'image d'une forme idéale à reproduire. On n'en est donc pas si loin.

Le bon roi et le mauvais (Premier) ministre

Mais revenons tout de même au héros principal, Jean-Louis Borloo. Le fabliau récité par l'ancien ministre est aussi vieux que le monde. Il y aurait un bon roi – Sarkozy – qu'il aurait servi avec abnégation. Et puis un méchant ministre – Fillon –, qui aurait passé tout son temps à défaire les belles entreprises du roi et du bon ministre. Les studios Disney ne prendraient plus, à l'heure qu'il est, un tel scénario. Mais la France de 2011, si.

Franchement, je ne parviens pas à croire au *storytelling* qu'on tente de nous vendre. Sarkozy aurait « trahi » au dernier moment Borloo après lui avoir promis la lune, et Matignon en sus, et ce dernier aurait décidé de se venger. À moi les centristes ! À bas l'UMP ! Et vive la liberté ! Borloo rêvait de Matignon certes, mais pour y imprimer sa marque, pour y dépenser trois sous, pour apparaître comme une antithèse « sociale » de Fillon. Et ce n'était pas possible dans les conditions de déréliction économique et politique où nous sommes. Borloo n'est pas fou. Il n'y avait pas d'espace pour lui. Il n'y en avait pas davantage pour Sarkozy, prisonnier d'une nasse que les marchés financiers resserrent chaque jour un peu plus. Bien que désastreux stratège, c'est un très bon tacticien. Il est un amateur de coups, qu'il réussit souvent, mais ne voit rien de ce qui l'entoure réellement, et donc de ce qui se prépare un peu plus loin. Je fais le pari qu'il aura parlé sans détour avec Borloo et Fillon et qu'il leur a dit que sa décision – sur le titulaire de Matignon – se ferait au dernier moment, en fonction de l'état des lieux.

En mission discrète pour Sarkozy

La « déception » de Borloo aurait en cette hypothèse été surjouée, mais absolument nécessaire. Je crois à une mise en scène politicienne qui n'a d'autre horizon que 2012, année des présidentielles. Il faut à Sarkozy un Borloo « différent », qui rue gentiment dans les brancards, susceptible de fixer au premier tour des élections un électorat difficile. De droite, mais sans crispation libérale. Écolo, mais sans interrogation sur la marche réelle du monde. Combien de voix pourrait espérer Borloo ? Je dirais entre 7 et 10 %. Bien entendu, après moult contorsions, Borloo découvrirait entre les deux tours qu'il vaut tout de même mieux appeler à voter Sarkozy, qu'il connaît tant, plutôt que pour les autres, qu'il connaît si bien. Et Sarkozy augmenterait alors, de beaucoup, ses chances de réélection.

Au passage, une candidature Borloo grillerait par avance les velléités d'Hervé Morin, qui espère, pour le moment, se présenter aussi, et qui chasse sur les mêmes terres que Borloo. De même, les éventuelles candidatures Bayrou et Villepin en seraient affectées, ce qui ajouterait au bonheur du président. Rien n'est sûr ? Non, et d'autant moins que les plans les meilleurs butent sur des réalités qui n'avaient pas été prévues. Il me semble en tout cas certain, établi, prouvé que Jean-Louis Borloo s'intéresse autant à l'écologie qu'à la poterie de la région de Michoacàn. Et pourtant, elle est magnifique.

CHAPITRE 9

Comment être à la fois sourds, aveugles et muets ?

Les bons écologistes du Grenelle, qui regardaient ailleurs, n'ont rien vu d'une réforme essentielle du ministère de l'Écologie, qui se passait sous leurs yeux. Comment ? Il y aurait en France des ingénieurs des Ponts et des ingénieurs des Mines ? On leur cache vraiment tout.

Sont-ils seulement sérieux ? Greenpeace, le WWF, la Fondation Hulot, FNE sont-ils sérieux ? C'est à se demander. Mais il va falloir patienter quelques lignes pour obtenir une réponse convenable. Le 25 octobre 2007, le président Sarkozy, comme cela a été dit et répété ici, prononce un admirable discours sur la « révolution écologique » qui secoue la France. Nos écologistes sont encore éberlués d'avoir pu faire table commune avec ceux qui se moquaient d'eux la veille au soir, et semblent croire qu'il suffit de quelques paroles pour s'assurer que le grand train du changement ne quittera pas ses rails. Cette fois, c'est parti. Le Grenelle s'annonce comme un triomphe sans précédent. Pour eux.

Dans le même temps – faut-il parler de coulisses ? – une réforme en profondeur du ministère de l'Écologie est en train de voir le jour. Le 6 décembre 2007, Jean-Louis Borloo réunit les cadres de son ministère de l'Écologie, de l'Aménagement et du Développement durables. On ne rigole plus, on agit.

Coup d'État au ministère

En avant-première, le ministre informe sa hiérarchie. Le ministère est réorganisé en profondeur, et sa structure explose. Ce n'est pas intéressant, c'est passionnant. Il faudra attendre la tenue du Conseil de modernisation des politiques publiques, le 4 avril 2008, pour obtenir des précisions. On ne peut que survoler ici un nouvel organigramme qui dissimule quantité de chausse-trapes et d'oubliettes. En deux mots, les trente-cinq administrations centrales de l'ancien ministère sont ramenées à cinq. Sous couvert de rationalisation, on abat d'un coup sec quarante ans – le ministère alors appelé de l'Environnement est né en 1971 – d'expertise. Par exemple, la direction de l'Eau et celle de la Nature et des Paysages disparaissent. Inouï ! L'Eau et la Nature sont englouties dans un fourre-tout remarquablement organisé. L'ancienne ministre de l'Environnement d'Alain Juppé – entre 1995 et 1997 –, Corinne Lepage, a eu à connaître, et de près, toutes ces questions. De droite, puis du centre, cette responsable politique passera difficilement pour une extrémiste de la politique. Et voici pourtant ce qu'elle écrit le 7 mai 2008 (www.actu-environnement.com/ae/news/bataille_ministere_environnement_equipement_5018.php4) à propos de la réforme du ministère qu'elle a conduit : « En premier lieu, la dimension si fondamentale de la connaissance, de l'évaluation et de la prévision disparaît définitivement en tant qu'entité identifiée, achevant la tâche commencée avec la disparition de l'Ifen [Institut français de l'environnement, voir plus bas pour l'explication] en tant que structure autonome. Dès lors, les données environnementales, sans lesquelles aucune politique ne peut être mise en place – alors que la France accuse déjà un retard immense au regard des données communiquées par l'Agence européenne de l'environnement –, ne vont plus bénéficier d'aucune priorité et surtout seront gérées de manière "politique" sans aucune autonomie par rapport aux directions concernées. L'évaluation économique, dont on a vu l'importance avec la sortie du rapport Stern par exemple, est renvoyée aux oubliettes, ce qui signifie que les choix pourront continuer à s'effectuer sans aucune visibilité de long terme ; le secret, cher à nos gouvernants, pourra, nonobstant la convention d'Aarhus, continuer à dissimuler le mauvais état écologique de la France.

En second lieu, le ministère de l'Équipement et plus précisément le corps des Ponts a réalisé le rêve qu'il poursuivait depuis toujours : absorber le ministère de l'Environnement. De fait, la direction de la Nature et des Paysages ainsi que la direction de l'Eau, qui existaient pourtant depuis M. Poujade, premier ministre de l'Environnement, sont supprimées. En revanche, les grandes directions de l'Équipement demeurent : ce qui signifie que dans l'esprit des "grands réformateurs" du corps des Ponts, il est plus important de continuer à faire des routes et des aéroports que de gérer l'eau ou les ressources naturelles. Ainsi, il n'existera plus dans la structure gouvernementale aucune direction chargée de veiller spécifiquement sur la nature et ses ressources puisque cette mission sera intégrée avec le territoire et les habitats.

Les grandes missions transversales comme la Mission effet de serre disparaissent également, alors que celles de la route, de la mer et de l'aménagement du territoire demeurent. On peut admettre que le nouveau commissariat au développement durable absorbe la délégation du même nom, qui malgré les qualités de son titulaire n'a jamais démontré son utilité. Il n'en va pas de même de la MIES [Mission interministérielle effet de serre], d'autant plus que le gouvernement prétend faire de ce sujet un point focal de son action. Ajoutons à cela que si logiquement la direction de la Prévention des pollutions et des risques se transforme en grande direction des Risques, la réorganisation du ministère s'accompagne en revanche d'une externalisation d'une partie des contrôles ! »

L'Institut qui disait trop de vérités

On m'excusera, je l'espère, de la longueur de la citation, car je crois que c'était nécessaire. Mais elle mérite éclairage et commentaires. D'abord sur cet Institut français de l'environnement (Ifen), créé en 1991, et qui avait pris la désastreuse habitude de l'honnêteté. Bien que sous la tutelle de l'État, l'Ifen publiait régulièrement des données de haute qualité sur l'état écologique de la France. Était-ce acceptable pour les lobbies industriels ? Non. L'édition 2002 de *L'Environnement en France*, remarquable synthèse rédigée par l'Ifen, aura sans doute été le déclencheur de son torpillage. J'extrais quelques lignes de son introduction : « Malgré une diminution des engrais et des pesticides, l'agriculture a des impacts préoccupants sur la qualité de l'eau, la diversité des paysages et le patrimoine naturel (...) En matière de diversité biologique, le bilan n'est pas meilleur (...) Dans le domaine des déchets, les quantités produites continuent de croître au rythme de l'activité économique ou de la consommation sans que l'on parvienne, comme pour l'énergie, à les déconnecter. De nouveaux problèmes émergent : boues de station d'épuration, traitement des farines animales, déchets de l'électronique ou du nucléaire, matériaux de construction, etc. »

Non, il fallait réellement casser le thermomètre et faire taire les importuns. La communication, oui, l'information non. En août 2004, dans la torpeur estivale habituelle, le statut de l'Ifen change. Jusqu'ici autonome, il devient un service du ministère. Comme c'est pratique. En décembre 2008, alors qu'on est officiellement, sur fond de Grenelle, en plein « *New Deal* écologique », l'Ifen est supprimé d'un coup de paraphe ministériel, celui de Borloo. J'ai eu la curiosité de chercher une quelconque réaction de nos compères écologistes du Grenelle. Pas un mot. Silence total du WWF, de Greenpeace, de la Fondation Hulot, de FNE. L'Ifen n'a jamais existé et n'a donc jamais disparu.

Le rôle véritable des grands corps de la noblesse d'État

Revenons au propos de Corinne Lepage, qui est réellement éclairant. Que cache donc cette phrase : « En second lieu, le ministère de l'Équipement – et plus précisément le corps des Ponts – a réalisé le rêve qu'il poursuivait depuis toujours : absorber le ministère de l'Environnement » ? Mazette ! Une absorption, sans que nul ne bronche ? Eh bien, oui. Mais pour bien comprendre le sens de cette manœuvre au caractère meurtrier, il faut se pencher sur l'histoire de la France. L'ossature administrative de notre vieux pays, au plan technique, repose sur trois grands corps d'ingénieurs d'État. J'ai nommé : les Mines, les Ponts et Chaussées, le Génie rural et les eaux et forêts (Gref). Beaucoup de ces ingénieurs intègrent les écoles liées à leur spécialisation après être passés par Polytechnique. C'est à eux et à quelques autres que Pierre Bourdieu pensait en forgeant il y a vingt ans l'expression « Noblesse d'État ». Détaillons. Les Mines ? L'idée d'un corps spécifique est née au milieu du XVIIIe siècle, époque où l'on avait tant besoin de techniciens pour gérer les mines et la métallurgie. L'école des Mines a finalement ouvert ses portes en 1783. Tout au long de son existence, le corps des Mines a été au service de l'industrie et du ravage concomitant, étendant sans cesse son empire sur la machine, les machines, la vitesse, la puissance matérielle. Les Mines sont par exemple les promoteurs inlassables de l'industrie nucléaire. Parmi les grands Mineurs, il faut bien entendu citer Pierre Guillaumat, sorti des Mines en 1933. Ce gaulliste fervent, qui a dirigé le Commissariat à l'énergie atomique (CEA) et EDF, est l'homme qui a permis la naissance de la bombe nucléaire française. Ministre des Armées en 1958, il aura tout su, tout voulu, tout dissimulé. Il sera dans les années 1960 et 1970 le patron de ce qui deviendra Elf en 1967. Je ne résiste pas à cette longue citation tirée du livre *Les Barons de l'atome*, de Peter Pringle et James Spigelman (Le Seuil, 1982) : « Purs produits de la technocratie française, ils [les polytechniciens] professent une foi inébranlable dans l'efficacité, le progrès, la technologie, le pragmatisme et, en conséquence, une impatience considérable devant le "manque d'efficacité" des politiciens. Eux ne servent pas des intérêts partisans, mais l'intérêt général, que représente, de façon purement abstraite, le concept de "l'État". Le monde de l'énergie atomique va fournir un terrain idéal à l'implantation de cette idéologie.

Le corps des Mines, l'élite de cette élite, puisqu'il n'est ouvert qu'aux dix premiers de chaque promotion, va, au fil des ans, monopoliser l'accès à toute une série de postes clés dans les principales branches du secteur public et aussi, de plus en plus, aux postes les plus importants du secteur privé. En 1951, il annexe le Commissariat à l'énergie atomique. Pour mener à bien cette opération, il trouvera un chef jeune et agressif en la personne de Pierre Guillaumat, qui voit là l'occasion ou jamais de satisfaire son ambition et d'arracher la France au déclin dont il a été le témoin durant ses années de formation. Fervent patriote, il rêve de revoir les "jours de gloire" de la Première Guerre mondiale (pour reprendre la phraséologie nationale), au cours desquels son père, le général Guillaumat, s'est illustré.

Pour un garçon comme lui, à qui son père a laissé un nom glorieux, mais une fortune très modeste, le meilleur moyen d'accès à la richesse et au pouvoir, c'est l'École polytechnique. Guillaumat va grandir en uniforme, puisqu'il sera élève du sinistre prytanée de La Flèche, avant de sortir dixième de sa promotion à Polytechnique, ce qui lui ouvre les portes du corps des Mines. Il va faire un passage très bref à l'administration des Mines, où il servira dans deux colonies françaises, l'Indochine et la Tunisie. En 1944, lorsque De Gaulle prend la tête du gouvernement provisoire, après la libération, Guillaumat, alors âgé de trente-cinq ans, persuade le général de le nommer directeur des Carburants, poste crucial pour la reconstruction de l'industrie. La fermeté avec laquelle il fait valoir qu'il existe un lien vital entre l'indépendance nationale et l'approvisionnement en énergie impressionne De Gaulle. Du jour de sa nomination, Guillaumat va véritablement personnifier l'économie politique gaulliste.

Il exige impitoyablement de ses collaborateurs exactitude, efficacité, rapidité, ténacité et discrétion. "C'est une machine qui ne se dérègle jamais", déclare un collègue. C'est un organisateur-né qui exerce son pouvoir sans plus de crainte que de doute. Il n'accepte aucun compromis, ne demande aucun conseil, ne recherche aucune popularité, n'éprouve aucun besoin de rendre compte de ses actes – pas plus en privé qu'en public – et surtout, ne se mêle jamais des affaires des autres. »

Guillaumat et l'escroquerie des avions renifleurs

Tout cela est magnifique, mais il ne faudrait pas oublier l'invraisemblable affaire des avions renifleurs. Sous l'autorité de Guillaumat, Elf donnera entre 1975 et 1978 un milliard de francs de l'époque à deux escrocs. Aldo Bonassoli, agriculteur italien autodidacte, prétendait avoir inventé un système permettant de trouver à coup sûr, depuis un avion, des gisements de pétrole. Ne jamais oublier cette histoire, qui remet perpétuellement les pendules à l'heure. On peut être un grand ingénieur et se montrer d'une splendide sottise.

Passons aux Ponts et Chaussées. L'acte de naissance remonte à 1716, et devait permettre – et a permis – le percement d'un réseau routier national. L'école a curieusement été ouverte un peu plus tard, en 1747. Les canaux, les barrages, mais aussi, plus récemment, les châteaux d'eau et les ronds-points, c'est eux. Les autoroutes qui lacèrent et morcellent à jamais des ensembles écologiques cohérents, aussi. En 1992, j'ai longuement rencontré Jacques Bourdillon, qui venait juste de quitter le service de l'État. J'avais rendez-vous avec lui dans des bureaux de la rue du Général-Camou, tout proches de la tour Eiffel, à Paris. Ingénieur général des Ponts et Chaussées, Bourdillon venait de prendre une retraite – publique – méritée, mais c'était pour mieux commencer une nouvelle vie dans le privé. Juste avant de quitter le ministère de l'Équipement et des Transports, notre ingénieur avait laissé un immense cadeau appelé *Les Réseaux de transport français face à l'Europe*, publié en 1991.

L'heure était grave, vous pouvez m'en croire. Car la France était tout simplement menacée de marginalisation économique. L'Allemagne, l'Angleterre, le Bénélux, le Nord de l'Italie même nous taillaient des croupières, prenant une insupportable avance sur nous. Par chance, Bourdillon veillant sur notre sort, il y avait des solutions. Il suffisait d'investir massivement dans de nouvelles infrastructures – ponts, ports, routes, rocades et autoroutes – et nous reprendrions sûrement la main. Combien ? Oh, pas tant : 1560 milliards de francs en quinze ans, soit plus de 100 milliards par an. Soit 15,38 milliards d'euros. Par an. Une paille. Où travaillait donc Jacques Bourdillon, en ce jour de gloire où je le visitai ? Plutôt, pour qui ? Scetauroute, bureau d'études commun à toutes les sociétés d'autoroute. Ne pas chercher le mal à tout prix.

Thierry Chambolle et les incinérateurs

Autre exemple plutôt extraordinaire : Thierry Chambolle. Cet ingénieur des Ponts a été le directeur de l'Eau, de la Prévention des pollutions et des risques au ministère de l'Environnement entre 1978 et 1988. Un poste évidemment stratégique. On le retrouve l'année de son départ du ministère au groupe Lyonnaise des eaux, dont il a surveillé les activités pour notre compte à tous. Il en deviendra le numéro 3 et en fait toujours partie aujourd'hui, bien que né en 1939. Est-ce moral ? Poursuivons. Chambolle, passé au service de la Lyonnaise, n'oublie pas le service public, pensez bien. On le verra, au fil des ans, occuper en même temps des postes aussi prestigieux que ceux de président du conseil scientifique du BRGM – public –, président du Cemagref – public – et responsable de quantités de structures hautement utiles.

En 1993, il est aussi membre du Comité des applications de l'Académie des sciences, le Cadas. Quasi académicien, Chambolle va animer un groupe de travail sur la dioxine, dont sortira le 20 septembre 1994 un stupéfiant rapport appelé : *La Dioxine et ses analogues*. S'il est stupéfiant, c'est qu'il exonère la dioxine de pratiquement tous les problèmes qu'elle pose pourtant. Au même moment, l'agence fédérale américaine en charge de l'Environnement, la célèbre EPA, publie un document terrible de deux mille pages sur les dangers de la dioxine, même à des doses infinitésimales. S'il est stupéfiant, c'est qu'il a délibérément écarté les éléments fournis par l'un des membres les plus éminents du groupe de travail, André Picot. Ce dernier, sans doute l'un des meilleurs connaisseurs de la dioxine en France, refuse dans un mouvement de révolte inédit que son nom figure dans le compte-rendu de l'étude. S'il est stupéfiant, c'est que figure, au milieu de dizaines de pages techniques, un coup de pouce providentiel aux industriels de l'incinération. Citation : « Il est donc très souhaitable que soit évitée une réglementation excessivement contraignante » pour les émissions de dioxine dans les incinérateurs d'ordures ménagères. S'il est stupéfiant, c'est que cet avis autorisé permettra le développement du parc d'incinérateurs le plus important de toute l'Union européenne. Avec émission de dioxine, bien sûr. S'il est stupéfiant, c'est qu'à la date de publication du rapport de l'Académie des sciences – 1994 –, Chambolle est depuis six ans patron de la Lyonnaise. Laquelle fabrique aussi des incinérateurs. Est-ce moral ? La question a été posée plus haut.

Survivre à toutes les révolutions

Et le corps du Génie rural et des eaux et forêts ? En cherchant bien, ses premiers pas remontent à 1291 et à Philippe le Bel, inventeur des « maîtres des eaux et forêts ». Les ingénieurs du Gref, après la Seconde Guerre mondiale, ont assuré la mise en œuvre de la disparition de la paysannerie en France, et le remodelage radical du paysage et de la nature ordinaire. Le maïs, le remembrement, l'arasement des talus boisés et des haies, la transformation de la forêt en objet industriel, le « recalibrage » des ruisseaux et rivières, le drainage des zones humides leur doivent à peu près tout. Pratiquement tous les postes de directeurs départementaux de l'agriculture et de la forêt (DDAF) leur ont été réservés pendant des décennies.

Les trois corps d'ingénieurs qui viennent d'être évoqués ont survécu à tout. Aux révolutions, aux guerres, aux changements de régime, aux plus brutales secousses sociales. Combien sont-ils au total ? Stricto sensu, et avant les réformes des toutes dernières années, probablement entre trois mille et quatre mille en activité. Au service – relatif – de l'État, mais de plus en plus souvent du privé. Or ils tiennent des parts essentielles du pouvoir réel, et ils exercent par la force des choses un monopole de l'expertise technique en France. Les conséquences en sont immenses. Quand on lance Superphénix – ce surgénérateur nucléaire arrêté en 1997, dont le coût pour tous se chiffre en milliards d'euros avant démantèlement –, c'est parce que trois grands ingénieurs ont signé un rapport disant à quel point ce projet propulserait la France dans un avenir (ir)radieux. De même pour le canal Rhin-Rhône. Ou la dévastation de la Bretagne. Ou l'ouverture de décharges aussi exemplaires que celle de Montchanin, qui aura permis d'enfouir un million de tonnes de déchets, dont une partie ultratoxique, au bord des maisons. La liste n'a pas de point final.

Ces ingénieurs, dont le savoir technique peut être impressionnant – pas toujours –, commandent à la France, et à ses politiques. Un ministre passe et fait des risettes. Eux restent, et tracent les plans. Bien entendu, et ce n'est pas même une critique, seulement un constat, ils estiment être mieux armés que quiconque pour décider. En notre nom. À notre place, car la distance entre oligarchie et démocratie diminue d'année en année. Au ministère de l'Écologie comme ailleurs, où les trois corps, mais surtout celui des Ponts, ont trusté tous les postes de vraie responsabilité.

Se partager tous les gâteaux

Pour ne citer qu'un exemple caricatural, mais au fond banal, pendant plus de vingt ans, la direction des six agences régionales de l'Eau, qui gèrent de très gros budgets publics, a été équitablement partagée entre les trois corps d'ingénieurs : Mines, Ponts, Igref.

Ces toutes dernières années, des réformes, qui ne changent rien au fond, ont modifié le périmètre des grands corps d'ingénieurs. Premier mouvement en décembre 2007 : Borloo annonce la fusion entre le Conseil général des Ponts et Chaussées – sorte de bureau politique et économique des ingénieurs du même nom – et la plus que modeste Inspection générale de l'écologie, qui ne compte que trente membres. Cette dernière, seule structure de la haute administration explicitement liée à l'écologie, sombre et se fond dans un nouvel ensemble appelé Conseil général du développement et de l'aménagement durables. Défense d'éclater de rire, bien que cela soit difficile.

Commentaire du journal économique *Les Échos*, le 7 décembre 2007 : « Créé il y a deux cents ans, et plus important corps de l'État en nombre, le CGPC [le Conseil général des Ponts] a toujours poussé à la construction d'autoroutes, d'infrastructures ou de centrales nucléaires, et n'a commencé qu'il y a peu à évoquer la notion de développement durable. Certaines associations écologistes murmurent même que, n'ayant plus d'autoroutes à construire, il a choisi de se "peindre en vert". »

En 2009, dans un deuxième temps, le corps des ingénieurs des Ponts – le Conseil étant sa haute hiérarchie – fusionne avec celui du Génie rural et des eaux et forêts. Et nous voilà dotés d'un corps des ingénieurs des Ponts, des Eaux et des Forêts (Ipef). Enfin, du côté des Mines, dernier mouvement tournant. Début 2009, ce corps d'ingénieurs fusionne avec celui des télécommunications.

On « rationalise », et ce faisant, on donne encore plus de pouvoir à ceux qui en détenaient déjà tant. Les Ponts d'un côté, les Mines de l'autre. Deux institutions dont l'histoire bicentenaire s'oppose frontalement à la préservation des équilibres naturels, à la sauvegarde des écosystèmes !

Car évidemment, la réforme renforce les plus puissants, c'est-à-dire les Mines et les Ponts, qui deviennent ainsi, et probablement pour longtemps, l'architecture de base de tous les ministères « techniques », y compris, car c'en est un, de l'Écologie.

À la recherche d'un ministère disparu

Je reviens une seconde à l'analyse faite par l'ancienne ministre Corinne Lepage, dont j'extrais une autre citation : « C'est qu'en réalité le Medad [le ministère de l'Écologie] n'a plus rien à voir avec le ministère de l'Environnement et que dans la bataille qui opposait depuis près de quarante ans le ministère de l'Équipement à celui de l'Environnement, c'est le premier qui a gagné et qui a tué le second, tout en laissant l'impression que les préoccupations écologiques l'avaient emporté. Ainsi, nous assistons au paradoxe de la quasi-disparition du ministère de l'Écologie et de ce qu'il portait au moment même où tout un chacun pense qu'il est devenu *primum inter pares.* »

Ultime cerise sur ce gâteau empoisonné : les services déconcentrés du ministère de l'Écologie sont désormais supprimés. Jusqu'ici, bien que faibles, bien que perpétuellement perdantes à chaque conflit administratif, les directions régionales de l'environnement (les Diren) représentaient en province un pôle de documentation et de très éventuel rappel à la loi. La réforme de 2008 les englobe dans des directions régionales de l'environnement, de l'aménagement et du logement (Dreal), sous le contrôle des préfets de région. Elles devront cohabiter, comme de bien entendu, avec les administrations de l'Équipement et de l'Industrie, conduites par les ingénieurs des Ponts et Chaussées et des Mines. La fable de la coexistence, dans le poulailler libre, des poules et du renard libres. Une telle avalanche de régressions aurait dû, en bonne logique, amener nos écologistes à ruer dans les brancards. Nul besoin d'être grand clerc pour comprendre qu'un tel avantage donné à des habitués de la destruction de la nature ne peut conduire qu'à la poursuite des tendances à l'œuvre depuis des décennies en France. Les staffs des grandes associations, qui salarient des dizaines de professionnels disposant de tous les moyens modernes d'expression, avaient toute latitude pour informer leurs bases respectives de ce qui se passait sous leur nez ou presque. Or, rien. Et quand j'écris rien, c'est bien d'un néant que je veux parler.

Sonnez les mâtines (ding, ding, dong)

J'ai eu la patience de parcourir longuement les publications récentes de la bande des quatre si souvent citée dans ce livre : WWF, Greenpeace, Fondation Hulot, FNE. À croire que tout ce que je viens d'évoquer leur est inconnu. La disparition de l'Ifen ? Pas un mot. La réforme du ministère et la création des Dreal ? Pas un mot. Le rôle des grands corps d'ingénieurs d'État dans la conduite des affaires publiques et écologiques ? Pas un mot.

Je pourrais me montrer infiniment plus dur que je ne le suis. Mais je me contenterai de deux exemples pour montrer à quel point de cécité plus ou moins volontaire en sont arrivés les écologistes officiels. D'abord, les zones humides. Dans le discours, dans tous les discours, elles sont considérées à juste titre comme des joyaux biologiques. Ce qu'est une zone humide ? La définition officielle est celle-ci : les zones humides sont « des étendues de marais, de fagnes, de tourbières ou d'eaux naturelles ou artificielles, permanentes ou temporaires, où l'eau est stagnante ou courante, douce, saumâtre ou salée, y compris des étendues d'eau marine dont la profondeur à marée basse n'excède pas six mètres ».

En somme, cela fait d'énormes espaces. Officiellement protégées par de multiples lois, les zones humides sont des réservoirs de biodiversité sans pareil sous les latitudes tempérées de la France métropolitaine. Elles contribuent en outre, « gratuitement » cela va sans dire, à l'épuration des eaux, et servent d'éponges, tantôt amortissant les crues, tantôt atténuant les sécheresses. Mais que serait notre monde sans draineuses ? Que deviendrions-nous si nous tolérions encore les prés humides, la boue, les moustiques, l'exubérance prodigieuse des marais au printemps ? Bien que les chiffres indiscutables manquent, la France aurait perdu entre 1960 et 1994 la moitié de ce qui lui restait de zones humides. Qui n'étaient déjà (presque) plus rien par rapport à la situation d'il y a un siècle.

Ne parlons pas des innombrables petites tourbières, fossés et rigoles, bras morts et vasières, qui sont comblés sans que nul ne s'en inquiète. Mais même de grands ensembles encore cohérents sur le papier, comme la Camargue, le Marais poitevin, le lac de Grand-Lieu, la Brenne, la Grande Brière, continuent à subir des coups affreux. Tantôt on assèche, tantôt on sature le milieu d'herbicides et autres pesticides, tantôt on grignote en faveur du tourisme ou d'aménagements industriels, tantôt on laisse s'étendre des pestes venues d'ailleurs, comme la jussie – une plante américaine envahissante – ou l'écrevisse de Louisiane, échappée d'élevages. Le seul Marais poitevin, deuxième plus grande zone humide de France, a perdu plus de la moitié – 33 000 hectares sur 60 000 – de ses prairies naturelles humides entre 1973 et 1990. Au profit de l'agriculture intensive et surtout du maïs. On attend toujours une actualisation des chiffres du grand massacre.

En Camargue, notre plus vaste zone humide – 145 000 hectares en principe –, le désastre est patent, alors que ce territoire est, légalement parlant, le plus protégé de France. Le 17 janvier 1991, le scientifique du CNRS Alain Tamisier publie un travail presque hallucinant. L'examen de photos aériennes prises entre 1942 et 1984 montre que la Camargue a perdu chaque année, en moyenne, 1 000 hectares au profit du tourisme et de l'agriculture intensive. Où en est-on aujourd'hui ? Mystère.

Mystère, car l'état réel des zones humides de France n'est pas connu avec sincérité. Ni recherché. On contresigne plan sur plan, et le Grenelle de l'environnement prévoyait l'achat de 20 000 hectares entre 2009 et 2014, aux seules fins de sauvegarde. L'heure du bilan n'est pas arrivée, mais le scepticisme est sans doute l'attitude la plus raisonnable. En février 2010 en effet, Chantal Jouanno lançait en fanfare le cinquième ou dixième « Plan national d'actions pour la sauvegarde des zones humides ». Avec un budget de 20 millions d'euros sur trois ans et l'annonce d'un bilan « de l'efficacité des dispositifs d'aides agricoles en zone humide » dès juillet 2010. Qui n'était pas publié au moment où ces lignes sont écrites (décembre 2010). Rappelons pour juger du sérieux de l'entreprise que les zones humides couvrent encore, officiellement, 1,5 million d'hectares en France. Le dernier plan en date se propose donc d'en protéger 1,33 %.

Le grand mensonge des autoroutes

Second exemple : le programme autoroutier. Citation du journal *Le Monde*, le jour du grand discours de Sarkozy concluant le Grenelle (25 octobre 2007) : « Une des mesures les plus spectaculaires issues de la table ronde de mercredi 24 octobre est l'annonce de l'arrêt du développement du programme autoroutier. Jean-Louis Borloo a été clair : "Pendant trente ans, on a fait beaucoup de routier et d'autoroutier, a-t-il indiqué au *Monde*. C'est fini : on n'augmentera plus la capacité routière. Notre stratégie est de développer le ferroviaire et le fluvial." » Notons ensemble : le ministre a été clair.

Le 14 décembre 2010, Thierry Mariani, secrétaire d'État aux Transports, inaugure l'autoroute A65, entre Langon et Pau. Pour l'occasion, un collectif d'associations et de partis publie un communiqué dont chaque mot extrait pèse son poids d'écœurement. Lisons : « Ces 150 kilomètres d'infrastructure s'ajoutent aux 10 950 kilomètres d'autoroutes et au 1 027 154 kilomètres de routes déjà existants en France, aux 5,1 millions d'hectares de sol déjà artificialisés (soit 9,4 % du territoire national). Ils annoncent également les 1 092 nouveaux kilomètres d'autoroutes inscrits dans le projet 2010 de Schéma national des infrastructures de transport ou ayant récemment fait l'objet de déclaration d'utilité publique. » Et puis, plus loin : « Aucune “mesure de compensation” ni aucun maquillage sémantique sur le registre de “l'autoroute verte” ne pourra occulter ces réalités ni l'outrage que fait subir cette infrastructure aux territoires qu'elle a traversés et aux individus qu'elle a impactés. Cette célébration est indécente. »

Or donc, on peut écrire, sans vraiment jubiler, que Jean-Louis Borloo a grossièrement menti lorsqu'il fallait faire croire que le Grenelle servirait à quelque chose. Et du côté des transports publics, au fait, auxquels on prétendait enfin donner la priorité ? Le 22 octobre 2010, l'un des acteurs du Grenelle – un homme remarquable –, Jean Sivardière, déclare : « Aucun financement pérenne des transports urbains et ferroviaires n'a été mis en place, le vélo reste ignoré par l'État et les investissements routiers sont relancés au mépris de tout bon sens. » Sivardière a permis à Grenoble de disposer d'un tram que tout le monde refusait, et que tout le monde plébiscite aujourd'hui. Il est le président d'une de nos plus belles associations, la Fédération nationale des usagers des transports (Fnaut).

On arrête là ? On arrête là. Non sans ajouter que le gouvernement remanié de François Fillon, annoncé le 14 novembre 2010, alourdit encore le bilan. Le minable ministère de l'Écologie se voit amputé de deux pièces essentielles. L'Énergie, qui en faisait partie, passe entre les mains du militant nucléariste bien connu, Éric Besson. Le 14 décembre 2010, alors qu'un froid anodin régnait sur la France, notre pays a battu son record historique de consommation électrique simultanée, à la hauteur fantastique de 94 200 mégawatts (MW). Par définition, un tel pic n'avait jamais été atteint. Il est la preuve que rien n'est fait pour seulement limiter le gaspillage fou de notre consommation énergétique. Les discours passent et sont oubliés le lendemain. Les faits demeurent. Quant à la Mer, préoccupation majeure entre toutes, elle se retire au loin du ministère de l'Écologie, elle aussi, reprise dans les filets de Bruno Le Maire, ministre de l'agriculture intensive et des pêcheurs industriels.

Vous souvenez-vous de la question posée au début de ce chapitre éprouvant ? Voici la réponse : non. Non, ils ne sont pas sérieux. Ni Greenpeace, ni le WWF, ni la Fondation Hulot, ni FNE. Ce serait charmant chez des enfants de cinq ans. Mais c'est tout de même moins plaisant chez des gens supposés sauver la planète.

CHAPITRE 10

Cet insoutenable mot de *développement*

Tout s'explique enfin ! Tout devient affreusement clair, et même limpide. Au départ, un président américain, Harry Truman, qui invente développement et sous-développement. À l'arrivée, des philanthropes on ne peut plus madrés qui lancent le « développement durable ». Au fait, connaissez-vous Maurice Strong ?

Avis ! Ce chapitre est long et délicat à lire, à suivre, à digérer. Il est à la portée de tous, mais il commande de l'attention. Est-ce trop demander ? Je le crois d'autant moins qu'il contient des clés que je juge décisives. De même, en contrepartie, qu'un véritable suspense. Vous ne serez pas volés. Mais avant cela, retour à nos chers écologistes français, tellement français. S'ils ne s'intéressent aucunement à la structure du ministère de l'Écologie et au pouvoir réel dans notre pays, on se doute bien qu'ils sont encore plus indifférents à la marche réelle du monde. Et l'on a hélas raison. Pour commencer ce dernier chapitre, je me tourne d'emblée vers un très grand livre politique, lu certes, mais plus encore méconnu : *Le Développement (histoire d'une croyance occidentale)*, par Gilbert Rist (Les Presses de Sciences Po).

Les découvertes de Gilbert Rist

Ce livre permettrait d'ouvrir des débats passionnants, qui rejetteraient fatalement dans les ténèbres extérieures tous les Grenelle de la terre. Et c'est bien pourquoi les écologistes officiels, s'ils en ont entendu parler, ne l'évoquent jamais. Au passage, pourquoi n'y a-t-il jamais de débat public sur le bilan de plus de quarante années de « militantisme » écologiste en France ? FNE a fêté en 2008 ses quarante années d'existence : pas l'ombre d'une discussion. Greenpeace aura le même âge en cette année 2011, et je gage, et je suis sûr qu'aucun bilan argumenté et contradictoire n'en sera fait. N'est-ce pas réellement stupéfiant, compte tenu de ce qui s'est passé sur terre depuis les années 1970 ?

Gilbert Rist. Ce professeur chenu – il enseigne à Genève – a publié la première édition de son livre en 1998. Je ne souhaite pas résumer ici une pensée passionnante de bout en bout. Seulement en extraire quelques éléments essentiels ici. Rist décrit le « développement » comme un élément clé d'une religion moderne aveugle à elle-même. Dit ainsi, cela ne paraît pas renverser les tables. Et pourtant si. D'où vient en réalité ce mot valise, ce mot fétiche, ce mot si plastique qu'il est utilisé par tous sans le moindre questionnement ?

À la suite de Rist, j'ouvre mon dictionnaire Le Robert dans son édition de 1992. À l'entrée « développement », on trouve quantité de synonymes tels qu'essor, épanouissement, progrès, expansion, croissance, et même rayonnement. On trouve aussi ceci : « Pays, région en voie de développement, dont l'économie n'a pas atteint le niveau de l'Amérique du Nord, de l'Europe occidentale, etc. (euphémisme créé pour remplacer *sous-développé*) ». Présenté de la sorte, accepté de la sorte, ce mot apparaît comme évident. Humaniste. Universel. Pleinement désintéressé. Oui, mais comme bien souvent, le recours à l'histoire peut se révéler indispensable. Car qui ignore sérieusement que les mots eux-mêmes ont un passé ? Le Robert entrouvert plus haut dispose d'une édition historique, en plusieurs volumes rouges, que j'ai le privilège de posséder aussi. On peut s'y promener pendant des siècles. On peut, si l'on aime la musique de la langue et sa structure intérieure, y gambader dans le bonheur le plus complet. Dans son livre, Rist nous offre un cadeau inestimable. Il tente de découvrir les premiers usages du mot *développement* dans le sens économique, politique et social qu'il a pris dans nos sociétés.

On me pardonnera d'aller droit au président américain Harry Truman, en poste de 1945 à 1953. Par une ironie coutumière de l'histoire, Truman aura régné sur le grand vainqueur de la guerre depuis la déroute des fascismes jusqu'à la mort, ou presque, de Staline, qui marquait sans qu'on le sache le début de la fin de sa si terrible dictature. Au moment où Truman succède à Roosevelt, le 12 avril 1945, Hitler s'apprête à se suicider dans son bunker, et l'armée stalinienne commence son plan de conquête de ce qu'on appellera l'Europe de l'Est. Les quelques vrais stratèges américains savent que la guerre froide va commencer, malgré les serments d'amitié éternelle entre vainqueurs de la guerre. Ils pensent déjà à l'éventualité d'un nouveau conflit qui opposerait les chars russes et américains sur le champ de bataille pourtant dévasté de la vieille Europe. Que pensent, que veulent les puissants partis communistes de France et d'Italie ? Qui tiendra les ports de Marseille, Saint-Nazaire, Cherbourg,

Anvers, Gênes, Naples, indispensables pour débarquer du matériel lourd en cas d'affrontement ?

Discours sur l'état de l'Union (1949)

C'est dans ce contexte qu'il faut comprendre le lancement du plan Marshall, le 5 juin 1947. Les États-Unis promettent d'aider massivement l'Europe, de manière qu'elle puisse reconstruire ses villes et ses infrastructures. Truman se comporte ainsi en excellent Américain : il est probablement sincère dans sa volonté « d'aider » l'Europe, mais sans oublier une seconde les intérêts de son propre pays. Offrir des crédits, des machines-outils, des tracteurs, des engrais et pesticides, c'est noble. Mais c'est également un moyen essentiel de contenir la poussée stalinienne. Et d'offrir des débouchés majeurs à une production matérielle devenue surabondante pour cause de guerre. La paix est parfois un grave problème.

Donc, le plan Marshall, en 1947. Le 20 janvier 1949, le président Truman, après avoir été réélu, doit prononcer le traditionnel discours sur l'état de l'Union. Mais ce discours-là va entraîner un authentique bouleversement, ce qui est en vérité bien rare. Pour préparer le discours présidentiel, des conseillers se mettent autour d'une table, et proposent pour commencer trois sujets, qui deviendront trois points centraux. L'aide à l'affermissement de l'organisation des Nations unies (Onu), encore toute jeune. Le maintien du plan Marshall, qui donne des résultats convaincants. La création d'une alliance militaire tournée contre l'Union soviétique, qui se nommera l'Otan.

Rien que de l'attendu. Selon Rist, l'un des fonctionnaires présents aurait eu l'idée d'ajouter un quatrième point au discours de Truman. Pour le rendre, dirait-on aujourd'hui, plus « sexy ». Il aurait proposé d'étendre aux pays pauvres l'aide technique réservée jusqu'ici à l'arrière-cour américaine, c'est-à-dire certains États de l'Amérique latine. Après hésitation, on se mit d'accord, et au lendemain du discours de Truman, toute la presse américaine titrait sur le désormais fameux « quatrième point ». En voici le début : « Quatrièmement, il nous faut lancer un nouveau programme qui soit audacieux et qui mette les avantages de notre avance scientifique et de notre progrès industriel au service de l'amélioration et de la croissance des régions sous-développées. Plus de la moitié des gens de ce monde vivent dans des conditions voisines de la misère. Leur nourriture est insatisfaisante. Ils sont victimes de maladies. Leur vie économique est primitive et stationnaire. Leur pauvreté constitue un handicap et une menace, tant pour eux que pour les régions les plus prospères. Pour la première fois de l'histoire, l'humanité détient les connaissances techniques et pratiques susceptibles de soulager la souffrance de ces gens (...) Je crois que nous devrions mettre à la disposition des peuples pacifiques les avantages de notre réserve de connaissances techniques afin de les aider à réaliser la vie meilleure à laquelle ils aspirent. Et, en collaboration avec d'autres nations, nous devrions encourager l'investissement de capitaux dans les régions où le développement fait défaut (...) L'ancien impérialisme, l'exploitation au service du profit étranger n'a rien à voir avec nos intentions. Ce que nous envisageons, c'est un programme de développement fondé sur les concepts d'une négociation équitable et démocratique. »

Il s'agit d'un texte majeur, car il définit un cadre neuf pour les relations internationales. D'un côté des pays développés, dotés de moyens mécaniques immenses, notamment des machines et des moteurs, disposant d'un produit national brut en expansion constante, baignant dans une prolifération d'objets satisfaisant un à un tous les besoins. Et même de tout nouveaux. Et de l'autre, des pays « sous-développés », qu'il s'agit d'aider à atteindre le bonheur matériel des heureuses contrées américaines. C'est la naissance en direct d'un mythe, qui perdure. Pour ne prendre qu'un exemple éclairant, toutes les anciennes colonies nouvellement indépendantes, en Afrique par exemple, enfourcheront ce mauvais canasson. L'objectif des élites politiques du Sud éduquées en Occident, arrivées au pouvoir entre 1947 – l'indépendance indienne – et le début des années 1960, sera la poursuite du même mirage. Nous rattraper. Rouler en bagnole bientôt climatisée. Bâtir des éléphants blancs et des châteaux de sable tout en faisant suer le burnous à leurs peuples respectifs. Et pour cela accueillir tous les émissaires chargés de valises de billets. Les envoyés du Programme des Nations unies pour le développement (Pnud), ceux de la Banque internationale pour la reconstruction et le développement, autrement nommée Banque mondiale. Ceux des transnationales du pétrole, des minerais, des services en tous genres, qui firent les fortunes de générations de satrapes.

Un avatar de la religion

L'idéologie du développement, dirait sans doute Rist, est avant tout un avatar de la religion. Cette croyance se moque en effet des notions de vrai et de faux, de faits et de raison, car elle n'est de toute façon pas réfutable.

Chacun peut voir à quel point le « développement » a échoué. Rist rappelle, après tant d'autres, que l'écart entre régions pauvres et riches était de 1 à 2 en 1700, de 1 à 5 vers 1900, de 1 à 15 en 1960, de 1 à 45 en 1980. Le Pnud, déjà évoqué ci-dessus, notait dans un rapport de 1999 sur le « développement humain » que l'écart entre les 20 % les plus pauvres et les 20 % les plus riches était de 1 à 30 en 1960 et de 1 à 74 en 1997. Tribune de Flemming Larsen, responsable du Fonds monétaire international, parue dans *Le Figaro* du 1er janvier 2001 : « L'écart de revenus entre riches et pauvres n'a jamais été aussi grand. Il est impératif d'inverser cette tendance. »

Quelle jolie farce ! Qui ne voit la bidonvillisation du monde ? Le milliard d'affamés chroniques ? La destruction d'écosystèmes évidemment vitaux pour la suite ? Mais nul n'arrêtera en si bon chemin les croyants, servants et profiteurs du « développement », ce mot nouveau utilisé avec autant d'insouciance par le président Truman le 20 janvier 1949. Il résiste à la réalité parce qu'il est une chimère, un totem, une idole. Le « développement » est le bonheur en marche, mais il va falloir pour commencer se retrousser les manches, acheter *made in America*, accepter le principe d'échanges économiques internationaux entre égaux dont certains le sont nettement plus que d'autres.

« Le discours du président Truman, note Rist, était destiné d'abord à ses compatriotes, qui ne pouvaient être insensibles à cette manière de présenter l'histoire du monde ; elle était en effet d'autant plus vraisemblable qu'elle correspondait, sur le mode profane, à la vérité proclamée par l'Église. Mais cette audience dépassait largement les États-Unis puisqu'elle reposait sur une croyance partagée non seulement par le monde chrétien mais, d'une certaine manière, par tous les adhérents d'une religion de salut. » Du même coup, personne n'était plus en situation de questionner un modèle aussi prometteur. Qui aurait trouvé la force de contester une telle générosité ? Qui aurait osé prétendre qu'on peut vivre en forêt, pieds nus, ou en ville sans radio, ou manger de la viande seulement quand c'est possible ?

Bien entendu, l'apparition du mot dans le discours public ne faisait qu'accompagner un mouvement probablement irrésistible. Mais la force symbolique d'une appellation peut devenir une puissance matérielle. Et le « développement » l'est bel et bien devenu. À compter de 1949, deux milliards d'habitants du monde changent de statut. Ils deviennent des « sous-développés », qui seront sommés par tous les moyens concevables, incluant la propagande publicitaire au sens le plus large, de se conformer au modèle occidental de la vie. Leurs conceptions si diverses de l'existence terrestre, leur manière de parler, de conduire une famille, de cultiver leur lopin, de faire l'amour, leurs langues même deviennent peu à peu des obstacles au progrès décidé par d'autres. Splendide opération.

Hold-up du côté du vocabulaire

Nous en serions encore là – nous y sommes, d'ailleurs – sans une deuxième formidable invention, connue sous le nom de « développement durable ». Je ne connais ni ne prétends connaître tous les détails d'un aussi considérable hold-up sémantique, mais je vais tâcher de vous raconter ce que je sais. Le 13 mai 2009, à New York, madame Julia Marton-Lefèvre, directrice générale de l'Union internationale pour la conservation de la nature (UICN) tient un discours devant une commission des Nations unies. Citation en anglais : « *You may be aware that the phrase "sustainable development" was first coined by IUCN in our 1980* World Conservation Strategy. » Ce qui veut dire que l'expression « développement soutenable » a été forgée la première fois en 1980 dans un rapport de l'UICN, ce qui est tout à fait exact. Mais alors, amis du langage, pourquoi parle-t-on aujourd'hui de « développement durable » à chaque seconde ? Cela devient passionnant, car l'adjectif *sustainable,* utilisé par les biologistes de la conservation de l'UICN, a un sens singulier. Lorsque l'on dit dans ces milieux *soutenable,* cela renvoie à la capacité qu'ont – ou n'ont plus – les écosystèmes à supporter les activités humaines. Un exemple simple pour me faire comprendre : les océans de la planète sont un écosystème géant qui a servi l'aventure humaine depuis son apparition. La pêche industrielle est insoutenable, car elle met en question, dramatiquement, la capacité des mers à maintenir la stabilité de ses chaînes alimentaires.

Ce mot *soutenable* est d'autant plus intéressant qu'il renvoie donc à ce que personne ne veut voir, qui décide pourtant de tout. Les écosystèmes sont dits fonctionnels tant qu'on ne s'attaque pas à leur structure. Et quand leur structure s'effondre – cette menace est omniprésente d'un bout à l'autre de la planète –, aucune volonté humaine ne peut rétablir leur équilibre. *Soutenable* est donc un mot considérable, « forgé » précisément pour indiquer qu'il y a des limites. Que l'homme ne peut pas tout se permettre parce qu'il peut tout détruire.

Alors, pourquoi *durable* au lieu de *soutenable* ? J'ai sous les yeux en ce moment un livre paru au début de 1989 aux éditions québécoises du Fleuve. Il s'agit d'un rapport ennuyeux de la Commission mondiale pour l'environnement et le développement, rédigé en 1987. Cette douce manière de lier ensemble développement et environnement est déjà, en soi, une information. Mais ce livre est, malgré ses pesants défauts, devenu célèbre dans le monde entier, car son titre français est : *Notre avenir à tous*. Il s'agit d'un long texte préfacé par l'ancien Premier ministre de Norvège, madame Gro Harlem Brundtland, connu depuis sous le nom de « rapport Brundtland ». Aucun doute, c'est ce texte bureaucratique qui a lancé dans le grand public l'expression magique. Mais laquelle ? Dans mon édition française de 1989, on ne parle que de « développement soutenable », correcte traduction de l'anglais d'origine, « *sustainable development* ».

De soutenable *à* durable

Quand, comment et pourquoi est-on passé de *soutenable* à *durable* ? Selon les sources, cette tromperie, car c'en est une, serait venue des États-Unis, ou bien de France, pour cause d'usage, tout simplement. Je dois avouer un certain scepticisme. Un tel glissement a peu de chance d'avoir à faire avec le hasard. Quoi qu'il en soit, le mot *durable* sert admirablement bien des intérêts innombrables, à commencer par ceux de l'industrie, moteur essentiel de la destruction du monde.

Ouvrons ensemble l'un des livres les plus instructifs de ces dernières années : *Développement durable, 21 patrons s'engagent.* Paru au Cherche midi, en 2002, sous la signature conjointe du journaliste Teddy Follenfant et de l'ancien patron d'EDF Pierre Delaporte, il contient des entretiens ébouriffants avec de grands patrons français.

L'idéal serait de citer la totalité des deux cent vingt-deux pages, mais ce serait du vol. Il n'empêche que chaque ligne mérite examen. Selon Bernard Arnault, patron de LVMH et homme le plus riche de France en 2005, « plus aucune réforme politique, plus aucun projet d'entreprise ne peuvent être conçus s'ils n'intègrent préalablement cette dimension [du développement durable] ». Éthique, impératif moral, Saint-Ex, stratégie sociale et environnementale, tout y est. Comme sur le costume de guerre des pioupious de l'an 1914, il ne manque pas une guêtre. Surtout en Chine, où les nouveaux riches s'enivrent de produits de luxe made in LVMH pour mieux oublier sans doute les deux cents millions de *mingong*, ces chemineaux qui errent de ville en ville à la recherche d'un emploi précaire. Citation du site *Tout sur la Chine* (février 2010) : « Sur l'année 2009, c'est l'Asie qui a permis d'amortir l'effet de la crise pour LVMH (...) La Chine à elle seule représente désormais 6 % des ventes du groupe. Hennessy est déjà en tête des ventes de cognac dans ce pays, où une autre marque du groupe, les chaussures Berluti, réalise une belle percée. Louis Vuitton, très présent en Chine depuis 1992, ajoutera à son puzzle trois grandes villes de province et renforcera sa présence à Shanghaï avec deux emplacements majeurs avant l'Exposition universelle (1er mai-31 octobre). »

Retour au livre. Bertrand Collomb, alors patron du cimentier Lafarge, grand partenaire du WWF : « Le développement durable est un développement économique qui ne compromet pas le développement des générations futures. »

Développement, quand tu nous tiens. Voir supra la manière dont Lafarge voulait traiter les dunes sous-marines au large de Quiberon. Et le sort réservé aux riverains de la cimenterie Chatak du Bangladesh.

Faut-il y voir une dose d'humour supérieure ? Le fait est que Thierry Desmarest, patron de Total, sait rire : « Il est difficile de trouver une définition qui englobe tous les aspects du développement durable. » Comme il est difficile de trouver une définition englobant tous les aspects d'une noble entreprise comme Total, qui a digéré, faut-il le rappeler, Elf et son service secret interne, spécialiste de tous les coups tordus possibles en Afrique. Total, le Total de l'*Érika*, d'AZF, du soutien aux régimes d'Angola, du Gabon, du Congo, Total et le « développement durable ». Autre perle dans la bouche de Desmarest, qui dit absolument tout ce qu'il y a à comprendre : « Je dirais qu'on ne peut pas faire du développement durable sans être compétitifs. » Pardi, nous vivons dans un monde de brutes, où tous les coups sont permis.

Jean-Marc Espalioux, patron du groupe Accor, géant du tourisme de masse, avec 3700 hôtels répartis dans 90 pays. S'il connaît le « développement durable » ? Enfin, bien entendu : « Avec le gouvernement égyptien, nous faisons de l'information et de la prévention auprès de nos clients pour préserver cette faune extraordinaire [celle de la mer Rouge]. Ailleurs, c'est le nettoyage des plages qui sera privilégié. » Et nous sommes tous ravis d'apprendre que le « développement durable » est « non seulement compatible, mais indispensable » avec la mondialisation du tourisme de masse. Plus on détruira des mangroves pour y bâtir des hôtels les pieds dans l'eau, plus on conduira en avion des millions de touristes exciter l'envie des gueux du monde réel, plus l'on importera à grands frais du vin et du champagne de France, et plus il faudra clamer son attachement inébranlable au « développement durable ». C'est logique.

Faut-il continuer ? Les meilleures distractions ont une fin. Les vingt et un patrons du livre montrent, *ad nauseam*, qu'ils ont compris que rien ne pouvait continuer comme avant. Plutôt, qu'il fallait passer le plumeau, suivi d'un badigeon vert printemps pour que tout reparte comme avant, exactement comme avant. Donnons la parole pour finir à cet excellent Francis Mer, P-DG en 2002 du groupe Arcelor – acier à tous les étages – qui deviendra ministre de l'Économie du 7 mai 2002 au 30 mars 2004. Sous Chirac, le merveilleux ami de Nicolas Hulot. Voici : « Les entreprises sont faites pour "créer des richesses". D'où l'idée de développement. J'insiste donc au moins autant sur l'idée de développement que sur le mot durable. » Ce qu'on appelle une belle franchise. Le développement durable est un développement qui dure jusqu'à la fin des temps.

Il faut bien en revenir aux origines, car on ne saurait comprendre le succès planétaire de l'expression « développement durable » sans examiner de plus près le rapport Brundtland, écrit en 1987. Je l'ai dit, il s'agit d'un texte lourd et indigeste de la Commission mondiale sur l'environnement et le développement (Cmed). Sans ce travail, nous ne parlerions pas aujourd'hui, du moins comme tant le font, de « développement durable ». C'est une clé, et quelle clé !

Les mystères du rapport Brundtland

La Cmed de madame Brundtland a une histoire, figurez-vous. Tout commence par des manœuvres dans les coulisses du grand bâtiment onusien de New York, près de l'East River. Le 1er janvier 1982, Javier Pérez de Cuéllar est devenu secrétaire général des Nations unies. Ce diplomate péruvien, qui ne connaît rien, absolument rien à l'écologie, va être entrepris par un autre responsable onusien pendant les premiers mois de l'année 1983. Je ne cite pas de suite son nom, patientons. Cette entreprise aboutit à un communiqué très méconnu, en date du 19 décembre 1983, dont le titre anglais est : « *Process of preparation of the Environmental Perspective to the Year 2000 and Beyond* ». En français, cette merveille bureaucratique donne à peu près : « Processus de préparation d'une perspective environnementale à l'horizon 2000 et au-delà ».

On préférerait sans doute un vers de René Char, mais il n'y a pas le choix. Le texte signale pourtant des points essentiels. En deux mots, mais on peut se rapporter à l'original (www.un.org/documents/ga/res/38/a38r161.htm), l'ONU rapporte que la Commission qui va donner naissance au rapport Brundtland est la création du Programme des nations unies pour l'environnement (PNUE), créé en 1972. Sans intérêt ? Si. Car le fondateur du PNUE et son premier secrétaire général n'est autre qu'un certain Maurice Strong, celui que je me retenais de citer. C'est lui qui a imaginé la Commission et convaincu Javier Pérez de Cuéllar de son intérêt pour le monde. Strong mériterait un livre à lui seul, mais je suis contraint ici à de courtes généralités. Disons avec prudence que c'est un personnage d'une rare complexité. Car il est l'homme du très gros business et du « développement durable », de façon inextricable.

Je m'appuie, pour tout ce qui suit, sur une source directe, car il s'agit du site Internet de Strong lui-même (www.mauricestrong.net). Officiellement, Strong a été socialiste une grande partie de sa vie. Comme il est canadien, il est important de le signaler, car là-bas, ce mot voisine le plus souvent, comme aux États-Unis, avec celui, honni entre tous, de communiste. Mais de quel socialisme peut-il bien s'agir ? Strong, né en 1929, a en effet fait fortune dans l'industrie pétrolière, où il aura servi les intérêts de diverses compagnies, parmi lesquelles Dome Petroleum, Caltex (groupe Chevron), Norcen Resources, PetroCanada, dont il sera d'ailleurs le patron. Notons qu'il sera également P-DG du groupe canadien Power Corporation, qui mélange allègrement ses puissants intérêts dans la presse, ses activités industrielles et financières et le soutien direct à la droite canadienne fédéraliste. Ce qui n'est guère étonnant, car Strong n'aura en fait jamais cessé de faire de la politique, et toujours à droite. Je passe sur ses liens nullement secrets avec des responsables canadiens de premier plan, dont l'ancien Premier ministre du Canada Paul Martin. Dernière médaille du travail à accrocher au revers de Strong : il a dirigé Ontario Hydro, géant de l'hydro-électricité et du nucléaire. Cela sent son écologiste, pas à dire.

L'infiniment curieux, c'est que ce même Strong, fasciné d'après ses dires par l'ONU depuis la fin des années 1940 du siècle passé, est dans le même temps devenu la pièce maîtresse des Nations unies dans le domaine dit de l'environnement. Créateur du PNUE comme je l'ai dit, il sera aussi le grand organisateur du Sommet de la Terre de Rio, en 1992, ainsi que le tireur de ficelles du protocole de Kyoto, en 1997. En somme et en résumé, Strong est un grand capitaliste qui aura joué un rôle majeur dans l'histoire des quarante années passées de l'ONU.

Je précise tout de suite que je récuse en bloc toutes les rumeurs conspirationnistes qui tournent autour de sa personne, car ce sont précisément des rumeurs. Et pour ce que j'ai pu voir, elles ne sont pas fondées. Des spécialistes du complot lui attribuent la volonté grotesque de dominer le monde à l'aide de ténébreux mais puissants personnages. *I don't buy it*, comme on dit aux Amériques. Je ne marche pas. Les faits ne sont pas cachés, ils ne sont pas assemblés, et ce n'est pas du tout la même chose.

Maurice Strong, patron, diplomate et grand écologiste

Le sûr est que cet homme aura été l'un des plus puissants de sa génération. Le rapport Brundtland, s'il avait fallu dire la vérité, eût dû s'appeler le rapport Strong, qui a siégé d'ailleurs, officiellement, dans la Commission chargée de le rédiger. Si l'on regarde sa composition complète, on ne peut qu'être frappé par l'omniprésence d'anciens ministres et/ou businessmen. Citons par exemple Susanna Agnelli, Bernard Chidzero, Saburo Okita, Bukar Shaib, Paulo Nogueira Neto. Mais qu'ont donc à voir ces graves gens avec la crise écologique mondiale ? C'est à se demander. Peut-être est-il temps de vous dire que le rapport Brundtland n'est jamais qu'une resucée, à peine modifiée sur le fond, du discours du président Truman en 1949 ! On a essentiellement ajouté un adjectif au mot *développement*, et voilà tout. J'ouvre mon livre de 1989, cette fameuse édition québécoise d'avril 1989, et je lis à haute voix ce passage de la page 2 : « La Commission est persuadée que l'humanité peut créer un avenir plus prospère, plus juste, plus sûr.

Dans notre rapport, *Notre avenir à tous,* notre démarche n'est pas de prévoir une dégradation constante de l'environnement ni une progression de la pauvreté et des difficultés dans un monde de plus en plus pollué où les ressources seraient de moins en moins nombreuses. Nous envisageons plutôt la possibilité d'une nouvelle ère de croissance économique, s'appuyant sur des politiques qui protégeraient, voire mettraient en valeur la base même des ressources. Nous estimons que cette croissance est absolument indispensable pour soulager la misère qui ne fait que s'intensifier dans une bonne partie du monde en développement. »

Si ce n'est pas un chef-d'œuvre, cela y ressemble. Un concentré de croyance, comme en 1949, mais utilisé, mais manipulé bien sûr par des personnages de la trempe de Maurice Strong. Passons à la troisième dimension de cette personnalité hors normes. Il n'est pas seulement capitaliste et haut responsable de l'ONU, il est aussi écologiste. À la manière dont il se dit socialiste ? Chacun jugera. Le fait certain est que Strong a été un haut responsable de l'Union internationale pour la conservation de la nature (UICN), qui organisera un débat et une fête pour les 80 ans de Strong au siège de l'organisation à Gland (Suisse), les 1er et 2 juillet 2009. Le Canadien a également joué un rôle central dans le WWF Canada, dont il a été membre du conseil d'administration dans les années 1970. Évidemment – le mot qui s'impose – il a fait partie du conseil d'administration du WWF International, ce qui n'étonnera guère, tant il est vrai que la grande industrie et le WWF marchent main dans la main depuis les débuts de l'ONG écologiste. Plus étonnant tout de même : Greenpeace aime aussi Maurice Strong d'un amour tendre et sans nul doute sincère. En janvier 2002, Greenpeace International – le staff des chefs, installé à Amsterdam – publie un document titré : *Les Leçons de l'histoire : sur la route de Rio à Johannesburg*. Et note que dans un livre (*Where on Earth Are We Going ?*), Strong décrit Greenpeace comme « peut-être l'ONG environnementale la plus influente » et « le principal "procureur" du mouvement écologiste », relevant qu'en plus de ses « tactiques de confrontation dramatique », elle mène « un travail constructif, bien que moins connu, en développant des propositions politiques crédibles et professionnelles dans de nombreuses négociations internationales ».

La traduction de l'anglais est balourde, mais elle vient de Greenpeace, pas de moi. Il s'agit en tout cas d'un sérieux hommage qui fait rosir de bonheur la haute hiérarchie de Greenpeace. Laquelle écrit à la suite : « Greenpeace exprime à M. Strong sa gratitude pour cette reconnaissance publique, et nous saluons ses propositions (...) Les propositions de Maurice Strong ont de nombreux points communs avec celles de Greenpeace. » Ma foi, il me semble que les choses sont claires. L'UICN, le WWF et Greenpeace, qui pèsent fort lourd, côté ONG, dans le débat mondial sur la crise écologique, sont des amis de Maurice Strong, qui a pourtant utilisé la plus grande partie de sa vie au service de l'industrie transnationale, notamment pétrolière. On serait presque embarrassé de rappeler que cette même industrie pétrolière a joué et joue un rôle central dans le si vaste dérèglement climatique en cours. Et que certaines de ses compagnies majeures ont financé le sabotage de la prise de conscience des effets pourtant certains de cette crise globale.

Stephan Schmidheiny, le noble héritier

Qui est donc réellement Maurice Strong ? La réponse m'indiffère. Elle m'indiffère, car ce que je sais me suffit : Strong est l'homme des transnationales. De cette fraction pionnière de l'industrie transnationale qui a compris, avant bien d'autres, que pour continuer, il fallait s'adapter. Que pour permettre à la machine industrielle, cette authentique arme de destruction massive, de continuer sa route, il fallait la repeindre en vert. Faire ce que les Américains appellent du *greenwashing*, une plaisante façon de laver à grandes eaux vertes les sanies du passé. Maurice Strong, héraut mondial du capitalisme vert, dont nos nobles figures de l'écologie parisienne n'ont probablement jamais entendu parler. Pardonnez-leur, car ils ne savent pas ce qu'ils sont.

Reste que Strong n'est pas immortel, hélas. À presque 82 ans, il reste très actif en Chine – pardi – et suit, sans doute par pure philanthropie, le dossier nord-coréen. De belles photos le montrent en compagnie du président chinois, et Strong ne tarit pas d'éloges sur le régime de Pékin, assurant par exemple (*The Guardian*, 23 juin 2010) : « Mais la Chine a maintenant compris que porter atteinte à l'environnement est l'un des risques pour le développement. Les Chinois font très attention à l'environnement. » Dire cela du pays qui détruit à la racine tous ses équilibres, et qui a notamment sacrifié le Yangzi Jiang – le grandiose fleuve Bleu – à la folie du barrage des Trois-Gorges, relève à coup certain d'un sens supérieur de l'humour. Mais Maurice Strong aura-t-il des successeurs ?

La réponse est oui. D'autant plus qu'il en a déjà. De nouveau, il me faudrait un livre pour décrire en profondeur un phénomène mondial, dont l'ampleur est colossale. Je me contenterai d'un exemple saisissant : Stephan Schmidheiny. Ce Suisse est l'héritier d'une dynastie capitaliste, qui aura bâti son immense fortune sur l'entreprise Eternit. Cette fois encore, patience, car je ménage certain suspense. Né en 1947, Schmidheiny devient en 1990 le bras droit de Maurice Strong dans la préparation du Sommet de la Terre de Rio, qui doit se tenir en 1992. Je le précise pour ceux qui ne le sauraient pas : Rio est une date majeure, qui assure le triomphe définitif du « développement durable » partout dans le monde. À partir de cette date, des milliers d'ONG, d'institutions publiques et privées, de structures gouvernementales ne cesseront d'ânonner le vocabulaire de Rio. Vingt ans après, nous en sommes au même point. Une génération militante a cru – et croit, d'ailleurs – aux Agendas 21, aux conventions internationales sur le climat, la biodiversité, la désertification. Article 3 de la grande déclaration finale, que n'aurait pas renié ce bon Harry Truman, ni bien sûr madame Brundtland : « Le droit au développement doit être réalisé de façon à satisfaire équitablement les besoins relatifs au développement et à l'environnement des générations présentes et futures. »

Impossible de surestimer l'importance de Rio. C'est un point de départ, et un point d'arrivée. Difficile de ne pas s'interroger sur la place centrale qu'y occupent Schmidheiny et Strong. Mais il est vrai que les deux hommes emploient volontiers pour se définir le mot de *philanthropes*. C'est plus fort qu'eux, ils aiment l'humanité. Cette fois encore, je m'appuierai essentiellement sur des propos estampillés.

Dès 1984, Schmidheiny crée au Panama une structure appelée Fundes, qui essaimera ensuite en Amérique latine. L'objectif officiel est d'aider les (nombreux) chômeurs de la région. Il s'agissait, écrira Schmidheiny (www.avina.net), « de mon premier pas en direction de la philanthropie organisée ». Il y en eut d'autres, en effet. Mais avant d'en parler, notons ensemble que, toujours selon notre héros suisse (entretien à la revue chilienne *QuéPasa*, cité par *Avina.net*) : « Ma philanthropie n'a pas le sens classique de la philanthropie, qui signifie charité, dons aux pauvres pour manger, ce n'est pas de la miséricorde. Je vois cela comme un investissement dans les processus sociaux. Un investissement dans l'avenir d'une société dont je dépends et où je veux faire des affaires. » Une telle franchise est tout à l'honneur de notre grand « philanthrope ».

Après avoir lancé Fundes et co-organisé le Sommet de la Terre 1992 avec Strong, Schmidheiny est fatalement devenu un vigoureux militant écologiste. On le retrouve donc sans surprise, en 1994, à lancer une ONG nommée Avina, financée par une structure appelée Viva, qui est aussi propriétaire d'un trust industriel dont le nom est GrupoNueva, spécialisé dans le bois, l'eau, les tubes plastique, le fibrociment. Simple, non ? Avina a pour but revendiqué de « contribuer au développement durable en Amérique latine afin de promouvoir l'établissement de relations de confiance et de partenariats fructueux entre les chefs d'entreprise et leaders sociaux autour de programmes d'action consensuels ».

Avina et les « entrepreneurs sociaux »

Chaque mot compte, bien entendu. Les leaders sociaux sont ceux qui, voici quarante ans et plus, voulaient soulever le monde et se priver des services de tous les Schmidheiny de la terre. Il semble plus compatible avec l'essor du commerce et de la libre entreprise de se mettre ensemble autour d'une table, à discuter de programmes consensuels.

C'est très vraisemblablement ce qu'a réussi le philanthrope au Chili, où une opportune loi du dictateur Pinochet, en 1974, a permis à des sociétés forestières d'exploiter à leur convenance des terres disputées par les anciens habitants du lieu, les Indiens Mapuche. L'entreprise Masisa, qui fait partie de la nébuleuse GrupoNueva, y est installée, et possède 238 000 hectares de monocultures de pins et d'eucalyptus entre Chili, Argentine, Venezuela, Brésil, Pérou, Mexique. Pour qui connaît la chanson, et c'est mon cas, il est aisé d'imaginer tout ce qu'une industrie de la sorte – gros engins, engrais et pesticides – peut avoir d'écologique. Et ne parlons pas des conflits d'usage avec les habitants des lieux, surtout quand la police et l'armée ne sont pas loin.

Parallèlement à sa nouvelle carrière latino-américaine, Schmidheiny a fondé une authentique merveille connue sous son nom anglais de World Business Council for Sustainable Development (WBCSD). Ce Conseil mondial des entreprises pour le développement durable est né au moment du Sommet de la Terre de Rio, en 1992. Il regroupe environ deux cents entreprises, dont la liste inclut d'autres philanthropes que Schmidheiny, tels China Petrochemical Corporation, Mitsubishi Chemical Holding Corporation, Solvay, AREVA, Dassault Systèmes S.A., L'Oréal, BASF, Bayer, Italcementi Group, Shell, Philips, Hoffmann-La Roche, Novartis, Syngenta, BP, Rio Tinto, Alcoa, Boeing, Chevron Corporation, Dow Chemical, DuPont, sans oublier The Coca-Cola Company.

Bref, toute la grande industrie a été réunie dans le WBCSD. J'ai sous les yeux un livre admirable – non traduit – paru en

2002 (BK éditions), *Walking the Talk*. Le titre signifie : joindre le geste à la parole. Ses auteurs sont Stephan Schmidheiny, Charles Holiday, patron de DuPont et Philip Watts, l'un des grands patrons de la Shell. On y trouve des études de cas, qui concernent l'activité des transnationales partout dans le monde. Soixante-sept monographies en tout.

Disons tout de suite qu'il faut avoir le cœur bien accroché. Je ne prendrai qu'un exemple, qui me touche singulièrement : le delta du Niger. Schmidheiny et ses acolytes inventent pages 34 et 35 un autre monde, dans lequel la Shell « a une longue histoire d'assistance aux communautés auprès desquelles elle travaille ». Au Nigeria, cela donne un beau rapport annuel, des tables rondes avec de gentils interlocuteurs, des aides à de beaux projets de « développement durable ». La vérité, connue de tous, est aux antipodes.

Le si prudent Programme des Nations unies pour le développement (PNUD), dans un document de 2006 : « Les compagnies pétrolières, Shell Petroleum en particulier, opèrent depuis plus de trente ans [dans le delta du Niger] sans véritables contrôles ni réglementation régissant leurs activités dans le domaine de l'environnement. » Le dernier rapport d'Amnesty International sur le sujet, en date de juin 2009 : « La région est quadrillée par des milliers de kilomètres d'oléoducs et parsemée de puits et de stations de pompage. Une bonne partie de ces infrastructures sont situées près des maisons, des fermes et des sources d'eau des populations qui y vivent. L'industrie pétrolière est responsable d'une pollution généralisée de l'environnement dans le delta du Niger. Les fuites d'hydrocarbures, les déversements de déchets et les combustions en torchères sont bien connus et fréquents. » En 1995, pour ne pas remonter à Mathusalem, l'écrivain nigérian Ken Saro-Wiwa a été pendu haut et court par le gouvernement de l'époque. Ce naïf, qui n'aurait sans doute pas été invité à une table ronde, menait une bagarre publique et non-violente contre les activités de la Shell. Dans le delta du Niger.

Le machin appelé WBCSD a évidemment joué un rôle crucial, en coulisses, au Sommet de la Terre de Johannesburg, en 2002. Tandis que Jacques Chirac clamait à la tribune : « Notre maison brûle et nous regardons ailleurs », les hommes de Schmidheiny vantaient dans des discussions moins verbeuses les mérites de leur si cher « développement durable ». Et ils ont également joué un rôle essentiel, bien que méconnu, dans la tenue de la Conférence mondiale sur la biodiversité de Nagoya (octobre 2010). Où il ne se sera surtout rien décidé, alors que nous vivons la sixième crise d'extinction des espèces.

Je n'en ai pas encore tout à fait fini. Cet excellent Schmidheiny a donc imaginé (voir supra) Avina. On retrouve dans son « *board of directors* » une certaine Anamaria Schindler, par ailleurs vice-présidente d'Ashoka. Cela n'a rien de bien étonnant, car Ashoka se fixe comme mission de participer « à la structuration et au développement du secteur de l'entrepreneuriat social partout dans le monde, afin qu'il amplifie son impact sur la société ». En France, la BNP et la Société générale paient pour cela, de même que des entreprises plus discrètes que je n'ai pas découvertes. Au plan international, Ashoka dispose du soutien financier des plus grands cabinets de conseil aux transnationales : McKinsey and Company, Hill and Knowlton, Latham and Watkins.

Avina et Ashoka font à ce point le même métier qu'ils ont signé un partenariat stratégique, ce qui explique la présence de madame Schindler au bureau d'Avina. Encore un tout petit mot sur le sujet : le 18 décembre 2010, j'ai reçu un message électronique d'une gérante de supermarché bio que je connais bien. Et que j'apprécie. Elle m'invitait à une soirée consacrée à l'entrepreneuriat social, organisée à Paris par l'Unesco et... Ashoka. Et cela m'a rappelé que, voici trois ans à peu près, j'ai reçu une demande concernant un ami écologiste, Roberto Epple. Un Suisse. Un autre Suisse. Une structure inconnue de moi m'envoyait une série de questions sur Roberto, pour s'assurer qu'il méritait bien un prix récompensant son impressionnant engagement en faveur des rivières d'Europe. Comme j'estime au plus haut point Roberto, j'ai répondu, et il a obtenu son prix. Cette structure, bien entendu, c'était Ashoka, qui gagne chaque année en légitimité.

Les deux mille morts du procès de Turin

J'ai bien conscience d'avoir assommé mes pauvres lecteurs au cours de cet interminable chapitre surchargé de noms et de sigles. Mais la réalité est complexe, et il faut souffrir parfois pour comprendre, et pas seulement pour être belle, ou beau. Je conclus, je le jure. Sur une surprise qui n'en est pas une. Rappelez-vous : la fortune de Schmidheiny repose sur une entreprise du nom d'Eternit. Une dynastie familiale fondée sur l'exploitation massive de l'amiante partout dans le monde. Or un procès historique – « *un processo storico* » – a commencé à Turin en décembre 2009 et devrait se poursuivre jusqu'en 2012 peut-être. C'est qu'il y a des milliers de parties civiles. C'est qu'on tente de rendre justice à deux mille travailleurs morts d'avoir été exposés à l'amiante des usines italiennes d'Eternit. *Bouleversant* reste un faible mot pour évoquer ces spectres. L'accusé principal s'appelle, vous l'aurez deviné, Stephan Schmidheiny, qui refuse de se présenter au tribunal. Pensez donc ! Il a refait sa vie, il est écologiste, il est philanthrope. Comme dans une sorte de rappel du *Portrait de Dorian Gray*, Schmideiny ne veut en aucun cas se reconnaître dans ce visage du passé qui est pourtant le sien.

Citation du journal suisse *20 minutes* (27 septembre 2010) : « L'industriel suisse Stephan Schmidheiny, 63 ans, "savait bien qu'il était le propriétaire des filiales italiennes mais a tout fait pour le cacher". Le procureur italien Raffaele Guariniello l'a dit lundi à Turin durant le procès du groupe Eternit. Les audiences du procès qui s'était ouvert le 10 décembre 2009 ont repris le 20 septembre dernier après la pause estivale. Pour l'accusation, il ne fait aucun doute que le milliardaire suisse était responsable des quatre filiales italiennes du groupe Eternit, ont indiqué les agences italiennes de presse.

Producteur de plaques pour la construction contenant de l'amiante, le groupe est considéré comme responsable de la mort d'environ 2000 ouvriers italiens et de la contamination de 800 autres. De 1973 à 1986, date de sa faillite, Eternit SA Italie aurait négligé les mesures de sécurité sur les lieux de travail. »

Schmidheiny encourt une longue peine de prison, mais quelque chose me dit qu'il y échappera. De nouveau, le journal suisse : « Le procureur italien Raffaele Guariniello a en outre aussi accusé Stephan Schmidheiny d'avoir cherché à influencer les médias italiens, par l'intermédiaire d'une agence de relation publique à Milan. De 2001 à 2005, l'industriel suisse aurait dépensé un million d'euros pour notamment faire en sorte que son nom n'apparaisse pas comme étant celui du propriétaire du groupe Eternit. »

And so what ? La vie continue. Un certain Brice Lalonde a été chargé par l'ONU de préparer le prochain Sommet de la Terre, à Rio encore, mais en 2012, vingt ans après le premier. Brice Lalonde, ci-devant écologiste, il y a quarante ans, a viré à droite toute, devenant il y a quelques années un proche d'Alain Madelin, un ancien ministre ultralibéral qui a abandonné la politique pour les affaires. Lalonde prend donc la place de Maurice Strong pour l'organisation du Sommet de Rio, et il partage aussi bien ses valeurs que nombre de ses connaissances. La boutique est entre de bonnes mains, soyez-en certains. Au fait, et cela nous ramène tout droit à nos amis écologistes du Grenelle de l'environnement, Brice Lalonde est un vieil ami de Jean-Louis Borloo, avec qui il avait créé en 1991 Génération Écologie, pour casser les Verts, parti alors tout nouveau. C'est ainsi que le cercle se referme. Strong-Schmidheiny-Lalonde-Borloo-Le Grenelle de l'environnement. Appelons cela un voyage immobile.

P.-S. : Je dois ajouter quelques mots sur la psychologie que je prête à des personnages comme Maurice Strong, Stephan Schmidheiny ou Brice Lalonde. Il va de soi que je ne les imagine pas s'endormir, le soir venu, en ricanant de nous avoir entourloupés une fois de plus. Jusqu'à un certain point que je ne saurais connaître, ces hommes ont leur part de sincérité. Comme Truman dans son discours de 1949. Il est plus gratifiant, tout de même, de se voir en philanthrope que de s'accepter en manipulateur. Ces hommes pensent, probablement sur des registres intérieurs différents, deux réalités qui s'ignorent. La marche nécessaire – pour eux – du business, qui détruit. Et la nécessité de le « moraliser », de « l'écologiser » un peu, de manière que ce modèle « indépassable » puisse perdurer. Je pense que les diaboliser tout à fait serait leur rendre un service inutile. Ils nous mènent au gouffre, et voudraient qu'on les aime. Je passe mon tour. Ils ne sont que des instruments, certes. Mais du malheur.

Une conclusion en forme de commencement

Une conclusion ? Quelle conclusion ? Le livre est grand ouvert devant vous. Dans la meilleure des hypothèses, il est et sera une introduction aux immenses combats qui nous attendent. Que se taisent les pleureuses ! Pour ma part, j'en ai assez des jérémiades. Ou les équilibres de la vie sur terre sont réellement menacés, et nous devons sans crainte abattre tout ce qui gêne la mobilisation générale. Ou bien il ne s'agit que d'une absurde alerte qui discrédite à jamais ses auteurs. Ou, ou. En bon français, on appelle cela une alternative, c'est-à-dire le choix offert entre deux possibilités. Et il n'y en a pas trois. Pour ce qui me concerne, je pense et je suis même convaincu que jamais l'aventure humaine, commencée grossièrement il y a deux millions d'années, n'a connu un tel péril. Et la folie des associations dites écologistes que j'ai étrillées ici durement, mais de manière argumentée, c'est qu'elles tiennent officiellement le même discours.

Leur baratin, car c'en est un, consiste à pleurnicher chaque matin sur la destruction de la planète, avant d'aller s'attabler le midi avec l'industrie, dont le rôle mortifère est central, puis d'aller converser avec ces chefs politiques impuissants, pervers et manipulateurs qui ne pensent qu'à leur carrière avant de signer les autorisations du désastre en cours.

On hésite devant le qualificatif. Misérable, minable, honteux, dérisoire, tragicomique ? Qu'importe. Les écologistes de salon ont failli pour de multiples raisons, que j'ai essayé d'entrevoir dans ce livre. Certains d'entre eux demeurent valeureux, et je ne doute pas de les croiser sur ma route, ni même de cheminer de concert. Mais les structures, en tout cas, sont mortes, et nul ne pourra les ressusciter. Elles ont eu un sens il y a une quarantaine d'années, mais sont devenues des obstacles qui empêchent une nouvelle génération politique et morale de conduire nos affaires les plus cruciales.

Je ne crois pas être – toujours – naïf. On ne proclame pas une nouvelle époque. Nul décret ne peut venir à bout des vieilles lunes exténuées. Le mouvement écologiste français, sous sa forme actuelle, doit disparaître. Peut-être bien, au passage, changer de nom. Mais un tel mouvement des idées et des âmes ne se conçoit pas sans un sursaut historique de la société. Il faudra donc, s'ils se produisent toutefois, des tremblements de terre d'une vaste ampleur, capables d'enfouir ce qui est mort, et de laisser s'épanouir ce qui défend réellement la vie.

La jeunesse, non parce qu'elle serait plus maligne, mais pour la seule raison qu'elle est l'avenir, est la condition *sine qua non* du renouveau. Je n'ai aucun conseil à donner, je me contente de rêver d'une insurrection de l'esprit, qui mettrait sens dessus dessous les priorités de notre monde malade. On verra. Je verrai peut-être. Il va de soi que le livre que vous lisez sera vilipendé, et je dois avouer que j'en suis satisfait par avance. Ceux que je critique si fondamentalement n'ont d'autre choix que de me traiter d'extrémiste, et de préparer discrètement la camisole de force. Grand bien leur fasse dans leurs bureaux bien chauffés !

Moi, depuis toujours, je place mon engagement du côté des gueux de ce monde en déroute. Chez les paysans pauvres d'Afrique ou de l'Inde, chez les *mingong* – 200 millions de vagabonds – chinois, chez les Inuits assommés par le « progrès » en marche, chez les Indiens de l'Amazonie ou les autochtones des îles Andaman. Autant vous avouer que je me fous royalement des états d'âme des petits marquis parisiens de la galaxie écolo-mondaine. La vérité, certaine à mes yeux, est que ces gens ne sont pas à la hauteur des événements. Ils ne sont pas les seuls. Ils ne sont pas les premiers. Ils risquent de ne pas être les derniers.

La tâche était trop lourde pour eux, très simplement. Sauver la planète, cela va bien si l'on mène le combat depuis les confortables arènes parisiennes. Mais affronter le système industriel, mené par une oligarchie plus insolente de ses privilèges qu'aucune autre du passé, c'est une autre affaire. Il faudrait nommer l'adversaire, qui est souvent un ennemi. Rappeler cette évidence que la société mondiale est stratifiée en classes sociales aux intérêts évidemment contradictoires. Assumer la perspective de l'affrontement. Admettre qu'aucun changement radical n'a jamais réussi par la discussion et la persuasion. Reconnaître la nécessité de combats immédiats et sans retenue. Par exemple, et pour ne prendre que notre petit pays, empêcher à toute force la construction de l'aéroport nantais de Notre-Dame-des-Landes, pourchasser sans relâche les promoteurs criminels des dits biocarburants, dénoncer dès maintenant la perspective d'une exploitation massive des gaz de schistes, qui sera probablement la grande bataille des prochaines années.

Mais en ce cas, bien sûr, il faudrait aussi accepter le retour de bâton de l'ordre en place. Ce qu'on appelait jadis la répression, et qu'on verra revenir, à n'en pas douter. Il faudrait enfin savoir ce que nous sommes prêts à risquer personnellement pour enrayer la machine infernale. Et poser sans frémir la question du danger, de la prison, du sacrifice. Car nous en sommes là, n'en déplaise aux Bisounours qui voudraient tellement que tout le monde s'embrasse à la manière de Folleville.

Au lieu de quoi la grandiose perspective de remettre le monde sur ses pieds se limite à trier ses ordures et éteindre la lumière derrière soi. Les plus courageux iront jusqu'à envoyer un message électronique de protestation et faire du vélo trois fois par semaine, se nourrissant bien entendu de produits bio. J'ai l'air de me moquer, mais pas de ceux qui croient agir pour le bien public. J'attaque en fait cette immense coalition du « développement durable » qui a intérêt à faire croire à des fadaises. Car ce ne sont que de terribles illusions. Il est grave, il est même criminel d'entraîner des millions de citoyens inquiets dans des voies sans issue.

Non, il n'est pas vrai qu'acheter des lampes à basse consommation changera quoi que ce soit à l'état écologique du monde. La machine broie et digère tous ces gestes hélas dérisoires, et continue sa route. Pis, cela donne bonne conscience. Les plus roublards, comme au temps des indulgences catholiques, voyagent en avion d'un bout à l'autre de la terre autant qu'ils le souhaitent, mais compensent leur émission de carbone en payant trois francs six sous censés servir à planter quelques arbres ailleurs, loin des yeux. On ne fait pas de barrage contre l'océan Pacifique, non plus qu'on ne videra jamais la mer avec une cuiller à café. Les dimensions du drame exigent de tout autres mesures. Et il y a pire que de ne rien faire, qui est de faire semblant. Qui est de s'estimer quitte, d'atteindre à la bonne conscience, et de croire qu'on est sur la bonne voie, alors qu'on avance en aveugle vers le mur du fond de l'impasse.

Pour ce qui me concerne, et qu'on me croie ou non, je ne prétendrai jamais rien. On juge les hommes au moment où ils agissent, et jamais avant. Mais je dois avouer que mes héros s'appellent Buenaventura Durruti, Charles de Gaulle, Daniel Cordier, Alexandre Issaïevitch Soljenitsyne, Mohandas Karamchand Gandhi. Vous aurez remarqué leurs profondes différences, qui ne me gênent pas. Ce qui les relie à mes yeux, c'est qu'ils ont été plus grands qu'eux-mêmes quand la situation générale l'a commandé. C'est pour cette raison qu'ils brillent à jamais dans mon cœur.

Qui ne voit que ceux qui portent aujourd'hui la parole écologiste en public, à la radio ou à la télé, ne sont pas de cette taille ? *Asi son las cosas,* comme on dit avec fatalisme sur les terres castillanes. La vie est comme ça. Il faut l'accepter comme une réalité, et la refuser comme une réalité. Le Grenelle de l'environnement a été une opération politicienne de bout en bout. Désolante, démoralisante, absurde pour finir. Mais à quelque chose malheur est bon. Je gage que cette expérience malheureuse ne sera pas perdue pour tout le monde. Je pense, je crois, je vois que se prépare dans les recoins de notre modeste territoire une relève qui devra être meilleure, plus combative, beaucoup plus insolente et imaginative.

L'avenir n'est pas écrit. Mais il aura besoin pour vivre d'une révolution morale et intellectuelle qui balaiera les formes anciennes. Nous avons tant besoin d'une renaissance spirituelle. Ce n'est qu'un début.

P.-S. : On aura remarqué que je n'aborde pas la question de l'écologie politique. Cela nécessiterait un livre que je n'écrirai pas. Mais ma vision des Verts, fussent-ils rebaptisés Europe Écologie, est aussi critique que celle adressée aux associations. Queue de comète du mouvement de 1968, hédoniste et petit-bourgeois, indifférent en fait aux peuples du Sud, ce parti n'a aucune chance de nous aider à affronter la crise écologique planétaire. Il contient certes de beaux combattants, de belles personnes que je connais, apprécie, et salue au passage, mais la structure n'est pas réformable. Elle est d'ailleurs tenue, mais le mal est encore plus profond, par des manœuvriers cyniques, qui se moquent de la nature et de la vie sans même le dissimuler. Europe Écologie existe, mais disparaîtra lorsque le mouvement réel du monde en aura décidé autrement. Disons que ce jour-là ne sera pas perdu.

Postface indispensable

Non, ce n'est pas encore fini. La suite s'appelle « gaz de schistes ». À quoi il faut rajouter « pétrole de schistes ». Cette affaire est sans aucun doute l'une des plus graves de l'époque, car elle annonce en réalité la fin des soi-disant négociations sur le dérèglement climatique.

On sait depuis les origines de l'exploitation du pétrole et du gaz conventionnels que des roches sédimentaires argileuses – qui donnent des schistes – contiennent des réserves stupéfiantes de gaz et de pétrole. Dits non conventionnels. Aucune estimation n'est fiable, mais les ordres de grandeur sont colossaux. De nombreux spécialistes pensent que le fameux *peak oil* – ce moment à partir duquel, fatalement, la production de pétrole commencera à décliner – se profile à l'horizon immédiat. On y est presque, on y est peut-être déjà. Sauf si...

Sauf si le monde se jette dans l'exploitation massive de gaz et de pétrole de schistes. Car alors, la date du pic – et donc la nécessité absolue de renoncer radicalement au gaspillage énergétique – pourrait être retardée de plusieurs décennies. Les États-Unis ont répondu : des centaines de milliers de puits existent déjà, dont personne ou presque ne vous a parlé. Les conséquences écologiques directes sont pourtant inouïes, et parfaitement documentées.

La technique employée pour récupérer gaz et pétrole de schistes, dite de fracturation hydraulique, utilise des quantités phénoménales d'une eau surchargée en produits chimiques. La liste totale tourne autour de cinq cents, mais l'industrie refuse de la rendre publique, arguant du secret commercial. Ceux que l'on connaît sont souvent cancérigènes, mutagènes, reprotoxiques, perturbateurs endocriniens. L'eau de nombreuses petites villes des États-Unis est si gravement polluée qu'elle n'est plus consommable. Des enquêtes de l'Agence fédérale de l'environnement (EPA), bien qu'entravées par la puissance de feu de l'industrie, révèlent une situation insupportable (www.truth-out.org/epa-results-show-contaminated-water-wyoming-fracking-zone62912).

Il arrive même, comme le montre le documentariste Josh Fox dans son hallucinant *Gasland*, que l'eau du robinet des riverains des puits de forage prenne feu. Je dis bien, et je répète : prenne feu. L'industrie pétrolière américaine a d'ores et déjà réussi son coup et au moins un tiers de la production de gaz des États-Unis provient des schistes, en attendant pire.

Je n'insiste pas, faute de place. Les conséquences géostratégiques de cette énième révolution énergétique sont incommensurables, car des pays comme l'Inde et la Chine semblent posséder des réserves géantes. Le poids de pays comme l'Arabie Saoudite – pour l'Amérique – ou la Russie et l'Algérie – pour l'Europe et la France – pourrait d'un coup s'effondrer. La France, justement, parlons-en. Un certain Jean-Louis Borloo a signé en catimini, le 1er mars 2010, une série d'arrêtés scélérats. Il existe aussi des lois scélérates, mais du moins sont-elles connues, éventuellement combattues. Les arrêtés font mieux. Quelques mots dans le Journal officiel de notre pauvre République, et c'est fait. Le 1er mars 2010, Borloo est encore ministre. Non seulement de l'Écologie, mais aussi de l'Énergie. Et c'est en cette dernière qualité qu'il a octroyé des permis d'exploration à des grands de chez nous – Total et GDF-Suez –, mais aussi à de petites sociétés, notamment américaines.

Attention les yeux ! On explore en ce moment même – on en a en tout cas le droit – environ 65 000 km^2 de la France, soit 12 % de la surface totale de notre pays. Aucun maire n'a seulement été prévenu. *A fortiori,* aucun citoyen ordinaire non plus. Monsieur Jean-Louis Borloo, ce grand écologiste que nous avons découvert ensemble, a donc engagé son pays dans une folle opération, sans aucun état d'âme. Il faut préciser pour la clarté de mon propos ce que signifierait la victoire ici de cette industrie de la mort. Un : des territoires entiers – par exemple les Causses et les Cévennes – seraient dévastés par de nouvelles routes, de nouvelles installations industrielles, le passage de milliers de camions. Deux : nos fragiles eaux et nappes seraient soumises à des pollutions d'une gravité sans précédent depuis le triomphe de l'agriculture industrielle. Et trois : comme indiqué plus haut, cela signerait au passage la ruine des efforts maigrelets commencés à Kyoto, en 1997, pour contenir un peu la crise climatique.

Précisons. Jean-Louis Borloo s'assoit allègrement sur une loi française votée en juillet 2005, date à laquelle il était pourtant membre du gouvernement. Selon ce texte, la France doit diviser par quatre d'ici 2050 ses émissions de gaz à effet de serre. Et ce but « ambitieux » avait été inscrit dès 2003 dans notre *« Stratégie nationale de développement durable »*, puis dans notre *« Plan climat »* de juillet 2004.

Évidemment, la farce du Grenelle de l'environnement, en 2007, a confirmé le tout.

Réfléchissons une dernière fois ensemble. La France officielle a usé jusqu'à la corde l'argument de la crise climatique pour justifier notre suréquipement nucléaire. L'industrie de l'atome, en effet, et quoi qu'on en pense par ailleurs, émet peu de gaz à effet de serre. Il va de soi qu'exploiter en France des gaz et des pétroles de schistes conduirait droit à une explosion de notre « contribution » au réchauffement global de l'atmosphère. Et si un pays aussi riche que le nôtre devait s'engager dans un tel naufrage, que resterait-il à négocier au plan international ? Les pays du Sud, la Chine, l'Inde n'auraient plus rien à craindre en développant massivement des ressources énergétiques si vitales pour leurs économies. Alors, de proche en proche, la crise climatique planétaire deviendrait totalement incontrôlable, et d'ailleurs imprévisible.

Autrement dit, Borloo a ouvert la boîte de Pandore. Pour la route, je vous soumets quelques informations que j'ai moi-même révélées dans le journal *Charlie Hebdo*. Pour ce qui concerne le pétrole de schistes, les choses se précisent. Julien Balkany, demi-frère de Patrick Balkany, maire de Levallois-Perret et proche de notre président, est vice-directeur d'une compagnie pétrolière américaine, *Toreador Resources* (www.toreador.net), qui vient de déménager son siège de Dallas (Texas) à Paris. Il est question d'extraire, d'ici cinq ans, environ quatre millions de tonnes de pétrole du Bassin parisien. Pour commencer et par année. Des estimations sérieuses affirment que la région parisienne contiendrait au total 120 années de production annuelle de pétrole d'un pays comme le Koweit.

Or, *Toreador* et Balkany ont signé un énorme contrat avec la société pétrolière américaine *Hess*, qui met 200 millions d'euros sur la table, dans un premier temps. Les deux tourtereaux espèrent faire main basse sur le pétrole de la région parisienne, et gagner ainsi la confiance de toute l'Europe, et au-delà.

Pactole assuré. Oui, mais qui est la société *Hess* (www.hess.com) ? *Hess*, c'est Bush. Toute l'ère Bush, père comme fils, se résume et se retrouve dans le *staff* de direction de l'entreprise. On y rencontre ainsi Nicholas Brady, qui fut ministre de l'Économie de George Bush de 1988 à 1993. Un brave garçon qui a passé trente-trois ans dans des postes de responsabilité de l'industrie bancaire. Edith Holiday, qui a occupé le poste stratégique d'assistante du même George senior – toutes les liaisons avec son cabinet et les agences fédérales passaient par elle – entre 1990 et 1993. Samuel Bodman, qui a été ministre de l'Énergie du fils W. de 2005 à 2009, belle saison dans l'enfer (pétrolier) irakien.

Le tout s'explique par des liens vieux de cinquante ans au moins entre la famille Bush et l'industrie pétrolière du Texas. Comme le disait il n'y a pas si longtemps Barbara Bush, épouse de George, son fils W. était « presque comme un membre de la famille » Stamps Farish, fondatrice en 1917 de ce qui deviendrait le géant *Exxon* (*Courrier International* du 24 octobre 2002).

Cette grande affaire américaine devient donc une grande affaire française, sous la signature de Jean-Louis Borloo. Lequel a été épaulé, soutenu, magnifié pendant des années par la bande des quatre dénoncée dans ce livre, c'est-à-dire Greenpeace, le WWF, la Fondation Hulot et France Nature Environnement. J'ai contribué avec quelques amis et proches, dont José Bové et Patrick Herman, à lancer une première mobilisation contre les gaz de schistes en France (www.petitions24.net/signatures/gaz_de_schiste__non_merci). N'étant hélas pas devin, je ne sais ce qu'il adviendra, mais je crois, au moment où j'écris ces mots, que nous sommes face à un combat essentiel, qui engage notre avenir commun. Pour l'heure – cela peut changer – aucun de la « bande des quatre » ne s'est lancé dans cette bagarre ontologique. Tout occupée à féliciter Borloo pour tous ses nobles efforts, elle a bel et bien tué l'écologie. Du moins celle d'antan, au temps des illusions et des embrassades. Voici venu le moment de vérité. Il va falloir se lever, ou se taire.

Rien de personnel

Ce livre ne peut être bien accueilli par ceux qui règnent – si mal – sur le mouvement écologiste français. Mais je veux dire à ceux qui pourront l'entendre que ce texte n'a rien d'une attaque personnelle contre tel ou tel. Même si je mets en cause, au passage, des personnes. Comment faire autrement, dites-moi ?

Je l'ai déjà dit en introduction et le répète ici : j'appartiens bon gré mal gré à ce mouvement. J'ai écrit et continue d'écrire de nombreux textes bénévoles dans des bulletins et journaux écologistes, avec plaisir. Je suis par exemple membre de Bretagne vivante depuis 1987. Ce qui signifie donc que je paie ma cotisation à une fédération, FNE, dont je viens de dire beaucoup de mal. On jugera comme on l'entend ce qu'il faut bien appeler un écartèlement. Je reconnais pour ma part qu'il est géant.

La liste qui suit est personnelle, subjective ô combien, et je n'ai demandé aucune autorisation à personne pour la remplir. Elle contient, selon un ordre alphabétique strict, des écologistes de différentes sortes que j'ai le plaisir de connaître. J'ai pour eux tous, suivant les cas bien sûr, de la sympathie, de l'estime, de la complicité, souvent de l'affection. Certains sont de grands amis. Aucun n'a lu ce livre.

Aucun ne saurait être tenu pour responsable, si peu que ce soit, de son contenu. J'ai voulu dire que je ne suis pas un anachorète. Que je parle, que j'écoute, que je ne suis ni ne compte devenir un paria. Je me sens appartenir à une famille, même si je ne suis jamais présent aux repas au cours desquels tout s'efface au milieu des embrassades. Car je suis du genre à ne guère oublier.

Il va de soi, et j'en suis par avance désolé, que j'oublie certains noms qui devraient pourtant figurer ici. Je prie ceux-là de me pardonner, mais je suis sûr qu'ils sauront quand même que je pense à eux.

Sandrine Andrieux
Paulette et Didier Anger
Sylvain Angerand
François Arcangeli
Daniel Ariagno
Jean-François Arnould
Martin Arnould
Pierre Athanaze
Claude Aubert
Jacques Baillon
Erwan Balança
Patrick Barbier
Bruno Bargain
Pierre Barrellon
Christophe Beau
François de Beaulieu
Farid Benhammou
Jean-Pierre Berlan
Michel Bernard

Agnès Bertrand
Michel Berthelot
Jean-Paul Besset
Patrice Bonay
Jacky Bonnemains
José Bové
Allain Bougrain-Dubourg
Marcel Breugnot
Jean-Paul Brodier
Jacques Brosse (mort hélas en 2008)
Florence Burgat
Didier Carbiener
Sylvie Cardona
Jean-François Caron
Christian Catoire
Valérie Chansigaud
Gérard Charollois
Romain Chazel
Gilles Clément
Arnaud Clugery
André Cicolella
Gilbert Cochet
Monique Coulet
Madeleine Daines
Claude Dendaletche
Pierre Déom
Philippe Desbrosses
Benjamin Dessus
Alain Dubois
Roberto Epple
André Etchelecou

Marie-Pierre Fiedler
Olivier Gallmeister
Bernard Gérard
Marc Giraud
Claude Got
Brigitte Gothière
Yves Goya
Georges Grenouillet
Philippe de Grissac
Thierry Grosjean
Emmanuelle Grundmann
Dominique Guillet
Gilbert Guillet
Jean-Paul Guyomarc'h
Lucienne Haese
Francis Hallé
Patrick Herman
Alain Hervé
Nicolas Hulot
Pascal Husting
Thierry Jaccaud
Jean-Pierre Jacob
Fréderic Jacquemart
Marie Jarnoux et ceux de Notre-Dame-des-Landes
Guy Jarry
Fabrice Jaulin
Christine Jean
Guy Joncour
Bernard Joubert
Benjamin Kabouche
Katia Kanas

Pascale Laillier
Marc Laimé
Viviane Lalanne-Bernard
Serge Latouche
Nadine Lauverjat (et Iris)
Franck Laval
Jean-Claude Lefeuvre
Lylian Le Goff
Xavier Leplaideur
Jean-Loïc Le Quellec
Yves Le Quellec
Alain Le Sann
François Letourneux
Stéphane Lhomme
Régine Linossier
Claude Lorius
Michel Lulek
Pascal Mage
Roger Mathieu
Loïc Matringe
Baudouin de Menten
Laurence Mermet
André Méry
Christian Micaud
Roland de Miller
Jean-Yves Monnat
Jean-Yves Morel
François Moutou
Michel Munier
Vincent Munier
Thanh Nghiem

Charlotte Nithart
Jean-François Noblet
Serge Orru
Jean-Marie Ouary
Yves Paccalet
Michel Pascal
Pascal Pavie
Nelly Pégeault
Pierre Péguin
Silvia Pérez-Vitoria
Éric Petetin
Henri Peuziat
Henri Pézerat (mort hélas en 2009)
Pierre Pfeffer
Jean-Marie Pelt
Jean-Claude Pierre
Dominique Plancke
André Pochon
Emma Pometan
Julian Pondaven
Jocelyne Porcher
Henri-Claude Portal (mort hélas, si jeune)
Robert Portal
Pierre Rabhi
Jean-Pierre Raffin
Estiva Reus
Alain Reynes
David Rosane
Josette Roudaire
Pierre Rousset
Marie-Hélène Rudel

Sebastião Salgado
Yves Salingue
Emmanuel Savoye
Gérard Sebbah-Lebras
Alain Sennepin
Michel Sennepin
Gilles-Éric Séralini
Mycle Schneider
Jean Sivardière
Reto Sonderegger
Michel Soupet
Christian Sunt
Alain Tamisier
Jean-François Terrasse
François Terrasson (mort, hélas)
Annie Thébaud-Mony
Véronique Thiery
Sylvia Tostain
Jérôme Tubiana
Jean-Paul Urcun
François Veillerette
Jean-Paul Vieron
Gérard Voide
Nicole Voide
Edith Wenger
Pascal Wick

Pour continuer le débat, rendez vous sur le blog du livre :
http://fabrice-nicolino.com

Composition et mise en page

NORD COMPO
multimédia

Achevé d'imprimer sur Roto-Page
en février 2011
par l'Imprimerie Floch à Mayenne

Dépôt légal : mars 2011
N° d'impression : 79040
Imprimé en France